书山有路勤为径,优质资源伴你行
注册世纪波学院会员,享精品图书增值服务

赋能三板斧

让天下没有难做的培训

安秋明·著

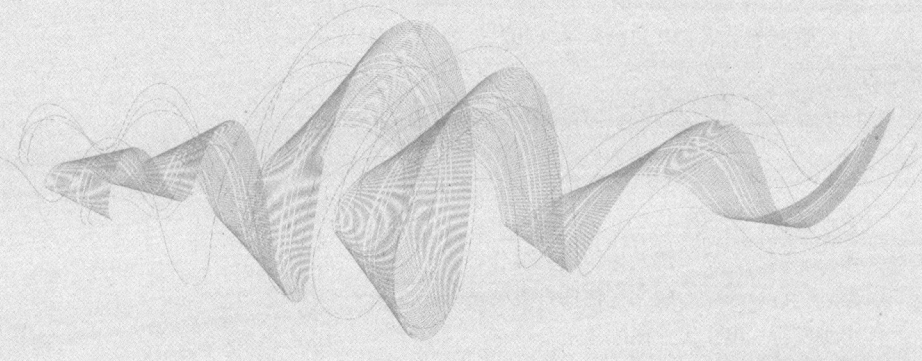

电子工业出版社
Publishing House of Electronics Industry
北京·BEIJING

未经许可，不得以任何方式复制或抄袭本书之部分或全部内容。
版权所有，侵权必究。

图书在版编目（CIP）数据

赋能三板斧：让天下没有难做的培训 / 安秋明著. —北京：电子工业出版社，2021.8
ISBN 978-7-121-41555-5

Ⅰ. ①赋… Ⅱ. ①安… Ⅲ. ①企业管理—职工培训 Ⅳ. ① F272.92

中国版本图书馆 CIP 数据核字（2021）第 137311 号

责任编辑：杨洪军
印　　刷：天津千鹤文化传播有限公司
装　　订：天津千鹤文化传播有限公司
出版发行：电子工业出版社
　　　　　北京市海淀区万寿路173信箱　邮编100036
开　　本：720×1000　1/16　印张：19　字数：304千字
版　　次：2021年8月第1版
印　　次：2021年8月第1次印刷
定　　价：79.00元

凡所购买电子工业出版社图书有缺损问题，请向购买书店调换。若书店售缺，请与本社发行部联系，联系及邮购电话：（010）88254888，88258888。
质量投诉请发邮件至zlts@phei.com.cn，盗版侵权举报请发邮件至dbqq@phei.com.cn。
本书咨询联系方式：（010）88254199，sjb@phei.com.cn。

序 言

一直觉得写书是个很神圣的事儿。多年的学校教育，让自己对于铅字有着一种深深的敬畏。这些年在一些活动上，分享自己对于企业培训领域的一些观点。很多同行都会问："安老师，您写书了吗？"我说："没啊。"很多人接着会说："在网上看过您不少文章，还以为您也出版过书呢。您写一本吧，我们还没听够。"当然，我知道这是大家对我的偏爱，自己几斤几两还是要拎拎清楚。

作为一个爱读书的培训人，每年我也在如饥似渴地寻找各种能让我自己酣畅淋漓的好书。略有遗憾的是，看到了不少技术流的书，但少有完整地把培训这个事儿讲清楚的书。有些书看似体系完善，但实则碎片零散；有些书看似立意很高，但实则没有深入穿透，特别是没有在一个企业内完整跑过闭环，读起来让人有很多不踏实的感觉。每每这时，总有种隐隐的责任感。每个做培训的人，都想成人达己，达己成人。作为一个培训行业的实践者，是否能把自己作为一只"小麻雀"，通过解剖自己的成长历程，给同行带来不一样的输入呢？感觉应该有人站出来做这个事。

另外，这几年，我都在从事着培训领域的"偏门"——生态赋能领域。生态赋能，是以平台型的企业为依托，服务于企业价值链上下游的物种，通过帮助物种企业（各类合作伙伴、商家、服务商、消费者等）

的发展，来实现平台生态的进一步发展。在这个过程中，与业务部门泡在一起，与商业领域的各类企业泡在一起，天天体会着生死存亡、谷底反弹、高光时刻、转瞬即逝等商业脉搏。这个过程让我对赋能之于企业的价值有了更深入的思考。同时，我也深深感到了中国企业在业务赋能、生态赋能领域的研究和实践，样本量还是太少，积累还是太少。我和团队所做的生态赋能的"小麻雀"实践，也许对很多未来行业级的中国企业、世界企业，是有些借鉴价值的。

想到这里，自己和自己做了很多思想斗争——想得还不成熟？实践得还不够充分？总要有人开始，总要有人抛转……最后，同行们的鼓励和期待，让我终于鼓起勇气，着手本书的写作。路远且阻，行则将至。用我的这一小步，为中国的培训发展垫上一小块铺路石吧。

在本书中，我特别想把培训赋能这个事情的逻辑讲清楚。企业必须清楚为什么做培训，培训要发挥什么价值，而不是因为别的企业做培训，所以我也做。企业培训团队、培训中心、学习发展团队、HR团队的负责人，也必须清楚，在企业的地基上，培训工作的愿景、使命、价值观、战略、业务、组织、人，每一层是如何展开的。培训工作的顶层设计，决定了它的价值贡献，决定了它的生命力。在本书的第一章，我会把这部分说清楚。

借用阿里巴巴"三板斧"的结构，我把赋能这个话题，拆成了三大部分、九个细分话题。其中，腿部三板斧，讲的是赋能的专业能力，包括课程、师资和系统三个话题。腰部三板斧，讲的是赋能的策略思路，包括结网、造场和共振三个话题。头部三板斧，讲的是赋能的组织价值，包括拉通、杠杆和闭环三个话题。预告一下，我的分享有点"任性"，我会从腰部三板斧开讲，首先把策略讲清楚，然后，在策略背景下讲专业能力的问题。最后升华，讲组织价值的问题。

最后一章，我会讲赋能团队的自我提升问题。要赋能别人，首先要自我赋能。其中涉及一个Leader（领导者）如何带领一个企业培训团队的种种事项，是我这些年的血泪史，会感性些，但贵在真实。

每一章的最后几乎都有一个二维码，给大家附上我在团队内部分享的一些邮件。通过邮件和团队分享我的思考，是我个人的一个工作习惯。因为我一直相信，文字有着某种神奇的力量，当你写出来、分享出来时，你的态度、你的精神就会传递给他人。我摘录的主要是2017—2018年的邮件（近期的不便分享，请大家理解），现在读起来也许还有些不成熟。但是相信大家读了之后，能更好地理解当时那个场景，我是如何思考问题的。今天的体系，都是曾经一个个思考的累积和提炼。

针对这本书，我希望收获的评价是："安老师，我花了大半天时间，一口气读完了。"不管你读完了，是不以为然地撇撇嘴，还是做了很多批注甩甩胳膊，抑或是对我的某些观点拍案而起，我都会欣然接受。当一个人愿意花时间走进你的世界时，心中唯有感激。

我常说，我做培训是"野路子"。作为一个学物流管理和市场营销的人，转着转着居然做上了企业培训这一行，而且一干就十多年。特别感谢我待过的每家公司，让我都收获了对培训的不同理解。

在方正集团，我学到了战略投资视角、产业分析视角、集团型企业的管控思路，以及核心人才梯队对于集团战略的支撑作用。

在好未来，我深入走进了K12这个朝气蓬勃的赛道，了解了一家快速成长型企业，如果选将、用将，如何把人才储备和业务扩张做紧密融合。未来之星的项目，更让我打开了视野——培训加投资，居然可以有如此美妙的化学反应。

在淘课，作为培训宝的产品VP，我从一个兼职的野路子的个人站长，学会了正规化的SaaS产品设计运营的思路，并充分理解了创业企业和创业精神。

在阿里巴巴，在淘宝生态赋能团队和支付宝生态赋能团队里，我学到了特别多：从中小商家赋能，到品牌客户赋能；从线上平台，到线下非教学产品；从投后服务，到外部影响力建设。我既做赋能中台，又做业务前台，实现了我的很多构想，并从和业务、商家的接触中，收获了对中国商业实践最真实的体感。

每一个不曾虚度的日子，都值得被纪念。每一个给予帮助的人，都应该被铭记在心。特别感谢我成长路上，给我谆谆教诲的老师们。感谢小学数学老师周道荣，他教会了我"认真"两个字。感谢小学班主任孙慕良老师，他让我学会了表达自己的想法。感谢我的中学班主任朱大为、乔宪丽老师，他们一直鼓励我敢想敢做，追求自己的梦想。感谢我的研究生导师涂荣庭老师，他虽然严厉，但在我的心里种下了"严谨"的种子。

特别感谢和我并肩战斗的团队，他们和我一起经历和见证了一个个精彩的瞬间，我们相互担待、相互成就。淘宝生态赋能团队、支付宝生态赋能团队，我一直"偏执"地认为，我们就是最好的企业培训团队。

本书是我出的第一本书。特别想在我的书上，用铅字向我的父母（安龙哲、申贤福）表示敬意和感谢。感谢父母给了我在平凡生活中一往无前的非凡勇气。也谢谢我的妻子张秀，她这些年与我一路奔波，荣辱与共。还有我的两个宝贝，Annie和Aura，希望她们开心快乐地成长。

2021年，继续朝着更好的一切，努力、前进。

安秋明
2021年于杭州

目 录

第一章　赋能的顶层设计　/ 001

　　一、何谓"赋能"　/ 002

　　二、企业的战略解码　/ 008

　　三、企业培训团队的战略解码　/ 024

第二章　腰部三板斧之结网　/ 037

　　一、中心化与去中心化　/ 038

　　二、如何与业务团队结网　/ 042

　　三、如何打造赋能共同体　/ 058

　　四、如何成为业务赋能PM（赋能型HRBP）　/ 063

第三章　腰部三板斧之造场　/ 066

　　一、何谓"场"　/ 067

　　二、如何造场　/ 070

　　三、造场思想在不同领域的应用　/ 088

　　四、赋能循环系统　/ 093

第四章　腰部三板斧之共振　/ 095

一、共振的四重涟漪　/ 096

二、何以共振　/ 098

三、从共振到持续的组织变革　/ 101

第五章　腿部三板斧之课程　/ 116

一、课程研发思想的迭代　/ 118

二、课程研发与经验萃取　/ 119

三、课程研发选题　/ 132

四、课程研发立项　/ 134

五、商家共创　/ 135

六、内容研发　/ 138

七、课程评审　/ 148

八、迭代机制　/ 149

九、产品运营　/ 157

第六章　腿部三板斧之师资　/ 175

一、师资招募　/ 176

二、师资培育　/ 183

三、师资调用　/ 185

四、师资激励　/ 191

五、师资汰换　/ 194

第七章　腿部三板斧之系统　/ 196

　　一、讲师系统　/ 197

　　二、在线学习系统（云课堂）　/ 200

　　三、学员管理系统——CRM系统　/ 206

　　四、在线学习运营　/ 208

第八章　头部三板斧之拉通　/ 216

　　案例1：课程发布会　/ 217

　　案例2：新零售研学社　/ 219

　　案例3：赋能夜校　/ 221

　　案例4：教案大赛　/ 222

　　案例5：培训杂志年会支付宝生态赋能团队分会场　/ 224

　　案例6："行业数字化演进史"课程开发项目　/ 225

　　小结　/ 227

第九章　头部三板斧之杠杆　/ 229

　　案例1：生态案例集　/ 230

　　案例2：支付宝生态赋能团队开放日　/ 235

　　案例3：认证项目　/ 236

　　案例4：业务伴跑营　/ 239

　　案例5：新零售人才联盟　/ 240

　　小结　/ 242

第十章　头部三板斧之闭环　/ 244

案例1：产业带赋能　/ 245

案例2：青出于蓝　/ 247

案例3：拥抱数字化　/ 248

案例4：从公益的心态到商业的手法　/ 251

小结　/ 254

第十一章　赋能团队的自我赋能　/ 255

一、思维决定行为　/ 256

二、复盘与知识管理　/ 264

三、跨界，让赋能团队持续升级　/ 268

四、头脑风暴与自我创新　/ 276

五、帮助团队成员不断能力晋级　/ 277

六、走向数字化企业培训团队　/ 282

后记　赋能的未来使命（未来三板斧）　/ 291

第一章
赋能的顶层设计

一、何谓"赋能"

"赋能"这个词很火，但是能把赋能的含义说清楚的，把赋能做到实处的，却并不多。先和大家聊聊我们这几年做的非常规实践，再和大家谈谈我们对赋能的理解。

（一）这几年我们做的非常规实践

1. 原达人学院

2015年，内容电商刚刚兴起，"达人"这个职业群体刚刚出现。一些达人零星地开始尝试内容带货，这让不少平台嗅到了商机。但对于大的平台来说，从货架型的模式（流量逻辑），走向内容型的模式（内容逻辑），需要很大的变革勇气，因为这背后是商业模式设计的大调整。是否有可能借助达人的专业知识和社会影响力，帮助商家更好地连接买家，让买家买到需要的好东西，让商家卖出更多呢？

2016年，大家隐隐有这个趋势预判，但是水深水浅，还是未知数。

2016年，淘宝生态赋能团队和淘宝内容电商团队在业务共创时，聊到了共建"原达人学院"这个想法。新进入的达人，如果没有适当的孵化、跟进，很容易半途而废进而流失。是否可以以培训的方式去提升这些达人的技能，同时让达人这个新兴群体基于淘宝有个新的群体认同感呢？虽然聊起来很兴奋，筹备起来却困难重重。

第一个困难，没人知道应该培训什么。比如，对图文达人，培训写作能力吗？写得可读性强，就能卖出货吗？对直播达人，培训直播间搭建、布景吗？培训商品介绍的技巧，与粉丝互动的话术，还是平台后台的操作流程？对短视频达人，培训如何使用摄影器材，如何剪片子，还是如何选题？没人能给出答案，所有人都在摸索。

第二个困难，谁来当讲师。找电视购物的主持人来培训直播带货？找媒体编辑培训图文写作？找制片人来讲讲短视频？看似都对，看似又都有问题。

就好像要开个培训班，只知道学员是谁，但没有课程，也没有讲师。一开始的原达人学院，就是这样的。

我们的解法是什么？用**"商家帮助商家""实践者帮助实践者"** 的方式去解。找到第一批试水的达人，一个个去聊，我们自己先找体感。然后，造个场，把这些先行者拉在一起，天南地北地聊，聊聊"第一个吃螃蟹"的经验、心得，更重要的是踩过的坑及其血泪史。达人们说，原来自己并不孤单，而且从别人身上学到了不少东西。这也给了我们信心。

初期的原达人学院，真的很简陋，一天课程要安排7~8个分享嘉宾（对，不是讲师）。因为这7~8个人，只能讲讲自己的经验教训，还没到课程总结的高度。但是初期的达人学员很认可，觉得这种方式特别接地气，真实、不做作。每期都有100多个学员报名，把教室塞得满满的，很多时候还要托人报名。就这样，用一个个先行达人的经验教训，逐步构建起原达人学院未来的直播课程体系、短视频课程体系、微淘课程体系。

2020年，淘宝主播带货排行榜前十名中，薇娅、烈儿宝贝、陈洁kiki、楚菲楚然等老学员赫然在列。如果扩展到TOP100，淘宝生态赋能团队原达人学院的老学员，更是占据半壁江山。

> 陪伴业务团队一起去趟"无人区",我们做得很艰难,但是值得骄傲。

2. 超级公开课

2017年8月5日,阿里巴巴西溪园区的报告厅座无虚席,800多个商家从全国各地蜂拥而来。他们参与的这个活动,是一堂特殊的大课,名字叫"万物生长——淘宝生态赋能团队特色卖家超级公开课"。

在这之前,淘宝的造物节刚刚结束,造物节上的108家神店的余温尚存。匠人、红人、达人、创客、二次元、原创IP、设计师等新物种,让商家对于未来的商业世界充满了期待。热情过后,是一个个疑问:平台对特色卖家的态度是什么?政策是什么?有哪些需要了解的产品、工具?如果在店铺经营中构建特色,有哪些具体的方法、技巧?做特色卖家需要额外投入吗?种种问题,像一团团云雾,笼罩着初升的太阳。

这堂超级公开课,由淘宝生态赋能团队联合淘宝行业运营团队、淘宝产品团队共同举办,既有平台官方的内容宣讲,更有一群素人故事的真实演绎。来自楠希小馆、仟象映画、好奇小姐、佩莎缇、建宁公主等店铺的店主,和大家分享了一个个有血有肉真实带感的故事。当然,既然是课,就要有讲师。淘宝生态赋能团队的几位讲师,穿插其中,沿着这些故事,带着现场学员一起分析特色卖家经营中的道道。

"因为消费者不是你的上帝,消费者是你的大爷,我们要做的就是满足店铺里那些纠结难缠的大爷的需求。"当淘宝生态赋能团队讲师谭小目说出这句话时,阿里巴巴西溪园区报告厅里响起了热烈呼声,现场800多名学员直呼"中枪"!而此时,在千牛头条、淘宝生态赋能团队官方网站、淘宝生态赋能团队App同步收看直播的15万多名学员刷爆直播评论区:"这期直播我是跪着看完的……"

这就是淘宝生态赋能团队超级公开课系列的一个缩影。以案例故事为主，同时兼具平台、行业视角。既接地气、有血有肉，又能适当跳出，总结可实践的方法论。既有线下学员，又有线上更多的收看学员。既像一次大课，又像一次文化盛宴。很多学员记了满满一本笔记，虽然抱怨学习太累，下一次却依然早早抢票坐到前排。参与过的业务伙伴，都觉得场面热闹得不可思议。很多业务伙伴，想加塞到议程中露个脸，却被我们拒绝。

> 对超级公开课，我们也无法定义它是怎样的产品。它有教育培训属性，也有市场活动属性，还有业务宣讲属性，更有社会公益属性。既然无法定义，就不要尝试去定义它。就像其中一场的名字，让它"万物生长"吧。

3. 支付宝生态赋能团队开放日

2020年6月30日，60多位来自不同行业、不同企业的培训负责人，来到杭州蚂蚁Z空间，他们参与的是一个叫"支付宝生态赋能团队开放日"的活动。

开放日的主题，是这两年的热词"数字化"。从支付宝生态赋能团队的数字化赋能实践，到企业的数字化转型，再到热点的直播带货、私域运营、数字化会员、数据中台等，参会人员参观支付宝展厅，体验数字化智能设备，聆听鲜活真实的企业数字化案例，一同参与短视频的制作过程，一起讨论数字化的各种落地场景。从进门时的抽象认知，到出门时带着一个个感性具体的数字化场景理解。

以支付宝生态赋能团队开放日为代表，支付宝生态赋能团队持续为社会输出各种各样了解数字化、了解支付宝的场。很多人不理解这样的活动,支付宝生态赋能团队、淘宝生态赋能团队不是服务商家、服务业务的吗,怎么给培训负责人做起了活动。这个逻辑,不但外部的人不理解,最开始连内部的同学也不理解。

有时候结果是最好的说明。通过支付宝生态赋能团队的场,很多企业了解了支付宝生态赋能团队的数字化、电商、新零售课程的研发实力,成为支付宝内训业务的合作客户。通过支付宝生态赋能团队的场,很多企业了解了支付宝的业务,与支付宝建立或加深了数字化的业务链接。通过支付宝生态赋能团队的场,很多企业高管、职能负责人理解了数字化,回去加快了自身企业的数字化变革步伐。

> 能推动改变的,就是最好的赋能。何必在乎它的形式是培训,是活动,还是其他呢?
>
> 2020年,我带领团队,从淘宝生态赋能团队出发,从零开始筹建支付宝生态赋能团队。围绕支付宝的4000万个商家,我们内心目标坚定,但是从不拘泥,我们灵活多变地造场,让场服务于人。

(二)我们对赋能的理解

赋能是什么?很多人喜欢用"鱼"和"渔"来说明。我一直有个认知,"授人以鱼"是赋能,"授人以渔"也是赋能。只不过,"授人以渔"是相对更持久的赋能。

相较而言,我更喜欢用战争的比喻来讲赋能。要想打胜仗,就要给部队专业的训练,给火力强劲的武器装备,给及时准确的信息情报。只有这些都具备了,才可能打胜仗。

在具体的商业赋能实践中,我们把赋能拆成了三类:

第一类是**技能赋能**。知识、实操、技巧、运营、策略,都可归为这一类。这是会不会的问题,也就是部队的专业训练。

第二类是**产品赋能**。今天做商业,离不开各种工具、平台、系统。熟练掌握这些产品,才有资格站到数字化经营的擂台上。这是能不能的问题,也就是部队的武器装备。

第三类是**信息赋能**。前面两类,如果你看到了,大概率还可以奋起直追,勤能补拙。但今天的大问题是,如果你在商业领域有视线盲区,就会处处被动。这是能否看见的问题,也就是部队的信息情报。

传统意义上的培训将绝大多数精力都放在了第一类,这是一种结构性的缺陷。

对淘宝生态赋能团队也好,对支付宝生态赋能团队也好,我们做了很多赋能领域的尝试和实践,特别有意思。先举些例子,大家不妨试着给归归类。

- 商业化版权课程
- "双十一"商家作战大图
- 栏目和节目
- 超级公开课
- 系列图书
- 淘宝生态赋能团队在线(ToC的在线学习平台)
- 云课堂(ToB的企业学习平台)
- 学习社群
- CETC电子商务人才能力模型
- 新零售导购能力模型
- 畅学卡(全年畅学服务)
- 店铺诊断指标体系

- 问道（在线问答社群）
- 智能业务问答机器人
- 千牛头条
- 公众号、千牛号、生活号、抖音号、头条号
- 支付宝生态赋能团队小程序
- 达人商家对接会
- 开放日
- 私董会
- 研学社
- CLO班

……

> 如果用传统的眼光看我们现在做的事情，可能会得出很杂、很乱的初印象。但是，如果你理解商业生态的复杂多变性，也许就会慢慢理解，商业赋能为何需要简洁有力的主逻辑，又为何需要丰富多变的业务形态。
>
> 接下来，我们要聊的，就是主逻辑的问题。

二、企业的战略解码

做赋能，首先要认识一点，赋能要服务于企业组织的总目标。赋能工作不能游离在总目标之外，一定要呼应战略，帮助业务拿结果，帮助组织提能力。所以，有人说，赋能是一种管理手段。我认为非常正确。对于赋能，我将它称为一种战略落地的手段。

作为企业培训团队的负责人、赋能团队的Leader，建议大家不要着急

开展具体工作。先消化理解企业的战略体系，再形成企业培训团队、赋能团队自己的战略体系，最后开展具体的工作。就像项目管理的思想一样，在启动阶段（决定做什么，要不要做）花最多的时间，才可能在计划、实施、控制、复盘等阶段花相对少的时间。

（一）宏观趋势

每个企业都是时代的企业。每个企业都要研究自己所在产业、行业的宏观趋势，顺势而为，才能获得时代的大助力。有些企业在宏观研究上花了很大功夫，有些企业则不以为然。在我看来，这是太重要、太重要的一项基本功了。我在很多CEO班上，反复强调要研究数据趋势，要研究典型商业现象。这些都是形成基本商业判断的基础。

给大家举个例子。对电商这个业务，你想把它看明白，其实要研究很多问题。

比如，电商的技术基础之一是互联网。那么，互联网在今天的中国发展到了哪个阶段呢？如图1-1所示，根据CNNIC的数据，到2020年3月，中国的手机网民数量将近9亿，占整体网民的99.3%。对这个数据，需要进一步解读一下。

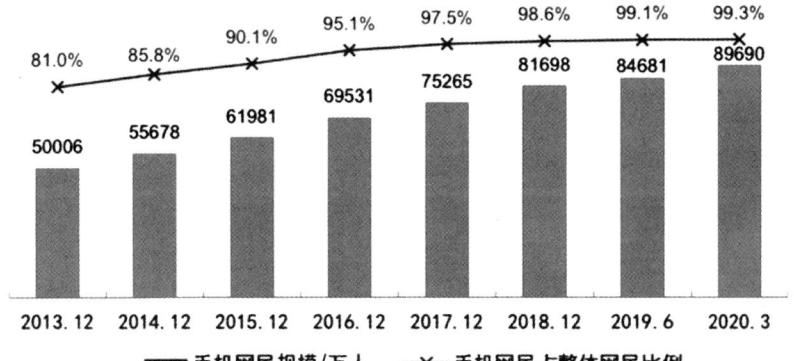

图1-1　中国手机网民规模及其占整体网民比例

第一，中国互联网化接近完成；第二，互联网约等于移动互联网；第三，线上商业约等于移动商业。这些都是要从数据里去解读的。这几年我走访了很多企业，有不少企业在琢磨PC官网的问题。结合大的数据趋势，你大概率知道这是在错误的方向上浪费资源。

除了宏观数据，拐点数据其实特别有意思。比如，2015年5月7日，阿里巴巴发布了2015财年（2014年4月1日至2015年3月31日）的全年财报，其中，第四财季移动端成交额占比首次超过50%。看到了吗？这就是拐点。

如果再往前翻，第三财季占比42%，第二财季占比36%。移动端成交额占比飙升的趋势是不是太明显了？

大家知道淘宝生态赋能团队在2015年有很大的产品线调整，原来卖得很好的课程产品，比如店铺运营、店铺美工等基于PC场景的课程都被我们下架了，取而代之的是"无线三板斧"系列课程。很多人不理解，为什么卖得好好的课程要下架。如果你结合上述的数据去看，其实答案不言而喻。

> 数据的宏观趋势，无论对指引正确的业务策略，还是对指引正确的赋能动作，都有非凡的意义。

有时候数据太抽象，尽管被看到了，但很容易被"划过"。另一个了解宏观趋势的方法，就是去研究典型的商业现象。从生动具体的现象，去体会背后的规律性。

给大家举个例子。经常有500强的管理团队来淘宝生态赋能团队、支付宝生态赋能团队交流，很多管理者特别喜欢和我们聊起"双十一"的话题。很多人会说，"双十一"真厉害，一个营销活动能搞得全民参与，比国外的黑色星期五还厉害。那么，"双十一"真的只是个营销活动吗？我们不妨深挖一下。

给大家看一下我根据公开数据整理的2009—2019年历年"双十一"产生的物流订单（见图1-2）。2020年，天猫"双十一"的物流订单数是23.21亿件。什么概念？几乎每个中国人将近2个订单。如果这23.21亿件放在10年前，大家想过可能出现什么画面吗？一定是个灾难。一方面是生产不出来，导致延期发货；另一方面是爆仓！爆仓！

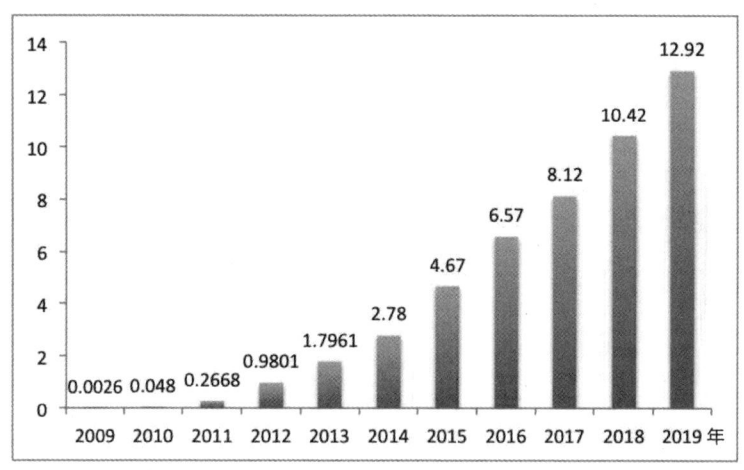

图1-2 天猫"双十一"物流订单（2009—2019）（单位：亿件）

再看个数据。2020年，天猫"双十一"的订单创建峰值达到每秒58.3万笔，意味着，每秒就有58.3万个消费者订单同时被提交。这么大的并发洪峰，如果放在10年前，大家可以想象一下画面吗？估计只有卡，很卡，非常卡，死机。对吗？

从"双十一"的现象，到"双十一"背后的数据，大家还会把"双十一"简单地归纳为一个营销活动吗？相信你会有新的理解。

"双十一"是中国数字经济发展的集中代表。如果没有物流、云计算、支付、产业链等一系列基础设施的数字化升级，怎么可能达成天猫"双十一"在2020年4982亿元销售额的新高？我们只有看到了这一层，才可能对中国的数字商业有个底层的理解。

淘宝生态赋能团队的老学员,比如三只松鼠的章燎原、韩都衣舍的赵迎光、小狗电器的谭冲,每次回到淘宝生态赋能团队分享,都会感谢时代,感慨时势造英雄。这些话,我相信绝不是言不由衷,一定是发自内心的。这些校友企业,在时代浪潮里找到了各自的冲浪姿势,并立在了各个行业的潮头。

淘宝生态赋能团队每年都有"双十一"主题的规划课、复盘课。每年讲的内容都不一样,因为没法一样。

> 每年的课程都在进化,赋能也必须进化,无论是被推着走,还是主动跑。这就是时代的商业节奏,也是时代的赋能节奏。

(二)生态价值链

> 所有企业都是时代的企业。在这个基础上,要再加上一句话:所有企业都是生态的企业。没有一个企业能生活在真空里,都有自己的上下游,有自己的合作伙伴、顾客、消费者,有自己的利益相关方。企业要发展得好,一定要与生态价值链协同进化,这也是商业生态学的内核。

关于如何分析一个企业的生态价值链,原阿里巴巴菜鸟首席战略官陈威如教授提出了三个关键词:物种、关系链、演进。

第一个关键词是**"物种"**,可以大致理解成商业生态价值链中的利益相关者。比如电商这个生态,推到极简状态,只需要三个物种:买家、卖家、平台。实际呢？物种的密度、复杂度远超这个极简模型。比如，波司登、完美日记、宝洁、小狗电器，这些都是品牌型卖家。它们的背后，也许是很多直营工厂或代工厂。而这些工厂的背后，还有一系列的上下游。它们可以自己卖货，也可以通过代运营公司卖货。我们知道的比如宝尊、丽人丽妆、若羽臣等，就是代运营公司里的代表，它们也上市了。

卖家只能通过公域投放的方式触达消费者吗？当然不是，至少有一种可能性，叫通过达人来链接更多消费者。所以，达人，也是个物种。淘宝生态赋能团队于2016年推出原达人学院做达人培训，既有业务分析的原因，也有物种分析的判断。达人的背后，还有一个物种，叫达人机构。比如大家知道的如涵，也是上市公司了。2017年，我们既做达人培训，也新开了达人机构总裁班。为什么？因为达人的机构化快速形成，达人机构成了内容生态的主要玩家。所以，要赋能这些机构的总裁们。这也是个物种分析的判断。（见图1-3）

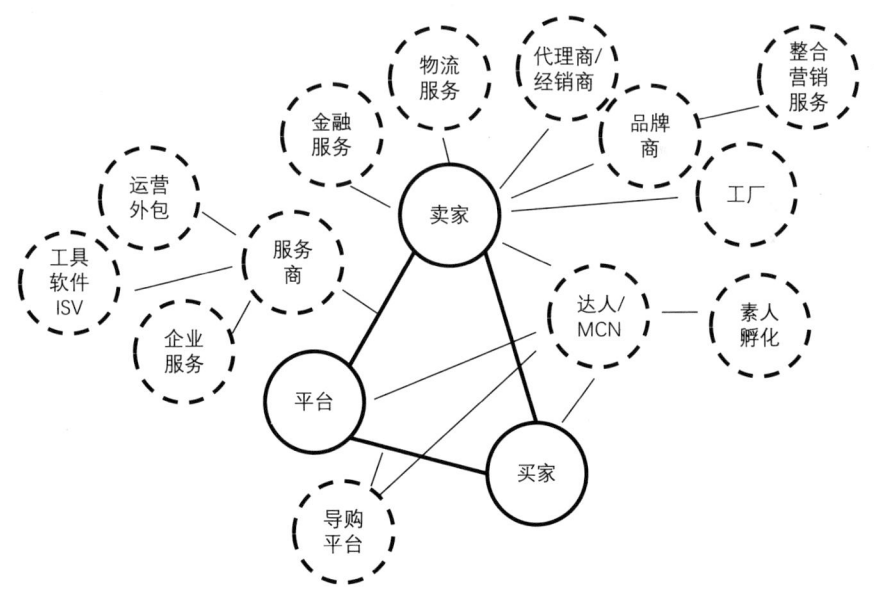

图1-3 电商生态物种示意图

如果赋能团队的重心是在企业内部，物种分析的道理也一样适用。大家不妨想想，这些年企业内部就没有新的物种出现吗？BI部门、新零售部门、数字化部门，不也是新物种吗？这些新物种，都代表着内外部商业生态的新变化，都是值得赋能关注的领域。

第二个关键词是**"关系链"**，说简单点，就是物种间的相互关系，特别需要明白谁是核心驱动力量、谁是C位。过去我们听到过很多说法，比如"产品为王""技术为王""渠道为王""品牌为王"等，这些说法都不能算错。问题是，这么多的"王"，谁是"王中王"呢？看似玩笑，其实是很严肃的问题。

今天，我们对于生态中的驱动力量，其实有两个基本判断。谁离消费者越近，谁掌握的行业数据越多，谁在生态价值链中的话语权就越大。这两个判断，其实问了数字化时代两个核心问题：一是如何构建数字化会员资产；二是如何基于数据驱动商业决策。

如果大家有兴趣，可以关注一下天猫新品创新中心，每隔一段时间推出的新奇好玩的产品：锐澳六神花露水风味鸡尾酒、大白兔润唇膏、老干妈卫衣等。这些受年轻人喜欢的产品，已经不是产品设计师灵光迸发的杰作，而是数据挖掘的产物。再好的产品，还需要有触达消费者的通路，有和消费者粉丝般的关系。这些又需要在会员运营、内容运营上下功夫。

围绕着新旧"关系链"的演化PK，转型期的企业有非常多的课要补。这些都是赋能团队应该去扫描的赋能切口。

最后一个关键词叫**"演进"**。今天，企业的发展、行业的发展有三种范式：一种是线性演进，一种是加速演进，一种是颠覆式演进。怎么理解呢？（见图1-4）

从中小商家，到腰部商家，再成长为头部商家，这是最典型的**线性演进**。这个过程中，越往上走，脱落的商家越多，最后剩下的只是极少数。

还有一种范式叫**加速演进**。在某一阶段，企业靠着商业链条的某一环改进，实现了加速超越。比如，率先引入柔性生产线实现可控成本个性化定制的企业，率先引入店铺自播的卖家，率先运营私域粉丝群的组织，率先投身国潮行列的传统品牌等。单点或多点突破，给企业带来了加速度。

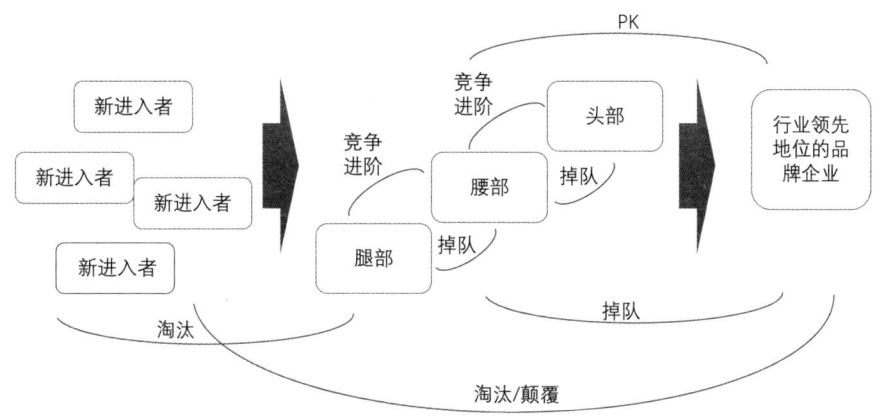

图1-4　行业生态的演进示意图

但是，我们往往忽视的是**颠覆式演进**，也就是跨行业斜插进来的跨界竞争者。比如钟薛高，这个团队的背景，可不是雪糕冷饮行业，而是一群资深的互联网营销人。又如有些定制家装行业的TOP企业，它们的原始基因可不是做家具，而有可能是软件公司，跨行做了实体家装制造。这些跨界，正越演越烈。

在企业的三种增长范式下，各自对应的赋能策略也各有不同。没有对错高低，还是那句话，赋能的生产关系要与企业发展的生产力相匹配。

> 分析企业的战略，一定要在时代背景下、生态背景下去思考，这是最重要的前置状语。脱离这些宏观和中观的东西，孤立地看一个企业，往往会得出片面的理解。

如果对于宏观趋势和中观生态有了认知，那么我们就要走进一家企业，去一层层看看它的战略体系。

（三）愿景、使命、价值观

愿景、使命、价值观是一个企业的魂。听上去很"虚"，实际上很"实"，因为这是解读一家企业做什么、为什么做、如何做的主线。当然，这里的前提，是要看清楚这是写在墙上的愿景、使命、价值观，还是深入骨髓的愿景、使命、价值观。这三个关键词，可以称得上企业的"管理总纲"。

什么是"**愿景**"（Vision）？说的是想成为一家什么样的企业。现在很多公司把愿景定为"成为一家受尊敬的公司"。如果是这样，就要好好给公司上下说清楚，什么是"受尊敬的"。

阿里巴巴的愿景有两条：第一条是活102年；第二条是到2036年，服务20亿名消费者，创造1亿个就业机会，帮助1000万家中小企业盈利。简单、清晰、直白，不需要解释。

什么是"**使命**"（Mission）？说的是这家企业创立的发心是什么，因为这个发心使企业达成企业的愿景。使命的英文是Mission，还有一层意思是任务。既然是任务，就一定要具体，有明确的行动指向。

阿里巴巴的使命是"让天下没有难做的生意"。这个使命看似很宏大，但是在具体场景里可以有非常多"让天下没有难做的生意"落地的方式路径。既有长期牵引力，又有丰富的业务想象空间。

什么是"**价值观**"（Value）？其实和做人的信条类似，它是一个企业判断取舍的准绳、原则。除了法律规定的明确红线，在很多企业发展和企业管理问题上，其实没有严格意义的对错，但是之所以A企业这样做，B企业那样做，就是因为它们的价值观是不同的。

阿里巴巴的价值观有六条，被业界称为"新六脉"，包括：

- 客户第一、员工第二、股东第三；
- 因为信任，所以简单；
- 唯一不变的是变化；
- 今天最好的表现是明天最低的要求；
- 此时此刻，非我莫属；
- 认真生活，快乐工作。

大家仔细体会一下，其中都是在做取舍，在做优先级权衡。

- **客户第一、员工第二、股东第三**，说的是优先级的问题，把谁的利益放在首位；
- **因为信任，所以简单**，说的是信任关系和管理关系的问题；
- **唯一不变的是变化**，说的是常规和创新，静态和动态的问题；
- **今天最好的表现是明天最低的要求**，说的是评价人和工作的标准问题；
- **此时此刻，非我莫属**，说的是团队协同和勇于担纲的取舍问题；
- **认真生活，快乐工作**，说的是工作和生活的平衡问题。

价值观要能在具体场景下，帮助企业、员工做出判断，而不是笼统的口号、标语。

后面我会解码淘宝生态赋能团队、支付宝生态赋能团队的战略体系，它们和阿里巴巴的愿景、使命、价值观是高度吻合的。大家不妨猜猜是什么，留在后面做个印证。

（四）战略

相较于愿景、使命的长周期性，战略更接近于近期（如3~5年）的，用以达成愿景、使命的阶段性目标。而相较于业务策略，战略更具方向指引性，代表的是企业整体发力的方向，而不是某个业务的打法。

近几年，阿里巴巴在财报中明确提出公司发展的三大战略：农村、国际、大数据和云计算。如果看懂了这三大战略，再去看阿里巴巴的业务布局，你就会有更清晰的认识。

企业的战略不能定得太多，太多了就失去了焦点。很多时候，不妨换个问题去问企业的最高管理层。比如，未来三年，您认为我们企业在行业中赢得领先地位的关键点是什么。或者更通俗直白一点地问，我们企业赢的战略是什么。一般最高管理层脱口而出的，就是战略重点。如果需要深思熟虑的战略，就可能是其次了。

至于大家平时听到的，比如人才战略、资本战略、品牌战略、渠道战略、财务战略等，其实是某块业务或某项职能的指导方针，和企业战略不是一个层面的，大家千万不要混淆。

但是，必须澄清一下，愿景、使命、价值观、战略，不能只是企业层面的，必须一层层落实下去。无论是BU（业务单元），还是职能团队，无论团队大小，哪怕是三人小组，甚至是个人，都要有自己的愿景、使命、价值观、战略。唯有如此，才能形成一个个闭环的小作战单元，才能构成一个具备统一思想体系的企业整体。

（五）业务

分析一家企业的业务，有两个模型很实用：一个叫商业模式画布，另一个叫业务策略树。分别和大家介绍一下。

先聊聊**商业模式画布**，这是我个人特别喜欢的模型。因为它不仅可以用来分析商业的问题，也可以用作各个部门自我解码的工具（见图1-5）。

企业服务谁，是广泛人群，还是垂直细分人群？（客户细分）

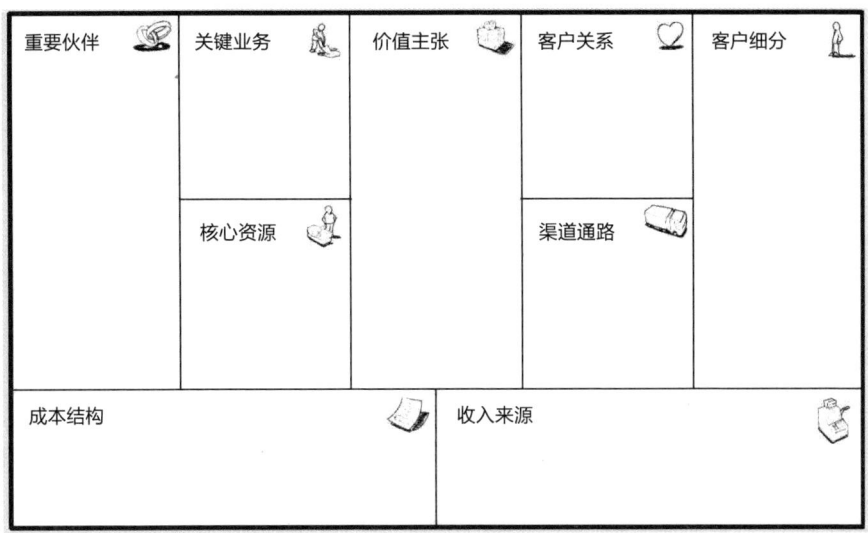

图1-5　商业模式画布

企业为客户创造什么价值，是使用价值、是服务价值、体验价值，还是情感价值？（价值主张）

企业和客户的关系是什么，是买卖关系、合作关系，还是粉丝关系？（客户关系）

企业触达客户的渠道是什么，是线上还是线下，是自营渠道还是社会渠道，是公域还是私域？（渠道通路）

创造客户价值，企业的核心业务是什么，是研发、制造、供应链、营销、渠道，还是融资？（关键业务）

创造客户价值，企业需要什么资源投入，是资金、专利、团队，还是

品牌？（核心资源）

创造客户价值，企业要和哪些角色构建合作关系，是上下游、渠道商、专业服务机构，还是金融机构？（重要伙伴）

企业的收入构成是怎样的，是产品收入、服务收入、交叉销售收入，还是能力输出收入？（收入来源）

企业的成本构成是怎样的，是研发成本、制造成本、营销成本、渠道成本、人工成本，还是财务成本？（成本结构）

在分析一家企业的业务时，要把这个模型印在脑子里，通过研究资料、访谈调研或客户走访，把这些问题理清楚。理完这张图，接下来的重点是，分析今年的商业模式画布，与去年的商业模式画布的差异点在哪里。明年的商业模式画布，与今年的商业模式画布的差异点将出现在哪里。（见图1-6）

重要伙伴	关键业务	价值主张	客户关系	客户细分
上下游 渠道商 专业服务机构 金融机构	研发 制造 供应链 营销 渠道 融资	使用价值 服务价值 体验价值 情感价值	买卖关系 合作关系 粉丝关系	垂直细分人群 广泛人群
	核心资源 品牌 团队 专利 资金		渠道通路 自营、社会 线上、线下 私域、公域	
成本结构 研发成本 制造成本 营销成本 渠道成本 人工成本 财务成本			收入来源 产品收入 服务收入 交叉销售收入 能力输出收入	

图1-6　商业模式画布（泛行业视角）

从我走访这么多企业的经验来看，基本上不会有企业说，我们的商业模式画布，今年和去年一样，明年和今年一样。因为这几乎是不可能的。业务都是动态发展的,即便业绩的表面波澜不惊,底下也常常是暗流涌动。把差异点找出来,追问差异、变化背后的考量是什么。这些考量会指导业务的具体调整,也会给赋能工作提供深刻的指引。

聊完"商业模式画布",再聊聊另一个颗粒度更细的工具模型,我通常叫它**"业务策略树"**。

每家企业的业务,一定有工作主线。围绕主线,一定还有做支撑的支线、辅线。这个线网中,有一直存在的,也有新增的,也有删减的。当我们把这张图整理出来后,基本上就理解了一家企业的核心业务逻辑。然后叠加上时间的动态视角,如今年和去年的差异,明年和今年的差异,就离业务策略的中心很近了。

给大家举个例子,聊聊电商平台的业务策略树。我提炼简化了很多内容,以大家在外面公开可见的新闻为基础,给大家做个分解示范。(见图1-7)

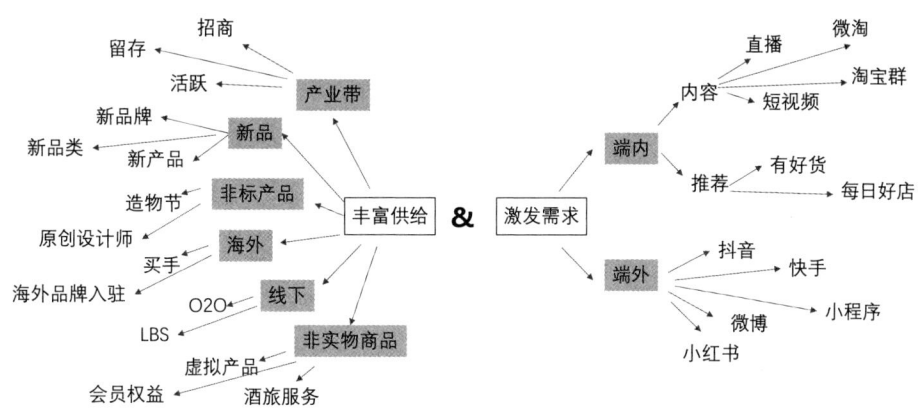

图1-7 业务策略树

作为平台,两条业务主线是非常明晰的,一条叫"丰富供给",另一条叫"激发需求"。接下来,要去拆解实现这两条主线的支线、辅线有什么。限于篇幅,仅对一条支线做讲解,让大家体会一下这个策略分解的过程。

丰富供给有几类不同的选择。比如，把产业带的线下产品带到线上，鼓励品牌商/制造商开发新产品，把不断涌现的个性化/原创产品带到线上，从国外找更多国内未见的货源，把线下常见但线上不常见的品类往线上搬，把非实物商品带到线上，等等。

在这些支线背后，还有一堆辅线问题要解决。比如产业带的产品上翻，要进一步解决产业带招商的问题，让他们知道平台，愿意到平台上经营。他们入驻后，能否经营得起来，在平台上留下来呢？他们留下来后，能否不断投入，获得业务增长，追加投入，再获得更多的业务增长，实现正向循环呢？

在辅线问题的背后，还可以拆解出更细致的辅线问题。这些问题是一个企业业务经营的毛细血管，值得一层层地去追问、去理顺、去找到解题方法。

业务策略树分解完后，接下来重点又来了。业务体系枝繁叶茂，难道平分兵力，撒胡椒面式地去做业务吗？肯定不是。我们要找到业务发展的关键点。

赋能的切口要在业务痛点上，在痛点上下赋能的狠手。对业务痛点，有时候需要做归纳总结，有时候需要做演绎推理，常常需要层层解剖。不能奢望问题摆在那儿，等着我们去解决。

比如，哪些是业务体系中最薄弱的环节？哪些是新孵化的潜力业务？哪些是要不断加强、不断放大竞争优势的环节？哪些是与竞争对手PK最惨烈的红海区域？哪些是有希望重度垂直打穿的环节？……不同企业的业务着眼点不同，有的喜欢补短板，有的喜欢做长板，有的喜欢做新业务，有的喜欢守成。这些都没有对错，但要结合前面讲的愿景、使命、价值观、战略来综合评判业务策略、业务选择。

我们要不断去靠近这些业务经营的核心问题，并在这些核心问题上贡献赋能价值。很多企业的培训负责人，特别喜欢规划课程体系。我一直有个理念，与其做课程体系，不如做业务赋能体系。贴着业务策略树，让赋能走进战场，感受炮火，帮助企业拿到胜利。

（六）组织

业务的背后是**组织**，业务能力的背后是**组织能力**，两者相辅相成。中国军事史上的伟大创造，一定有"政委制"的一席之地。政委和司令员的搭配，政治工作与军事工作的搭配，实践证明，对于企业组织也是适用的。

最近几年，OD（组织发展）的理念渐渐深入人心。我的理解，简单来说，组织发展就是组织干预，不断调校组织这个设备，让它能产生最优效能。当然，用生产关系和生产力的关系做比喻，我觉得也是恰当的。

"六个盒子"是我们在做组织分析时，一个很好的模型。对这六个问题，建议大家认真思考：

- 我们为谁创造什么价值？（使命/目标）
- 我们是如何分工的？（组织/架构）
- 我们是如何激发员工动力的？（奖励/激励）
- 我们有足够的协调手段吗？（帮助机制）
- 谁应该和谁在一起做什么？（关系/流程）
- 领导团队能否将盒子保持平衡？（领导/管理）

接下来，我常常会给一个建议：把组织问题和具体的业务场景结合起来，这样更有的放矢。比如，我会把上面的问题，再翻译一下，变成更多人能理解的问题。

- 我们是否知道并理解公司的大图？
- 我们是否清楚自己业务/团队的一张图与公司大图的关系？
- 我们的横向团队和纵向团队是否能紧密合作？
- 我们的业务团队是否具有客户视角？
- 我们是否有与客户之间的反馈闭环？
- 我们是否实现了多业务的协同作战？
- 我们新进入的业务同学是否能快速具备业务能力？
- 我们新孵化的业务是否得到了足够的内外部支持？
- 我们的业务Leader是否掌握了复盘精进的管理方法？

在调研、访谈时，一方面要去探究业务问题，另一方面要去探究业务部门/团队的组织问题。有意思的是，两者常常是相互激发的关系。在很多次业务共创会中，我发现业务Leader常常苦恼的都是组织问题，而细细追问，又会发现不是单纯的组织问题，往往又和业务问题掺杂在一起。谈得很深入的场，往往都是能触及组织话题的场。做业务赋能要直面两个不同的挑战——冷冰冰的业务问题和有温度的组织问题，并多去思考一鱼多吃的方式。后面我还会不断讲这个问题，先埋个伏笔。

三、企业培训团队的战略解码

（一）愿景、使命、价值观

前面也讲到了我的观点，企业要有自己的愿景、使命、价值观，每个业务、每个职能、每个部门、每个团队、每个小组，也都如此。这样，才可能把一个大的组织变成一个个自驱的闭环。

企业培训团队也要设定清晰的愿景、使命、价值观。把这些都想清楚了，并坚定了，设计策略、安排具体工作也就有的放矢了。

我常常和很多企业的培训负责人开玩笑，要抓住一切机会，比如开会、出差、吃饭、上厕所等，与企业一号位（董事长或CEO）交流探讨一个问题——你眼中的企业培训团队应该发挥什么作用，而且要多问几次，要用不同的话术问。当他们回答趋同的时候，企业培训团队的愿景、使命、价值观也就清楚了。

很多人说："安老师，这个方法太傻了，会不会显得自己太不专业？CEO会不会觉得我这个企业的培训负责人没有专业判断？"我的看法恰恰相反，与其花很多时间做专业的推演，不如直白地去问企业一号位的意见。毕竟，企业培训团队是企业战略的组成部分。既然如此，就应该和战略的制定者保持一致。

以淘宝生态赋能团队和支付宝生态赋能团队为例，与大家分享一下，我们如何思考自己的愿景、使命、价值观。

我前面也介绍了阿里巴巴的愿景：活102年；到2036年，服务20亿名消费者，创造1亿个就业机会，帮助1000万家中小企业盈利。

围绕着这个公司愿景，企业培训团队如何帮助企业活102年呢？我们自己能否也活102年，甚至更久呢？达摩院成立的时候，马老师（马云）的期待是达摩院要比阿里巴巴活得更久，最好能活300年。围绕活得久这个话题，企业培训团队要思考如何走得远，这就要有长期的眼光、长期的心态、长期的事业。

"服务20亿名消费者，创造1亿个就业机会，帮助1000万家中小企业盈利。"这一段是结果的表述，企业培训团队不妨去思考How（怎么做）

的问题。企业的独特优势是什么？企业培训团队如何把企业的优势放大，进而去拿到这个结果呢？

基于这些思考，我们把**淘宝生态赋能团队、支付宝生态赋能团队的愿景**定为：帮助1000万个卖家、4000万个服务业商家实现数字化升级。数字化升级是企业盈利、创造就业、服务消费者的重要路径，而赋能可以加速数字化升级的进程。这就是在设计企业培训团队愿景时我们的思考逻辑。换句话说，我们的愿景，是要成为以数字化赋能为核心赛道的生态型企业培训团队。

阿里巴巴的使命是让天下没有难做的生意。阿里巴巴不同的团队在用不同的方式，如技术的方式、物流的方式、金融的方式、链接的方式等，让生意不难做。那么企业培训团队的贡献方式是什么呢？

过去，淘宝生态赋能团队对外有几类表达。"学电子商务，上淘宝大学"的宣传语，曾经在相当长一段时间内被口口相传，电商培训成为淘宝生态赋能团队的标签。在电商启蒙和起步阶段，我们认为这种表达是很到位的。但是，当电商已经成为多数企业的"标配"时，再提这种表达，就显得有点不合时宜。

后来，我们曾提过，"让学习更简单"。我们的发心很好，因为企业培训团队是提供学习服务的，要让商家学员的学习体感好，简单但有效。但是，提了一段时间，我们发现这种表达没有牵引力。对内，企业培训团队自己的学生没体感。我们工作的目的是研究学习技术，让学习体验持续变好？显然不是，我们是企业培训团队，我们是服务商家客户的。对外，商家学员也没有体感。他们来淘宝生态赋能团队学习，是为了解决经营之道的问题，帮助他们赚钱。为什么要和他们讲"学习"的事儿？学习应该是企业培训团队的事儿。

这几年，我们一直用的使命表达，即"**赋能创造商业价值**"。对内，我们告诉企业培训团队的所有学生，我们工作的目标要指向帮商家降本增效，做好生意，做好企业。所以，一切围绕实战实效。对外，我们告诉学员，淘宝生态赋能团队的学习，不玩虚的，从你的商业问题、商业需求出发，帮你解题，帮你拿到商业结果，看到营收和利润。

这一番分析下来，相信大家多少有点体感了。愿景、使命不是一拍脑子就定了的。一定是反复推敲，让内外部都觉得有牵引力、有干劲儿、有奔头。否则，就真的成了标语、口号。

接着说说企业培训团队的价值观。

阿里巴巴的价值观一共三句：客户第一、员工第二、股东第三。这个排序，其实帮助我们做了一个价值判断。当难以决策的时候，它可以作为我们下定决心的原则。

淘宝生态赋能团队和支付宝生态赋能团队的价值观也是三句：为客户好、为业务好、为培训团队好。这里面也有排序。我们的赋能项目、赋能产品，所有赋能工作的出发点，屁股要坐在客户那里，然后思考业务价值的问题，最后考虑企业培训团队自己的价值（商业化或影响力）。

很多人问："可以三者兼得吗？"三者兼得，当然是最理想的情况。但是现实中，很难"忠孝两全"，何况"三全"。比如，有的话题，是商家需要的，但是和业务没有直接的关系，要做吗？有的话题，业务团队很想推，但是根据调研走访，商家的兴趣并不高，要做吗？有的产品，基于企业培训团队，我们希望引领行业去创新一种产品形态，开拓商业化的新业务形态，但是暂时和业务、客户都没有直接的关联，要做吗？

这都是真实的决策场景。如果没有价值观排序，上面这些项目，我们可能都做了，因为它们看上去好像都有价值。但是，很容易出现"自嗨"的状况，没打到点子上。

所以，我们内部在项目立项讨论时，都会问自己一个问题：这个项目，对客户、对业务、对培训团队的价值分别是什么？一定要聊清楚。一个项目，至少要兼顾两个价值，才值得投入去做。如果只是满足一方价值，就先放一放，想得更清楚一些再做。所有项目，都要回答对客户的价值是什么，因为这是第一价值观。这些都理顺了，那么在具体决策场景就不会纠结了。

我不知道有多少个赋能团队会认真做这样的事：一起讨论赋能团队的愿景、使命、价值观。有人觉得这种事儿很虚，恰恰相反，我觉得这个事儿很实，而且很重要。

我们在为什么而奋斗？是我们的培训工作本身？应该不是，工作是手段。工作很容易带来倦怠，背后是意义感的缺失。是让商家客户赚到更多的钱？这个会比较有画面感，但是深入想还是不够。理性的东西讲多了，能燃起来的感性的东西就少了。是有血有肉的个体？我认为这个相对接近。企业是由人构成的，企业发展得好坏，影响了一群人的喜怒哀乐，甚至人生轨迹。

> 当我们说"让天下没有难做的生意"时，当我们说"赋能创造商业价值"时，这些背后，都是我们在用赋能的杠杆，去撬动一批人，一批企业的波澜壮阔。与荣有焉！

（二）战略

什么是战略？这个问题能找出几十上百个答案。我比较欣赏的是迈克尔·波特的讲法。"**战略**就是创建一个价值独特的定位，战略是指企业如何在顾客心智中建立差异化定位，并由此来引领企业内部的运营。"

这个定义讲了好几个问题。

我们的顾客是谁？

通常来说，企业培训团队要解答我们究竟服务的人群是哪些人，中基层员工、高层管理者、合作伙伴、渠道商，还是消费者？不同的赋能对象，决定了我们的工作方向和工作重点。

对于淘宝生态赋能团队和支付宝生态赋能团队来说，我们的定位是生态赋能。所以，我们的赋能对象（顾客）是商业生态中的各个物种，包括商家、服务商、达人、机构、政府、协会、海外客户、服务业商户、高校等。客户群体太多，必须聚焦。所以，我们又做了一个排序和选择——商家、服务商，并把这两类群体作为赋能的重点人群。

我们的独特价值是什么？

企业培训团队可以做很多事，比如培训知识、培养能力、输出思想、构建链接、推动改变，这些常见于各类企业培训团队的简介中。

对于淘宝生态赋能团队和支付宝生态赋能团队来说，我们聚焦于培养商业经营能力。这是由我们的使命"赋能创造商业价值"决定的。

我们的差异化定位是什么？

通常的差异化定位，比如，第一家开出某课程的机构，在某方向最有影响力的机构，一直在某行业垂直深耕的机构等，通过这样的方式表达自己的"与众不同"。

对于淘宝生态赋能团队和支付宝生态赋能团队来说，我们希望做出的差异化是，区别于中心化的赋能模式，我们坚持"商家帮助商家""实践者帮助实践者"的理念，持续推动"用商业实践赋能商业实践"。商家做讲师，案例实践，这就是我们和一般企业培训团队存在差异的地方。

我们内部运营的指导策略是什么？

因为是生态赋能，因为涉及1000万个卖家、4000万个服务业商户，所以我们的赋能必须是**生态量级**、**生态模式**的。这也意味着，我们不能走一般企业培训团队、一般培训机构"小而美"、押注专业深度的路子，必须走标准可复制、宣教结合的路子。同时，因为商业场景复杂多变，所以我们的产品、项目也必须精益迭代，拥抱变化，引领变化，并且最后落脚点要回到"培养商业经营能力"，要能形成企业培训团队自己的逻辑闭环。

后面的章节，我会讲我们是怎么做的。但是在这一章，我希望大家能有个总体认知，然后再去后面解锁、论证。

（三）业务

如果像经营公司一样经营企业培训团队，我们就要回答两个问题：我们的业务是什么？我们有哪些业务？

很多人脱口而出："企业培训团队的业务就是做培训，做各种培训。"这个回答，我觉得不是不对，但是建议再穿透一下。培训的背后是什么，是我们的愿景、使命、战略目标吗？培训是实现愿景、使命、战略目标的唯一方式吗？是否还有其他可能性？

我们认为淘宝生态赋能团队和支付宝生态赋能团队的业务是赋能，但是不等于培训。因为就像我前面讲到的培训和赋能的区别，赋能推动改变有很多方式，培训只是一种场的形态而已。所以，我们会开放地看每一种赋能方式的可能性，如课堂、活动、故事、文章、节目、信息流等。这就是为何对业务本质的理解会影响具体的业务动作。

那么，有哪些业务呢？我们聊聊企业培训团队常见的划分业务的方式。

以人群划分。

比如，新员工培训、新经理培训、中层管理者培训、高层管理者培训。在淘宝生态赋能团队的场景里，就是新手卖家培训、中小卖家培训、腰部卖家培训、KA卖家培训、县域商家培训、海外商家培训等。企业培训团队以目标客户群体去做分解。

以培训的产品类型划分。

比如，公开课、内训、线下小班、线下大班、线上培训、双师培训、非课程产品等，以企业培训团队的产品能力视角去做分解。

以公司的业务线划分。

比如，原供应链学院、原营销学院、原研发设计学院、原渠道学院等。又如，原国内业务学院、原海外业务学院、原新业务学院等。在淘宝生态赋能团队的场景里，就是原天猫行业学院、原淘宝行业学院、原支付宝行业学院等。企业培训团队以公司业务去做分解。

这几种业务的划分方式，各有利弊。这里，和大家聊聊我对于业务划分的基本原则：

- **以商业营收为主导的业务和以赋能价值为主导的业务分开；**
- **通用赋能型的业务和行业化、个性化的业务分开；**
- **每个业务应该有自己的独立闭环：**客户群体、愿景、使命、价值观、战略、业务。

企业培训团队的业务划分，要尽量实现大闭环里面的小闭环，这样才比较容易实现大学内部各个团队的自驱自发。

今天，淘宝生态赋能团队的业务大致是这样划分的：

1．**商业化业务**，就是做教育培训产业经营，包括：

（1）To大B自营培训业务，也叫品牌内训业务；

（2）To大B自营系统业务，就是淘宝生态赋能团队的云课堂，基于SaaS的在线学习平台；

（3）To中小B自营业务，也叫商家培训业务；

（4）To新手卖家、中小B的平台业务，就是淘宝生态赋能团队在线的平台，为行业内的电商培训机构提供交易平台、学习交付平台。

2．**平台化业务**，就是淘宝生态赋能团队，将教育机构和教育产品作为淘宝的一个行业类目进行经营，包括K12、职业教育、语言、兴趣等细分。

3．**价值型业务**，就是以服务淘宝、天猫的业务发展为核心目标。目前已成立包括天猫快消、天猫服饰、天猫消电、淘宝快消、淘宝商家、极有家、躺平等几十个原行业学院，不以商业化为目的，以业务服务为主。

每块业务都有自己的愿景、使命、价值观、战略，且都有自己的完整闭环。

从顶层设计的角度，除了前面提到的几类业务划分方式，我再给大家提供一个框架，暂且叫它生态型企业培训团队的"**全景赋能框架**"。如果大家所在的企业，未来希望也向行业生态去做输出，不妨做个参考（见图1-8）。

这个框架的横轴是内、外部视角。一端面向企业内部员工赋能，另一端面向生态价值链的合作伙伴、客户、社区赋能等。这个框架的纵轴是认知观视角。一端是已知视角，另一端是未知视角。

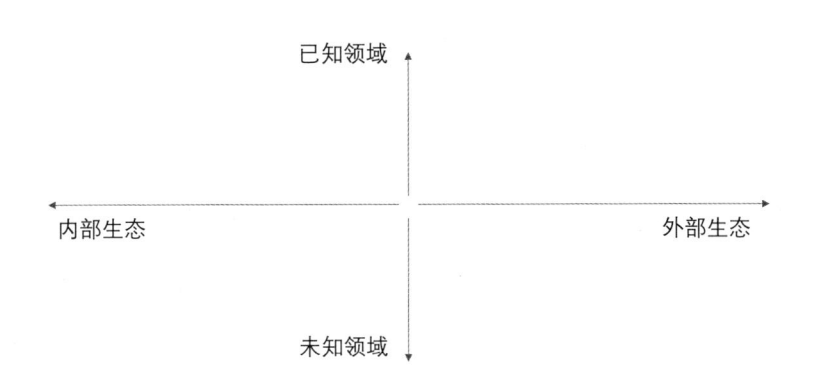

```
          已知领域
            ↑
            |
            |
内部生态 ←———————→ 外部生态
            |
            |
            ↓
          未知领域
```

图1-8　生态型企业培训团队的"全景赋能框架"

坦率地说，现在很多企业培训团队的业务象限，常常聚焦于"内部+已知"这个象限。以绩效改进技术为基础，以培训干预手段为路径，解决组织内部看得见的问题，比如绩效的GAP。但是，其他三个象限，同样非常重要。

未知视角为什么重要？前面我们在讲生态价值链部分时，提到了"演进"这个关键词。企业的加速演进和颠覆式演进，常常融合了非常规的技术、模式等。这些"非常规"，往往不在企业的视野范围内。但是，如果忽略了，就有可能产生巨大的机会成本。

举个例子。我们是一家线下的连锁企业，导购员人均销售额是一天1000元。我们的同行，类似的商业模式，最好的企业，他们的导购员人均销售额是一天1200元。按照常规的培训视角，要弥合绩效的GAP，要关注怎么通过培训实现销售额从1000元提升到1200元。现在，我们突然知道，有个企业，他们的导购员通过直播、短视频的方式，一天能卖到5000元。这时你的培训赋能目标怎么定呢？

从1000元到1200元，这个目标最容易定。因为是常规操作，肯定不会错。但是从1000元到5000元，这个要不要做呢？从内心潜台词来说，做一定是对的。但是，能不能下得了这个决心呢？导购还是传统站柜台，业务还没转，培训就先去推，合适吗？要是推了，最后业务不动，或者业务转型失败了，多尴尬。这些内心戏，就会让企业培训团队吃不准要不要做。

但是，如果站在企业的角度、CEO的角度，你觉得1000元到5000元这个事儿，要不要去推动？一定要，对吗？这便是看见未知，用赋能去推动拥抱未知。

很多企业培训团队都有跨界游学项目，我觉得挺好，这是很重要的拓展"未知"边界的方式之一。但是，跨界游学一定要和业务结合起来，要和业务研讨结合起来，要和当下的问题结合起来，要和未来的规划结合起来，至少要一定程度上实现意识的改变。

外部生态常常是业务部门、业务团队接触得最多，上下游、合作伙伴、渠道商本质上都是业务的一部分。企业培训团队和业务之间怎么配合？二者会不会起冲突？对内做赋能的能力，有底气对外输出吗？外部伙伴会买企业培训团队的账吗？这些都是很真实的问题。

还是同样的思考方法，如果站在企业的角度、CEO的角度，外部生态对于企业拿结果重不重要？要不要影响、推动，甚至改变他们？一定要。如果从大格局上想清楚了，就要往回反推企业培训团队到底要不要做这个事儿，什么时候做这个事儿。

阿里巴巴有很多培训团队（过去称为"××大学""××学院"等），它们各有侧重。比如，淘宝生态赋能团队、支付宝生态赋能团队就是对外部生态的，包括外部+已知、外部+未知。因为我们看的行业很多，看的商家各种各样，也看了太多新势力的崛起，所以很多商家特别乐意来我们这里听其他行业的新奇玩法。其中，有"已知"的学习，亦有"未知"的学习。原湖畔学院虽然是对内部的，但是也不局限于"已知",它也常常带着内部管理者去感知外部世界,参访各类标杆组织,这是在拓展"未知"边界。

已知、未知、内部、外部,这四个视角,大家好好体会一下。

(四)组织

企业培训团队的组织结构设计,常常和它的业务设计是相辅相成的。常见的有:

业务对应型,比如原供应链学院、原营销学院、原研发设计学院、原渠道学院等,或者原国内业务学院、原海外业务学院、原新业务学院等。

人群分层型,比如新员工培训项目组、中基层培训项目组、高管领导力项目组、客户培训项目组等。

职能分工型,比如项目交付组、课程研发组、师资管理组、线上平台组等。

前中后台型,比如前台、中台、后台。

以淘宝生态赋能团队/支付宝生态赋能团队为例,我们的组织设计是前中后台型和业务对应型的组合。(见图1-9)

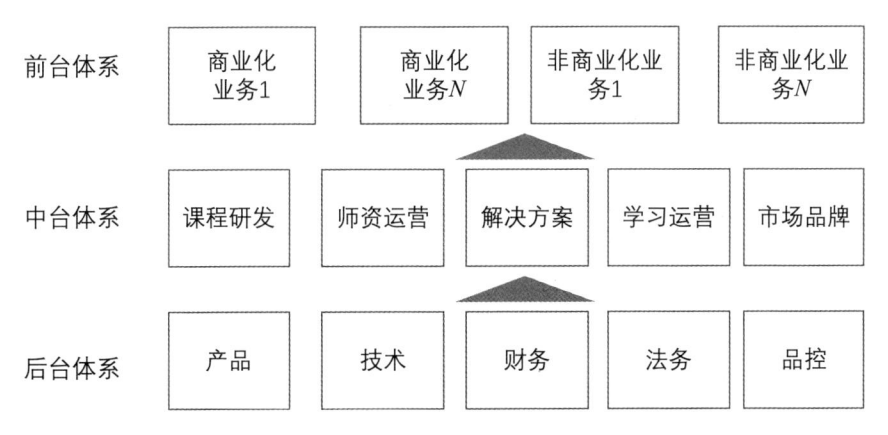

前台体系	商业化业务1	商业化业务N	非商业化业务1	非商业化业务N
中台体系	课程研发	师资运营	解决方案	学习运营	市场品牌
后台体系	产品	技术	财务	法务	品控

图1-9 淘宝生态赋能团队/支付宝生态赋能团队前中后台架构

前台,我们自己的讲法叫"BP线",深入支付宝的各个业务,挖需求，共创赋能项目，交付落地。

中台，通常包括课程研发、师资运营、解决方案、学习运营、市场品牌等职能，为前台提供源源不断的炮弹。

后台，包括法务、财务、品控、产品、技术等，为前台、中台提供保障支持。

组织设计不应该是一成不变的。历史上，淘宝生态赋能团队的组织结构曾发生过多次调整。

比如，曾经将课程研发和师资运营的职能拆散到各个业务线，各自招讲师，各自搞课程，百花齐放，典型的"烟囱型"。好处是业务跑得快，问题是厚度差，打不了大仗。

后来，我们做中台，将课程研发和师资运营收到中台统一做，专业度确实大大提升了，效率也更高了，但是前台也会偶有抱怨，说支持不及时。

现在，我们在中台之外还有"特区"，允许一部分新业务自己做小烟囱。一定要动态地去看企业培训团队的组织结构设计，没有什么是一直对的。

扫码即可阅读"我写给团队的邮件"

第二章
腰部三板斧之结网

序言中，我提到了本书的"特殊"逻辑。我不会先讲课程、师资、系统，这些是大家对于企业培训团队的第一认知。我会从我们开展赋能工作的中观策略谈起，相信大家理解了中观策略，再去看微观的具体工作——课程、师资、系统，会有不一样的体会。我把偏宏观的部分放在了最后，可以作为大家进一步进阶挑战的方向。

一、中心化与去中心化

（一）智力结网

这些年做培训，做企业培训团队，做业务赋能，我越发有个感受，那就是传统路数必须变一变，要不真的走不通。如图2-1所示，大家直观感受一下。如果用这两张图做个心理投射，你觉得目前你所在企业的培训，更像哪张图呢？

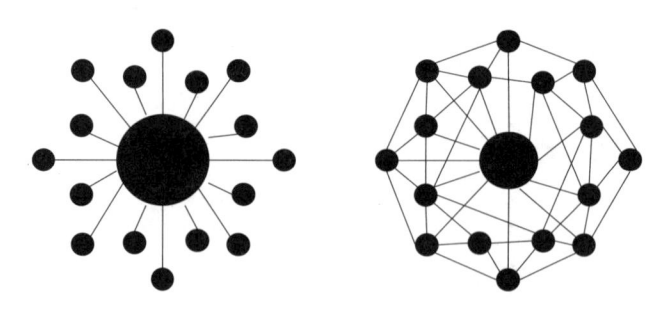

图2-1 中心化与去中心化

图2-1的左图，我们称之为"太阳图"。太阳位于中心，是热量、光

芒的来源，星星散布四周，等待汲取太阳的能量。是不是很像我们熟悉的学历教育、课堂培训？讲师是课堂中知识的唯一输出源，学员坐在其中只是被动的接受者。学员也有少许互动，但是居于次要位置。能量输出的过程，伴随着衰减，但是我们无力阻止。传统的企业培训，也是如此。一个专家坐在中心，然后传道授业解惑。问题是，专家说得就全部正确吗？这个问题经不起推敲。

在商业培训领域，比如在淘宝生态赋能团队的课堂上，我发现其实不存在绝对的信息优势差——讲师就是比学员高出很多段位，这种情况比较少。而且很多时候，是反向的，坐在下面的学员，从资历、经验上，很可能反杀台上的讲师。这种情况见得多了，让我对传统的中心化培训模式产生了深深的怀疑，也促使我去思考新的可能性。

图2-1的右图，我们称之为**"群星图"**。其实没有绝对的中心点，每个节点就像一个星星，相互输出能量、输出光芒，形成了浩瀚的星河。有点儿类似于头脑风暴这种开放式的讨论，没有绝对的权威，每个人都在为一个开放问题做自己的贡献。

在淘宝生态赋能团队的课程研发上，我发现这种模式其实比较符合实际。为什么这么说？因为对任何一个商业话题，真的找不到绝对的权威。按照中心化找权威、找专家的路子，你会听到这些：你名气大，但你不懂我的行业。你也是我这个行业的，但我们主打的货品不一样。你运营做得好，那是你资源好，不是你能力强。商家学员常常能找出各种挑战的理由。

实际上，商业的经营真的是一个综合能力的竞赛，比拼的是货品、供应链、获客、转化、复购、服务、粉丝等，需要十八般武艺。很难找到一个十八般武艺样样精通的专家，即便找到了，也未必愿意站到讲台上分享自己的心得。但是，如果想找其中某种武艺很突出的，那其实不难。所以，发动群体的力量，找到一群人，他们各有各的能耐，然后把这些人的能耐汇集在一起，不就变成十八般武艺了吗？这就是我们最朴素的想法。我们相信，网络的智慧一定是优于个体智慧的。

如果大家还没想明白，我给大家举两个例子。

一个例子是微软和维基百科的例子。比维基百科更早，微软就从全球调集了超过4000位的顶尖工程师，研发百科的产品。系出名门，贵族血统，这么称呼微软的产品，应该也不过分。但是今天，你听过微软的百科产品吗？好像没有。现在百科，几乎约等于维基百科。为什么？维基百科可是由互联网上的一群又一群"草根"创建的，可就是这些网络的"草根"打败了正规军。

另一个例子是图书出版行业的例子。一谈到作家，估计不少人脑子里的画面，是一个人闭关创作，点灯熬油，辛苦一年，写出了20万字。然后拿着稿子去出版社，得到两种结果——被收稿或被拒收。书出版了，又是两种结果——畅销或不畅销。显然，第二种可能性最大。对吧，这是现实。多数的书出来后，最终的结局是重新打回了纸浆。

可是与传统的写作模式对应的，是网络文学的创作方式。网络文学常用连载的方式，不着急一次推出全部内容。在写作的过程中，作家组建了几个甚至十几个粉丝群，一起和粉丝互动讨论情节的发展，最大程度地贴合粉丝读者的阅读喜好。所以，连载的内容，喜欢看的人也越来越多。当网络上的名气越来越大，把网络连载结集出版的时候，通常图书销量也不会差，常常很可观。大家可以对比一下，什么叫降维打击，这就是一个鲜活的例子。

再给大家列举两个生活化的场景，大家体会一下。

大家坐网约车，大概率会看到很多司机，一边开车，一边在听着微信群里的语音。司机们在群里谈天说地，吐槽抱怨，但是，也在不停地分享各种各样的小知识、小妙招。哪里单子多，哪里堵车，赶时间该走哪条近路，难缠的客人咋搞，怎么和平台沟通客户投诉，等等，不一而足。

又如，和快递小哥聊天，你会发现他们也有群，群内也是各种热闹的讨论，说啥的都有。各种工作技巧都在一天的闲言碎语中碰撞出来，也是通过闲聊的方式润物无声地滋养新入行的骑手。

俯下身浸泡到任何一个行业，差不多都是类似的情况。各行业都在自发地分享社交行为，快速、碎片、灵活、高频。

回到企业培训团队赋能这个话题，今天，我依然认为专家、权威很重要，但是他们的主导地位，要让位于网络、让位于去中心化。知识是分散的，知识是流动的，网络智慧（内部如此，外部亦如此）是未来的确定方向。

（二）业务结网

还是针对上面的"太阳图"和"群星图"，我们聊聊在业务赋能中，工作模式的问题。

"太阳图"很像传统企业培训团队的路子，培训团队去调研需求，制作培训方案，研发课程，落地培训。业务部门派学员参与即可，接受培训，然后回到业务部门。这个过程，因为各种各样的原因，变成了企业培训团队自己的独角戏。看上去自己扛下来所有的职责，有自己的专业担当，问题是起到好效果了吗？

"群星图"型的企业培训团队，把自己的专家身份放下，把精力放在了串联人、串联资源上，发动大家的力量，一起做。现在大家很推崇的很多硅谷的公司，就是类似的理念。比如，招聘不是HR的事，是部门主管的事。发展员工不是HR的事，是部门主管的事。诸如此类，真的是说HR跷着二郎腿可以什么都不管吗？当然不是，它讲的核心意思是**任务的去中心化分解**。

大家不妨也去思考一下，业务赋能，帮业务、帮商家发展，到底是谁的事？答案其实不复杂，一定是你业务的事，我帮你一起做，所以也是我的事。大家先把这个逻辑理解清楚，后面再听我讲"赋能共同体"的概念就不会觉得突兀了。

二、如何与业务团队结网

关于智力结网的问题，我会在课程研发的章节具体介绍。这里，先和大家聊聊与业务团队结网的问题。

企业培训团队做赋能，常见的情况是，"我一颗红心向太阳，我想赋能你"。可是，你却说，"我挺好，我不需要被赋能"。这种情况太正常不过了。业务团队真的没有痛点，真的不需要被赋能吗？显然不是。问题出在我们没有走进业务团队。

2019年3月，ATD学习高管共创论坛走进淘宝生态赋能团队，我们聊的主题就是"从伙计到伙伴的转变：人才发展成为业务伙伴的战略、工具和方法"。当时在会上，我提到了一些具体的行动方法，得到了与会企业的培训负责人的肯定。下面和大家做个分享。

（一）我是谁，我能做什么

要持续向业务伙伴说，"我是谁，我有什么能力，我能为你做什么"。很多人不理解："都是一个公司的，还需要这么卖力吆喝吗？"我说当然要。以淘宝生态赋能团队为例，我们从2006年成立到2021年已经15个年头了，但是到今天，在阿里巴巴和蚂蚁，依然有很多业务团队对我们缺乏了解，甚至都不知生态赋能培训要找淘宝生态赋能团队。在一个11万人的大组织里，这种情况太正常了。

我要求我团队的同学，遇到业务同学，一定要先介绍我们是谁，抓住一切机会去讲，让他们对我们有更多了解，要有这种劲头。同时，每隔半年，我都会组织淘宝生态赋能团队的同学更新一版淘宝生态赋能团队的简介，包括我们的历史，我们的方法论，我们的课程、师资资源，我们的赋能案例，我们的合作模式等。同时，带着团队同学一起学习，一起训练对淘宝生态赋能团队简介的讲解能力。只有这样，才能让淘宝生态赋能团队每个同学都成为淘宝生态赋能团队的宣传员。

（二）持续"种草"

不要临时抱佛脚，要把"种草"工作放到日常。

给大家举个例子。案例开发是我们团队的例行工作。案例除了用于教学场景、研发场景，我们还会把案例的讲稿分享到企业内网上。我们团队有专门的同学负责对内的影响力传播，其中一项就是运营企业内网论坛的帖子。虽然我们不是做OC（组织文化）的，但是这个工作显然给我们带来了很大的帮助。很多业务同学看到我们发的帖子，看到我们持续在给商家赋能，会主动联系我们说，看看他们这块的业务是否能合作。这种主动的需求链接，显然是我们期待的。

（三）用对方熟悉的语言去交流

我曾经与很多做培训的同行交流，我说："我们做培训，身段要放下。"什么意思？就是你要试着去理解别人，不要奢望让别人去理解你。这既是一种格局，也是一种工作方法。

比如，你和业务团队交流："我是做培训的，我们能做课程开发，能培训讲师，你看看咱俩能合作点啥？"你猜业务同学会咋回应你？大概率的台词是："挺好挺好，你们继续好好干哈。我这没啥需求，先不麻烦你。"为什么会这样？因为对业务同学来说，你说的培训、课程、讲师，和人家没啥关系，他为啥要去理解你的工作术语呢，对吧？

那么，我们该如何交流呢？我认为至少要提前做两个功课：

（1）提前了解业务的基本情况，别问太幼稚的问题；

（2）如果可能，学点业务的"黑话"，不用多，有代表性的就行，让业务同学觉得你不是太外行。

在电商领域，如果你连"坑产""动销"这类词都不熟，就没法聊了。在交流的时候，不妨把我们企业培训团队的能力，用业务的语言讲出来。

比如，如果对方谈到，最近在全国各个区域做招商宣讲，开各种业务会议。你不妨说，其实培训团队也很擅长做这种大型活动，从招商预热，到现场组织流程，到主持，到内容打磨，到氛围营造，到签约转化，我们做过不少这种案例。对企业培训团队来说，这就是一场业务性质的大型公开课，对吧？没必要非得说出我们习惯的语言，按对方的理解去表述就好了。

再如，也许对方谈到，最近很头疼，公司业务团队跟经销商的关系处理得有点僵，有点指挥不动。那么，你是否敏锐地感知到，这就是一个典型的共创会、私董会、裸心会的场子？还是我们熟悉的配方，但是要应用到业务的那个具体场域里。不妨说，我们可以一起组个场子，拉上渠道商一起，做做业务讨论，做做政策吹风。具体呢？企业培训团队出面牵头，以培训的名义，别显得太刻意。过程中，我们把业务的问题融入里面的环节，你们参与进来，把你们想要的事儿一起办了。你感觉一下，业务同学的体感通常会舒服多了。因为你在为业务同学设身处地解决问题。当然，企业培训团队有企业培训团队的能力，但你没必要把这些能力挂在嘴上。

用业务的语言聊业务的问题，这个事儿太重要了，我带大家再往下纵深一层。

对任何一个正常理性的业务Leader来说，培训通常都会被列入重要不紧急的象限，优先级常常在TOP10之外。但同时，成熟的管理者其实都明白一个道理，就是重要不紧急的事儿，反而应该马上做，否则一定会拖成又不重要又不紧急的事儿。道理懂了，行动未必赶上。那么培训赋能的同学，我们要做的，就是推进一把，给重要不紧急的事儿披上不同的外衣，让它们的紧急性凸显，这是很重要的工作沟通方法。具体外衣如下。

第一层外衣：搞定客户。

业务的业绩指标完成来源如下：要么是通过直客，要么是通过渠道，要么是通过营销。如果培训能在其中某个业绩达成象限发挥直接作用，自然会成为业务手段，而不是培训手段。大家可以回顾我之前讲的"造场"部分，尤其适用于大客户。

第二层外衣：业务改进。

培训通常很难促成直接的业务结构，但是对于业务的过程指标往往有很大的发挥空间。因为很多业务环节，做了培训就一定有效果，问题是做不做培训。培训赋予这些环节去做、去行动的推动力，自然可以优化业务的过程指标数据。不妨把培训换个名字，叫业务的"南泥湾开荒"吧。

第三层外衣：战前动员。

很多业务活动喜欢把业务比喻成战斗。那么，战斗之前的动员就是很重要的一个仪式。天天敲锣打鼓打鸡血，做多了意义也不大。不如把培训赋能融合到战前动员里，将其改造成一个有干货的动员会。有信心、有鸡血、有方法，这多好。

第四层外衣：内部管理。

很多业务团队的内部管理，其实问题还不少。很多时候，业务的发展掩盖了业务团队的管理问题。但是业务Leader其实心知肚明，只是无心无力去管罢了。策略分解重要不重要？过程跟进重不重要？工作总结复盘重不重要？这些工作，融入了培训赋能的方法和技术，当然可以加倍做得更好。

第五层外衣：业务例会。

业务例会周周开、月月开，甚至天天开，但会开的，开得好的却不多见，对吗？用教学设计的思路，重新设计一个有趣、有料的业务例会，会不会让走形式的业务例会开得活色生香呢？一定如此。谁说业务例会一定只是汇报工作？为什么不能变成案例分享会、业务共创会、头脑风暴会呢？同一道菜，可以炒出不同的味道。

第六层外衣：新手上路。

业务新人如何快速上手产出业绩，是业务Leader很头疼的事儿。人可以慢慢培养，但是业绩KPI不等人啊。怎么办？如果不做干预，靠一个新人自己摸索，从入职到达到平均产能，也许需要六个月的时间。如果培训赋能干预一下，缩短到四个月，多出来的两个月就是业务的增量。这个账其实很好算。所以，新人培训不如叫"士兵突击"，帮助业务团队把新兵蛋子快速孵化成真正的战士。

第七层外衣：成果量化。

别看业务团队好像是完全量化结果驱动的，多少营收，多少利润，这其实只是事情的一面。还有另一面，就是业务团队要证明业务的可复制性，这个其实很容易被大家遗漏。什么叫业务的可复制性？一个是业务营收的可复制性，如从一个渠道到另一个渠道，从一个城市到另一个城市；另一个就是业务人才的可复制性，战场扩大了，还有兵有将可派，而且兵将还能持续输出。如果你能钻到这一层，就能做完全不一样的事儿。

小结一下，这七层外衣，本质就是**培训赋能+业务发展双螺旋**的七个典型场景。从A面到B面，换个视角，结果自然大不相同。大家好好体会一下这七个场景，和业务交流起来，内心会有很多底气。

（四）从小切口狠狠切入

我带团队有个习惯，就是新合作的业务团队的第一个项目我看得最细。因为积攒信任很不容易，第一脚常常也最难踢。第一脚迈出去了，事儿也就顺了。如果第一次没到位，后面做多大补救都不理想。第一次合作，切忌面太大，给对方的预期太高，因为企业培训团队的资源、人力也是有限的。要选择一个小的切口，然后投入足够的人手、资源，让这个小切口狠狠地被撕开，一战打出企业培训团队的专业度，打出企业培训团队的口碑。

举一些细节的例子，大家体会一下。比如，项目工作小组、项目任务分解、每日例会、每日进展跟进、项目KO会、项目立项会、项目头脑风暴会、研发评审、讲师讨论、学员讨论、毕业答辩、项目复盘会等，企业培训团队要在项目管理上，让业务伙伴看到我们的章法和套路。细节是魔鬼，同时细节也最打动人。有太多次业务的同学对我说，和你们合作一次培训项目，我自己带团队的能力也提升了一大截。有了这样的第一次，后面业务团队自然还会找过来，因为他们被你征服了。

（五）横向复制、纵向打穿

企业培训团队千万不要去搞很多的点状项目，东点一把火，西点一把火，看上去挺热闹，其实乱糟糟，体系串不起来。当开好了第一次的头，作为管理者，要去带着团队乘胜追击，把点拉成线，把线拉成面。比如，当把腰部商家（中型商家）的推广主题培训做好后，你就可以横向去复制，做腰部商家的运营主题培训、客户主题培训、内容主题培训，等等。也可以从服装行业的腰部商家，复制到快消行业、消费电子行业、家装行业等。

同时，你也可以尝试从一个行业、一个话题出发，向上打头部商家、向下打腿部商家，纵向打穿。什么叫培训体系？我一直认为培训体系不是规划出来的，而是从一个切口开始，横向复制、纵向打穿出来的。大家好好体会一下点、线、面的关系。

聊到结网打法的问题，咱们说点儿题外话。熟悉我的人，都知道我是《毛泽东选集》的忠实粉丝。我对《毛泽东选集》百看不厌，常看常新。我也经常喜欢引用其中的精彩观点。最近我还在研读《粟裕军事文集》，发现其中有很多很值得借鉴的观点。

我刚接手支付宝生态赋能团队的时候，千头万绪，一时也会陷入困顿。但是军事中，关于"阵地战"还是"运动战"的理论，给了我和团队非常大的启发。所谓的"阵地战"，简单点说，就是要围绕根据地做固守、做经营，有明确的城池观念。而"运动战"，则通过流动的方式，不断消耗敌人，获得新的敌我力量对比。

哪个观点对于赋能工作最合适呢？我认为要因时因地而定。在刚开始接手一个工作时，应该干什么、怎么干，其实都是在摸索。这个时候，应该快速出击，快速拿结果，不断通过一个个小点来积累影响力，不断编织合作伙伴的广泛联盟。这个时候，我认为"运动战"是合适的战略，不必拘泥于一个个项目，壮大自己、做出影响力是关键。

但是到了一定阶段，边界相对清晰的时候，还打"运动战"可能就不合适了。因为运动战会显得我们有点"飘"在外面，没有一个赋能经营的主阵地。这个时候，就要拿出啃硬骨头的精神，扎扎实实做好经营，把基本盘做好。

很多做赋能的同学，容易走两个极端。一个极端是喜欢"流窜作战"，自我陶醉于做完一个又一个项目，但是没有一个赋能主阵地。另一个极端是安于"固守阵地"，抱着传统的培训体系不放，不能灵活地响应新的需求。这两个极端，都要不得，都犯了"死脑筋打仗"的毛病。

（六）持续洞察业务需求

讲到这里，谈的其实还是与业务团队结网的策略。再往下落一层，有一个非常重要的话题，就是如何洞察业务需求，并且持续跟踪业务发展需求。单独将这个话题拎出来，和大家谈谈我们通过实践总结的十个方法。

1. 旁听业务例会

旁听业务会议是了解业务最简单、最直接的方法。不过大家发现没有，很多合作伙伴第一次去旁听听得津津有味，到了第二次、第三次就有点兴趣索然，到后面就越来越流于形式，甚至找借口不参加了。这个现象是不是很常见？

这个现象的背后，是我们把自己放在什么位置，我们是业务的外援，还是业务的一分子？这两个心态，必定导致两个不同的行为动作。

如果你认为自己是业务的一分子，我希望大家在听的过程中形成对几件事情的深度理解：

- 业务的核心模式是什么，我们在什么赛道，我们的市场地位如何；
- 业务的核心策略是什么，围绕策略落地目前业务团队的组织结构是怎样的；
- 业务的长中短期目标是什么；
- 业务的目前进展如何，是符合、低于，还是高于目标预期；
- 业务目前的重点项目是什么；
- 业务的核心数据指标有哪些，近期的指标变化有哪些。

每次参加业务会，都要把这些问题在脑子里面过一遍。每次都强迫自己形成新思考、新判断。不要听业务讲什么就是什么，要学会自己去分析问题，并形成独立思考。

2. 面对面沟通

与业务团队面对面沟通是业务需求调研最常见的方式。不过，如果没有做好准备，沟通也很可能流于形式。

第一，我们是否为这个面对面沟通做好了**课前功课**。都是自己的同学，要搞这么复杂？其实这个问题的答案不言而喻。我们要访谈谁，他对培训赋能过往的态度如何，他目前做的业务是哪块，他的团队规模有多大，等等，这些都是背景信息。我们做访谈，也要打有准备之仗。

第二，**如何邀约**。无论是当面、电话，还是邮件、钉钉，都可以做邀约，很多时候取决于你们的关系远近、你习惯的沟通方式，以及对方的沟通方式。另外，约什么时间聊呢？这个也有讲究。如果约在了9—11点、14—17点这类重要的工作时间段，说明业务方对你们的会面很重视。如果不是这些时间段，说明对方很可能在敷衍你。当然，即便在非重要的工作时间段，也可能聊出深度，但你至少要基于这个信息做更充分的准备。

第三，当面聊的**话题提纲**。其实大家可以将访谈理解为一个mini版的记者采访，你要把你想了解的问题列个清单。当然不要太刻意，否则会搞得对方有被盘问的感觉。你可以把这些问题包裹在聊的过程里，并适时调整一下顺序。如果条件允许，最好有同事同行配合，一人主问，一人主记，不要遗漏重点。

第四，回去后第一时间**整理好纪要**，并邮件发出。没错，第一时间，这不仅是专业态度的问题，也会给业务伙伴留下有执行力、诚信守诺的印象。

第一次面对面沟通，通常会稍显正式。后面的沟通，很多时候就会轻松得多。可以在会议室里，也可以在工位边，还可以在餐桌边，甚至可以在运动场上。本质上，这也是一个通过沟通逐步加深关系的过程。

3. 分析业务漏斗

做业务赋能，最忌讳大而化之，粗糙上阵。什么意思？比如，业务营收增长乏力，就琢磨怎么通过培训促进营收增长。老板说公司没有凝聚力，就琢磨搞一个凝聚力培训。心是好的，但路是错的。

业务的问题，通常都是复杂元素相互作用的结果。我们必须对业务如何拿结果有个清醒的认识，然后去拆解业务的逐个链条，从里面找到我们可以发力的着力点。

比如，业务漏斗就是一个重要的业务分析工具。以线下门店为例，商圈人流—进店人数—试用人数—成交人数—转会员人数—复购人数，线下业务的营收就是这样一层层运营出来的。

那么，我们培训可以干预哪些环节呢？提升试用到成交的转化率，这个就是很具体的赋能着力点。从商圈人流到进店人数呢？估计企业培训团队发挥的空间不大。

> 企业培训团队要做能做的事儿，不要过度承诺。但是在我们的射程范围内，必须打得坚决，拿到结果。

4. 过往案例反敲需求

不同业务部门的成熟度是不一样的，包括不同业务Leader对培训的态度也千差万别。有时候你问他有什么需求，他大概率回答没有需求。

因为他天天想的，是怎么搞定业务KPI的事儿，这已经够头大的了。需不需要培训，用培训解决啥业务问题？没有几个业务Leader会花时间琢磨。那么，在问不出明确需求的情况下，就需要我们反敲需求了。

比如，我常让我的团队带着我们的过往赋能案例去交流。你看，过去这个团队遇到了什么问题，当时我们做了什么项目，取得了什么效果。最好是图文并茂的。

很多时候，你讲培训的事儿，他困得眼睛都快闭上了。但是你讲的案例故事，可能就让他眼前一亮，顿时来了精神。这时候，你就可以深入下去，接着这个由头，好好去挖一挖。

大家也一定经常遇到这样的事儿——点菜困难症。看菜单，没啥想法。但如果你看邻桌吃某个菜吃得正香，你就来胃口了。工作、生活都一样。

5. 客户走访

客户走访很重要，很重要，很重要。这个事儿强调一百遍、一千遍都不过分。

做业务赋能，眼睛不能只放在业务团队上，而不看客户。业务团队因为各种各样的原因，不一定和培训团队讲真话。什么意思？一个是业务团队知道真相但是不和你说，或者不全和你说；另一个是业务团队不知道真相，因为他们也未必了解市场全貌。这个很常见吧？当然。

> 如果你就着错误的或不完整的信息，想做出点儿正确的事儿，挺难的。想对业务有体感，必须扎到业务一线，扎到客户那里，听各个视角的声音，才能做正确的判断。

给大家举个跨界的小例子，大家体会一下。

在BBC的纪录片《两性的奥秘》中，有一个非常有意思的社会实验。在纪录片中，研究人员做了一次街头测试，他们找了一位小女演员扮演一位被遗弃在伦敦街头的可怜女孩。在接下来的一小时时间里，研究人员用录像设备记录下每一个过来关心小女孩的人。

讲到这，我常常会让学员去猜一下，在关心小女孩的人中，男性和女性是否有明显的数量差异。很多学员说，男性和女性差不多。有人说，可能女性会稍微多些，但也不会多太多。有人说，女性和男性比例是2∶1或3∶1，甚至有人说，可能是5∶1。来，我们看看真实的答案。

在测试中，研究人员发现，有41位女性停下来关心被"遗弃"在街角的小女孩，但相比之下，只有2位男性停下来询问，并且其中一位还是在女性的陪伴下。

看到这个结果，你的反应是大吃一惊，对不对？

由此及彼，回到企业的需求了解、情况摸排中，类似的情况会不会出现呢？我们以为的事实，和真实的事实，存在天差地别？不可能？未必。

回到赋能工作。客户走访、现场观察，真的好处多多。比如，客户的需求，可以反推业务的需求，让业务团队意识到培训项目不是企业培训团队凭空捏造的，而是有客户基础的。比如，我们和客户走得近了，联系得多了，业务团队会把企业培训团队也视作联系客户的通路之一，企业培训团队和业务团队就更在一个频道对话了。等等，不一而足。

很多学员走访客户，特别是在做调研的时候，有些粗糙。我曾经给团队定过几条规矩，也分享给大家。

第一，调研是**面对面沟通，请收起电脑、手机，用笔记录**。确保每时每刻的眼神交流，没人愿意和一个机器人交流。调研得好坏，相互激发是关键。没有人有义务把重要的东西告诉你并配合你。

第二，调研是**互动，不一定是坐着聊天，也可以站着聊天，重要的是营造氛围**。我个人特别喜欢在客户办公室的白板上，和客户边聊边画，把关键词标注出来，把内容结构化、可视化呈现，用这种方式激发客户的表达欲和成就感。

第三，调研时**要有好奇心，也要有不耻发问的勇气**。很多学员调研做完之后，如果你追问几个问题，就会发现他们往往答不出来。这说明他们调研没走心。调研得充不充分？简单说就一条标准，即你能用自己的话大致还原客户表述的意思，也就是你能把客户讲的消化成你自己的东西，这叫调研到位了。千万别只做文字的搬运工。

> 调研时，要时刻保持思考，尊重客户的每一分钟宝贵时间。调研是很费脑子的，但也是让人很有成就感的。因为又一个新的世界，为你打开了大门。

学员一定要花时间走访客户，很重要，很重要，很重要。再强调三遍。

6. 第三方视角（行业协会、咨询、代运营）

采访了业务团队，走访了客户，就够了？我认为还不够，因为少了第三方视角。

现在的市场竞争很激烈，一个客户可能既是我们的客户，也是竞争对手的客户，这很正常。我们去走访客户，他们往往碍于很多因素，不一定和我们说全部，这也可以理解。

我们一定要清楚客观地知道，在市场中，我们的SWOT是什么。这时候，不妨借助第三方的力量来判断。

比如行业协会、咨询机构、代运营公司。我们可以请教他们，如何看待我们和竞争对手，彼此间的优劣势等，也包括对于未来行业走势的看法。

企业培训团队的核心职责是什么？我说过很多次了，一个是在已知领域想象帮企业做得更好，另一个更重要，是看见未知的东西。第三方视角，是未知领域想象的重要来源。

7. 业务共创会

企业培训团队要和业务团队定期做做共创，这个事儿是我近几年一个很深刻的体会。访谈终归停留在表面，一定要造场让两边的关系不断加深，而业务共创会就是一个方法。

业务共创会怎么做？基本套路类似，我讲讲重点。

第一，时间必须是整块的，最好一天或半天，双方团队尽量整建制出席。

第二，相互介绍近期的工作要点，互通有无。对企业培训团队这块稍微多说点，可以谈谈这个业务之外的其他业务的赋能进展，做一个辅助震荡。

第三，头脑风暴接下来的赋能选题，并圈选重点，排定优先级。

第四，设定里程碑和目标，并敲定下次共创时间。

业务共创会还有一个重要意义，就是双方的承诺，双方公认的仪式感。这会把两边的合作拉得更紧。

8. 实际赋能结果反敲需求（小闭环到大闭环）

工作中要形成闭环，培训项目从需求、设计、执行到结果，要有**小闭环**。而从一个项目到新的项目、新的结果，要形成一个**大闭环**。企业培训团队要有这个意识，不要停留在满足做了一个个点状的项目，要做一步看三步。

对于接手一块新业务的培训赋能，往往企业培训团队和业务团队都不知道能做成什么样。所以，通常从一个很小的问题去切入，相互试探对方的能力。当一个项目结束时，其实就是一个最好的开启下一轮合作的起点。

所以，一个项目行进尾声，我们必须做一件事儿，就是复盘。

复盘必须拉着业务团队一起做，把怎么想的、怎么干的、有什么结果、有什么反馈厘清，包括形成的SOP（标准操作程序）是什么。接着，要讨论从这个点出发，怎么去复制，怎么去延伸，覆盖更多的人，做出更大的影响力。

我遇到过太多这样的场景，在复盘中，业务Leader被激发了，屡屡感慨企业培训团队原来还能帮业务团队干这些事情，激动之情溢于言表。看到了吗？这就是用结果反敲需求，从成功走向成功。

9. 构建业务知识管理体系

复杂的业务领域，其实它的复杂性体现在很多方面。合作伙伴理解起来复杂，客户理解起来复杂，甚至业务团队自己的成员也觉得复杂。但是有时候，又不得不面对这样的事实。

这时候，其实一个重要的培训赋能机会来了，就是用我们擅长的知识管理的能力，帮助业务团队构建它的知识体系。

业务团队通常也有自己的FAQ（常见问题集），但是我见过的大多停留在了文档的形式，没有真正落地。

企业培训团队可以做三件事：

- 梳理这些问题，并结构化；
- 故事化这些问题，让问题和解法生动化，以便理解和记忆；
- 借助线上机器人等工具，做线上沉淀，作为业务管理体系的一环。

如果你问我，是学习管理重要，还是知识管理重要，我一定毫不犹豫地告诉你，知识管理更重要。**学习永远是瀑布流型的**，但是组织的能力水平，是取决于它的知识管理水平的。

10. 机制化保障

业务需求洞察，绝不是一时的工作，而是要持续去做的工作。最好的办法就是落实到机制上。

每周的碰头会、每周的进展周报、每月的月会、每季度的季度会，还有半年会、年会，都是很重要的载体。和其他管理工作一样，企业培训团队和业务团队的协作也要常态化、机制化。

这个过程有时候有点痛苦，有点反人性。因为你总能找到理由拖延一下，推迟一下，甚至想取消。

我建议大家：

第一，好好设计每次会，让每次会都有营养，让自己的团队和业务团队都觉得有收获、有意思，大家下次才愿意接着跟你玩。

第二，要坚持。养成习惯还要21天呢，我们觉得对的事儿，就要咬牙坚持下去。

> 飞轮效应就是如此，一开始很难，但是后面，终究会越转越快。结果从来不辜负付出的人，大家加油！

三、如何打造赋能共同体

在实践中，我们发现，企业培训团队和业务团队之间的关系可以按合作深度，分成一系列层次（见图2-2）。

```
                    调研需求，据此开课
                    发出需求，响应需求
                共同挖掘需求，甚至引导需求
   企业培训团队      联合项目小组        业务团队
                    迁移赋能能力
                    共建业务赋能团队
```

图2-2　企业培训团队和业务团队之间的关系

最浅层——企业培训团队去调研业务团队的需求，然后根据调研结果开课。但是，做过培训的人都知道，很多时候课是开了，但业务不一定热情回应。

较浅层——业务团队发出一个需求，企业培训团队承接需求，做被动响应。

一般层——企业培训团队和业务团队讨论共创学习发展需求，相互影响，有时候企业培训团队甚至能引导业务的思考方向。

稍好层——在培训需求、设计、实施、复盘的全过程中，由企业培训团队和业务团队组成联合项目小组，共同完成，而不是所谓的甲乙方关系。

较深层——企业培训团队的培训能力，能够输出到业务团队，让业务团队在平时自行完成一些必要的培训赋能动作。

更深层——共建业务赋能团队，学习发展工作成为业务运营工作的重要一环，彼此融合，打散边界。

坦诚地讲，在淘宝生态赋能团队的不同业务中，我们和业务团队的关系也分属不同的层次。但是，当这个层次结构被解剖出来后，我们就有了一个和业务团队结网的明确方向。

"**赋能共同体**"是我们在实践中发明的一个词。因为我们发现，赋能的结果、技术、方法、场子、氛围、学员、讲师、内容、时机都很重要，但是压舱底的那个压舱石才叫"管理努力"。企业培训团队的同学再使劲儿，如果没有业务团队的心力投入，也不可能拿到好结果。管理努力可分为业务部门赋能接口人的管理努力、业务Leader的管理努力、受训学员的管理努力，三位一体、缺一不可。

（一）赋能接口人

赋能接口人的角色，坦率地说，有时候很尴尬。因为接口人的主要职责是业务工作，是被领导安排下来的，做了"赋能"这个兼职。这时候，接口人常见的心态有：

- 不积极也不消极。企业培训团队的同学说咋搞就咋搞，推一下动一下，不推不动。反正我的工作是业务，我就是配合你。
- 消极应对，有时候玩消失。领导交代任务了，我是要接啊。可是我出差很多、会议很多，还有PPT要写。没办法，我得把这些都忙完了再做你的事儿。找不到我，真不是我的原因。
- 怕得罪人。领导怎么把得罪人的活给我啊。业务团队因为KPI压力大，本来就忙。领导让我去内部协调，让大家去报名培训，还要让几个骨干整课件，搞得我低声下气的，而大家把账都记到我头上了。

这些都是人之常情。如果培训赋能这件事儿，和这个同学的业务关联度不大，就更普遍了。如果领导安排的接口人日常就负责偏中台、横向的职能，他本身的工作也包括团队提效这类工作，那相对会好一些。

那么，如何与赋能接口人结好网呢？我觉得有几个Tip（提示）。

第一，**把复杂的工作留给自己，让接口人轻松上阵**。所有人都怕麻烦，一怕麻烦就往后缩。比如，让业务团队提供个案例，可能两周也交不上来，因为他们一想到写东西就头疼。有没有可能换个方法呢？企业培训团队的同学带着录音笔去采访业务团队，让他们叽里呱啦说一通，然后我们整理好发给他们确认。他们是不是就觉得简单多了呢？比如，接口人要通知业务团队的所有人，通知到对应的商家。如果让他去写通知文案，可能要了这个业务同学的"老命"。如果我们写完了，美化好了，做好了长图，他当然乐于做转发的动作。要记住，尽管初次谋面，但所有人都愿意"举手之劳"。"两肋插刀"需要深厚的信任基础，那是后面的事。

第二，**把幕后工作留给自己，把舞台留给接口人**。很多企业培训团队同学喜欢冲在前面，显示自己付出了多少，跑前跑后，不亦乐乎。我说"不要"。项目做好了，不论是业务Leader，还是企业培训团队Leader，心里都很清楚，这是培训团队做得不错，没必要始终凸显自己。露脸的机会，尽量让接口人去，让他们因为和企业培训团队的合作，在业务团队面前有更多的露脸机会。工作周报也是这样，不要忘记感谢接口人的支持，要给接口人记上一笔功劳。这样，接口人才会更愿意配合并支持我们的工作。

第三，**多泡在一起，见面三分熟**。"泡"这个字很重要，即要提高接触频率，工作、会议，甚至吃饭、上厕所，能在一起就在一起。泡在一起的时间多了，双方就有机会听到更多的心声，了解更多的一手情况，就有机会把问题解决在平时。当然，不是说企业培训团队的同学只能泡在业务的场，也可以找机会让业务同学泡在企业培训团队的场，要相互多了解，才能相互多理解，相互多担当。

（二）业务Leader

2020年，我负责品牌内训业务，曾走访一个重要客户的业务VP（副总裁），阶段性对焦一个定制赋能项目。他聊到了一个很有意思的话题。

他说："安老师，这个定制培训开发项目，其实HR来做也说得过去，但我还是决定由业务团队自己做。"我问："为什么？"他说："我估计HR来接手，肯定会找个市面的培训公司，然后把课程开发得挺漂亮，其实啥用没有。"听得我一阵阵冒汗……

接下来，我追问了几句，其实总结一下，业务Leader的考量不外乎以下几点。

第一，HR给人的印象就是做锦上添花型工作，所以第一直觉是虚头巴脑的事儿找HR，务实的事儿包括业务培训，自己干。（过于直白，但真实。）

第二，业务课程开发的诉求，落脚点不是课程，是业务。这句话大家认真体会一下。我们合作的这个定制项目，业务团队的人全员参与，每一站调研都和我们的团队一起设计、调研、复盘。在做啥？在做业务。课程是业务，调研是业务，轮训是业务，所有的指向都是业务。

第三，业务部门找的是战友，不是讲师。这句挺扎心，但也很真实。HR有时候容易走极端，要么姿态太低，我来服务你，业务部门瞧不上你。要么姿态太高，我来教你，人家不用你教。什么叫战友？就是一起泡在一线，一起点灯熬油，更重要的是，一起解决问题。如果内部团队不靠谱，就找外部团队。如果外部通用类的不靠谱，就找外部垂直类的。信任是打出来的。

有时候，业务需求也挺简单的。你听懂我说的，我听懂你说的，一起干就行。东西糙点没关系，打仗的时候，谁还在乎枪上有没有精美图案，子弹充足不卡壳就行。

如果你听懂了这家行业TOP公司业务VP的真实想法，你就要从他的视角出发，做个"非一般"的企业培训团队。

坦率地说，没有业务Leader的支持，很多赋能工作很难落到实处。企业培训团队的同学，要有意识地做些"向上管理"的动作，才可能拿到更好的结果。在实践中，我们发现有些动作是必不可少的。

信息同步机制。在项目合作期间，要养成每周邮件书面汇报工作进展的习惯，让业务Leader第一时间掌握进展。另外，现在群沟通也很多，可以邀请业务Leader入群。

阶段性汇报。业务Leader通常很难关注到每个赋能项目的细节，所以一些关键的里程碑要把握好。比如，需求的第一次对焦、项目的KO（启动会）、项目的复盘等，在关键节点要有正式的、有仪式感的沟通汇报。

要适时让业务Leader有参与的体感。我常和企业培训团队的同学说，没有参与，就没有重视。所以，在项目中，要选择一些合适的环节，让业务Leader参与进来，眼见为实。比如，开班的致辞、答辩的点评、学员的午餐会等，一定要让业务Leader有机会去现场看看，增加体感。

让赋能项目的结果有形化。很多项目，过程很精彩，但是到了第二天，只剩下"很精彩"三个字的回味，干货东西没怎么留下。在执行项目的过程中，学员讨论的案例、问题、解决方案等，要第一时间形成沉淀，并给业务Leader作为决策辅助，做到有始有终有落地。

让业务Leader成为更好的自己。我看过太多的业务Leader，真的是不知道怎么讲话、不知道怎么讲课。为什么不能借着赋能这件事儿，帮助业务Leader打磨出一个有自己特色的好课程呢？很多业务Leader今天还会感谢我，帮助他们提升了公众演讲的能力。我相信，这种感谢一定是发自内心的，这真的是和企业培训团队合作的一个意外惊喜。

（三）受训学员

受训学员是赋能项目的主体。对内的培训，受训学员是业务团队同学。对外的培训，受训学员则是我们的商家、服务商、合作伙伴等。对内的培训，做培训的人都很熟悉，我就不讲了。我重点讲讲对外的培训。

我一直有个观点，商业培训一定是ToBToC的。这里的B，是业务团队。这里的C，是我们的生态伙伴（商家、服务商、客户等）。如果赋能直接扎到了C，效果不一定好。因为C的结果，需要靠B的协同、支持。所以，一定是ToBToC。

在执行项目的过程中，我们有很多方法，让C之间构建起关系，比如分组、挑战任务、问题转盘、共创会、私董会的环节等。但是，我们一定不要忘了，要让B进来，这个项目是企业培训团队和业务团队共同的项目。B可以当讲师，可以当助教，可以当观察员，可以入组参与讨论，可以现场解答问题，甚至可以替代企业培训团队的同学，成为整个场子的引导者、促动者。很多B很喜欢这样的场，因为这样的场，既可以说是培训赋能的场，也可以说是业务本身的场。

四、如何成为业务赋能PM（赋能型HRBP）

在企业培训团队的工作中，原行业学院PM（产品经理）的角色很重要，他是企业培训团队和业务团队之间的接口人，也是培训伸向业务的触角。我前前后后带了好几批原行业学院的PM，我喜欢把他们叫作业务赋能PM。有些人听不懂，我说，他们就是赋能型HRBP。哈哈，其实是一个意思。这份工作太重要了，必须好好说说怎么才能干好。

简要地说，就是三句话：沟通比专业重要；靠谱比专业重要；韧性比专业重要。

沟通比专业重要。其实，要再拆一下。沟通意愿比沟通能力重要，沟通能力比专业能力重要。我用过不同的同学做原行业学院PM，如果这个同学太过专家型，有时反而效果不好。这个同学，首先要有沟通的意愿，对于和不同的人打交道不排斥，不能是那种特别内向的，最好把和人聊天视作乐趣。当然，沟通的时候，还要有点技巧，和业务Leader、业务同学聊的时候有分寸，知道怎么引导气氛，不卑不亢。原行业学院PM，要能把关系建立起来，把需求带回来，把合作契机带过去。

靠谱比专业重要。考虑到淘宝生态赋能团队、支付宝生态赋能团队的业务体量，我坚持用中台来沉淀专业厚度，用前台来满足灵活多变的业务需求。所以，我常说，原行业学院PM，你们的专业能力是构建信任的能力，具体的课程、师资、方案，你们要把后背交给中台的同学。怎么构建信任？我前面也讲了不少，但核心是"靠谱"。靠谱的背后，是项目管理能力，是精细化运营能力，是责任心。

韧性比专业重要。赋能于业务，从打开合作切口，到一步步做深做透，难度不比开发一门课小，甚至更大。这里面，有很多可以想象的困难，有的是我们能克服解决的，有的还要等合适的时机。在这个过程中，我们既要能打顺风仗，还要能打逆风仗，要有韧性，还要皮实、乐观。所以，原行业学院PM不一定是培训专业出身的。我觉得HR出身的、做过HRBP的，都是不错的选择。

上面说的其实是软能力，接下来聊聊硬能力。

- **访谈技巧**：提问、引导、归纳等。
- **项目管理**：项目立项、计划、实施、过程管控、复盘等。
- **文案能力**：逻辑清晰，条理分明。
- **主持能力**：在培训场、活动场、业务场，如果需要，能接管现场。
- **故事能力**：不是说瞎话吹牛那种能力，而是把一件事儿说精彩，说得让人信服的能力。
- **培训专业能力**：必须要懂的能力。要不怎么连接业务和企业培训团队？

当了解了中心化和去中心化的区别，理解了如何与业务团队结网，也组建了赋能共同体时，我们就可以进入下一阶段，通过造场，来提供企业培训团队的专业价值。

扫码即可阅读"我写给团队的邮件"

第三章
腰部三板斧之造场

企业培训团队的产品是什么？我一直问自己这个问题。是一个培训课程，还是一个培训项目？好像是，也好像不是。

就像我们问消费者，到底为什么买单一样。为FAB（功能、属性、利益）买单，为服务买单，为品牌买单，还是为品牌背后的情感共鸣买单？好像是，也好像不是。

判断的标准应该有个坐标系。我认为这个坐标系，叫作愿景、使命。当具体问题思考不定的时候，回想企业培训团队的愿景、使命，往往能给我们一个强有力的指引。

当我们说"赋能创造商业价值"的时候，其实就给我们自己设计了一条赛道，这条赛道是赋能。在赋能赛道上，具体跑的是轿车、马车、自行车、平衡车，还是高铁、隧道，其实并不重要。能通往赛道另一端的，都应该是可被接受的范畴。

回到企业培训团队的赋能，我认为有个讲法，可能能兼容这个赛道的思考，我将它称为"场"。我认为企业培训团队要创造各种各样赋能的场，来达到创造商业价值的目标。**场**是企业培训团队所有产品的总和。

一、何谓"场"

用一个100多年前的小故事做个小铺垫。

20世纪20年代，美国哈佛大学教授梅奥（George Elton Mayo）在美国芝加哥郊外的西方电器公司霍桑工厂进行了一系列管理实验。霍桑工厂是一个制造电话交换机的工厂，具有较完善的娱乐设施、医疗制度和养老金制度，但工人们仍愤愤不平，生产成绩很不理想。为找出原因，美国国家研究委员会组织研究小组开展实验研究，最知名的是其中的照明实验。

当时关于生产效率的理论占统治地位的是劳动医学的观点，认为也许影响工人生产效率的是疲劳和单调感等，于是当时的实验假设便是"提高照明度有助于减少疲劳，使生产效率提高"。可是经过实验，他们发现了很有趣的现象。

当实验组照明度增强时，实验组和控制组都增产；然而，当实验组照明度减弱时，两组依然都增产，甚至实验组的照明度减至0.06烛光时，其产量亦无明显下降。研究人员对此结果非常费解。

为了弄清楚原因，实验开始时六名参加实验的女工被召进部长办公室谈话。一番交流后，大家恍然大悟。原来这些女工认为，她们"有幸"被挑中参加这项实验，是工厂对她们的高度认可和她们的莫大荣誉。这说明被重视的自豪感对人的积极性有明显的促进作用。

这个故事我在很多高层项目中都讲过，所有人都被这个小故事所深深感染。一个生产效率的业务问题，最后的解法居然不是技能培训，不是物质激励等，而是来自一个不花什么钱的实验。这个实验，其实就是一个"场"。

回到我们的话题——何谓"场"？先不说场的具体形态是什么，先说场要实现的价值是什么。我将其总结为三个词——聚智、聚人、聚气，我认为所有赋能的场，都可以归到这三个范畴内。

聚智，是做培训的同行最熟悉的。无论是讲师把知识传递给学员，还是学员和学员之间的碰撞，都是一种智慧的聚集。在这个过程中，如果听到了不同的声音，看到了不一样的视角，一个好想法激发出了另一个好想法，那么聚智就达到了它的目的。

聚人，是要把公司内部外的人聚集在一起。这句话听起来好像很简单，其实并不容易。特别是大型组织，大家确实都属于一个组织，都有共同的同事身份，但这并不天然带来人和人之间的关联关系，而需要创造场合、创造契机。公司和外部合伙伙伴、外部客户也是如此，除生意关系外，是否还有其他连接的机会呢？2020年，我听到的让我最信服的一句话是，企业要构建面向未来的关系资产，其中包括企业和员工、企业和客户、企业和社会的关系。关系数越多，联系越紧，企业越具备竞争力。我深以为然。

聚气，理解起来还要再抽象一点。关于气，很难用一段话去描述它，但是我们可以用相近的表达来形容它。在很多和企业家交流的场合，我都会问一个问题：在您心中，培训对于企业，应该起到的最重要的作用是什么呢？我发现企业家很少谈到培训知识、技能，他们提到的往往是另一类事。有的说，将公司上下拧成一股绳。有的说，上下同欲。其实大家体会一下，类似的意思，我称之为聚气。让一个共同的信念，在公司内相互感染，迸发出一个组织的能量。

讲到这里，企业培训团队何谓"赋能"，已经呼之欲出了。在第一章，通过了解淘宝生态赋能团队、支付宝生态赋能团队的一系列产品、业务的范例，大家已经有了一些感性的认知。到这一章，我们通过聚智、聚人、聚气三个词，给赋能再次做了界定。从这些认知出发，我们可以更好地思考，企业培训团队的"造场"该如何去做。

二、如何造场

造场的核心环节有三个步骤（见图3-1），我们一起聊聊。

```
业务需求分解  →  场景化赋能解决方案  →  全过程体验设计
```

保增长型（绩效改进）、　　业务流程诊断、专题赋能、行动学习　　A(Aware)　　I(Interest)
高增长型（业务复制）、　　最佳实践萃取、标准化课程、轮训复制　　P(Participate) L(Love)
新增长型（创新业务、业务变革）　工作坊、研讨会、共创会、案例先锋　　认知—兴趣—参与—口碑

图3-1　造场的核心环节

第一步，业务需求分解

从我们服务不同业务、不同行业、不同类型企业的经验看，要先分析业务的增长需求类型，再去分析具体的业务场景。

业务的增长需求，可以大致归为以下三类：

- **保增长型**比较适合偏成熟期的业务，不断降本增效，提升精细化经营效率。
- **高增长型**比较适合偏成长期的业务，通过复制前期成功经验，如地域复制、人群复制，实现业务的继续增长。
- **新增长型**比较适合偏孵化期或变革期的业务，在试错迭代中不断找到合适可靠的业务模式。

通常来说，这三类不同的业务增长需求，会对赋能有不同的期待。我们先锁定大背景，再去看具体的情境化需求。

第二步，场景化赋能解决方案

企业培训团队的同学通常有各种各样的武器库，比如访谈技术、经验萃取技术、绩效改进技术等。这些武器要和业务需求匹配起来，排列组合出针对性的赋能解决方案。

在**保增长的业务场景**里，绩效改进是一个比较重要的工具。我们通过对业务价值链的拆解、业务漏斗数据的分析，再配合一些定性的业务访谈、客户调研，常常可以发现一些业务的"漏气点"。围绕这些业务的"漏气点"，我们可以做专项的培训赋能，包括一些行动学习项目，有针对性地做补强。同时，因为这些业务是偏成熟期的业务，有大量的过往数据可做参照，相对来说，比较容易去做赋能前后的数据对比。

在**高增长的业务场景**里，从1到N，或从10到N，是比较普遍的诉求。在业务有机会快速奔跑的时候，主要的资源都压在了业务前线，"大干快上"是主旋律，精细化运营反而是其次。在这个阶段，我们的讲法是，用一个先行者带动一群跟进者，用一个成功带动一批成功。具体来说，就是萃取先期跑出来的标杆性试点，萃取经验，形成案例，形成SOP（标准操作程序），大批复制，助力业务形成势能。在这个阶段，"宣教结合"很重要，教要为宣服务，赋能要为业务势能服务。

在**新增长的业务场景**里，就像摸着石头过河，特别需要胆大心细。在这个阶段，需要不断做业务模式设计、组织结构设计，并在试跑中不断迭代、调优，甚至推倒重来。在这个阶段，重点是对内共创、对外反馈。对内共创，需要去造一系列场，如研讨会、策略会、评审会等。对外反馈，需要拉上客户、合作伙伴，做访谈、观察、共创。在这个阶段，开放心态是特别重要的管理课题。无论是跨界交流参访，还是Design Thinking（设计思维）这类的创新课程，都是一个必要的输入。但是，重心还是要放在内外部的造场上，因为这些场就是业务本身。

到这里，我们把企业培训团队可以造的场，稍微归纳一下，帮大家更好地理解吸收。

第一类，统称**"培训的场"**。以信息/知识/技能等内容为中心，让学员听到、学到、吸收、理解。线下培训、线上培训、大班、小班、授课、案例教学、行动学习、公开课、直播、录播等，统称"培训的场"。

第二类，统称**"业务的场"**。以业务话题为中心，把相关人员聚在一起，通过共创、研讨、反馈等方式，实现信息拉通、意见反馈、方案探讨等。具体可进一步细分为达成意见共识的场、推动行动落地的场、持续精益优化的场、内外部意见反馈的场等。

第三类，统称**"传播的场"**。这个场的类型不一定适合所有企业。因为淘宝生态赋能团队、支付宝生态赋能团队赋能于千万量级的商家/商户，所以"宣教结合"一直是我们的赋能抓手。如果企业培训团队想向外输出，也可以参考这个。传播的方式可以有很多，发布会、商家大会、比赛、颁奖、故事案例等，都可归为"传播的场"。

这三大类场就是商业赋能型企业培训团队的技能包，也是武器库，可以根据不同业务战场的需求，灵活运用。

正经的话题先暂停下，下面给大家讲两个有趣的小故事，让大家跨界体会一下"场"的力量。

第一个故事来自《瞬变》这本书。

有一位忙碌的管理者，每天要在电脑上处理大量的邮件。同时，公司提倡开放的文化，所以他的办公室门永远开着，每天经常会被各种各样的人、各种各样的问题打断。员工经常抱怨这位管理者，说他不尊重员工。为什么呢？员工经常提到一个细节，即员工找他的时候，他往往一边对着电脑打字，一边和员工谈话。年度领导力测评，这位管理者的领导力评分亮了红灯。

如果你是HR，你觉得该如何改进这位管理者的领导力呢？上一门领导力的课，安排一位管理教练？其实答案也许并不复杂。

书中的解法是，把这位管理者的办公室重新布置一下。办公桌挪到了一角，留出了较大区域的会客区，摆了沙发和椅子。

因为距离拉远了，员工来的时候，这位管理者必须走到会客区和员工面对面地坐在一起聊，自然也就无法再时不时地瞄几眼电脑。

一年后，员工反馈，这位管理者的领导力得到了很大提升。

这个故事讲的是啥？我的理解是，不要老在意识、理念、行为上死磕，有时候环境变了，人自然而然就变了。改变环境，有时候比改变人容易。环境就是场。

第二个故事说的是鬼谷子和他的两个弟子。

有一次，鬼谷子给弟子孙膑和庞涓出了这样一个问题：我站在房子里，你们用什么办法让我走出去？

庞涓说："老师，这有什么难的？我把你使劲拉出来就成了。"鬼谷子说："这样不算，必须让我自己走出来才算。"

孙膑思考良久，他不慌不忙地对老师说："老师，我没有办法请你自己走出来，但是我有办法让你从房子外面自己走进去。"

鬼谷子一听，说："好吧，我倒要看你如何让我自己走进房子。"说着，他走出房子，来到院子里。

孙膑一看老师走出了房子，便说："老师，你这不是自己从房子里走出来了吗？"这时，鬼谷子方知自己上当受骗了。

这个故事挺有意思，投射到赋能场景，似乎是一模一样的问题。

学员说："我现在有各种各样的问题，老师，你看看怎么办？"

庞涓类的赋能者，就问题谈问题，告诉你怎么办，灌输知识，拼命引导，但是很多时候，学员并不感冒，并不领情。赋能者也很累。

孙膑类的赋能者，则会尝试用不同的视角去解决问题。比如，有一类管理者不擅长处理公司内部的跨部门协作问题。一种方法是直接给这些人来次培训，名字叫"跨部门协作"。上完课有用吗？大概率没啥用。另一种方法是让这些跨部门协作有问题的管理者去当讲师，去讲课。没错！讲的主题就是"跨部门协作"。这是啥道理？这些人在准备课的时候，要去总结问题，要去找方法，还要逻辑自洽。同时，为了能够让他人信服，他们还必须做出几件拿得出手的事儿。这种方法的效果怎么样？我认为至少比第一种好。让本该坐在下面听课的学员，变成讲台上的主讲，这也是一种场的设计。

> 场的选择，场的设计，很考验企业培训团队同学的理解力、创新力。就事论事，借力打力，还是曲径通幽？各有优劣，各有妙处。

第三步，全过程体验设计

造场的方案确定后，接下来对企业培训团队的同学是另一个"大考"——场的经营。通常来说，企业培训团队的同学，产品能力强，经营能力弱，而且很多时候，没有经营意识。

比如对赋能这个场，参与人的评价好坏还在其次，最大的问题是，如何把合适的人带到这个场。否则，即使准备了再好的课程，再牛的讲师，没人来听，也是白费。

我们常说，要像经营公司一样经营企业培训团队。那么往下落一层，至少要像经营一个市场活动一样去经营一个赋能项目。这里，给大家提供一个可供参考的营销模型——非常经典的AIPL。

- Aware（认知）是指被品牌商品在各个渠道的信息介质触达过。
- Interest（兴趣）是指对品牌商品表达过兴趣，如发生过品牌词搜索，参与了线上、线下互动，或领取试用品等。
- Purchase（购买）是指有购买商品的行为。
- Loyalty（忠诚）是指对商品有过正向的评论，或产生过复购行为。

对于赋能项目的运营，我认为AIPL也有非常大的借鉴价值，企业培训团队不妨在AIPL的基础上，稍加改良，构建自己的学习运营能力。

- Aware（认知）是指听过赋能项目的介绍。
- Interest（兴趣）是指对参与赋能项目表达了兴趣。
- Participate（参与）是指实际参与赋能项目。
- Love（口碑）是指对赋能项目有正面的评价，持续参与，或推荐他人参与。

Aware（认知）的运营方法论

关于如何让目标学员对赋能项目有所了解，我先推荐大家看本书。这本书叫作《引爆点》，是我每年都会拿出来温习的一本书。这本书里有个核心观点，就是所有的社会流行事物，都不是自然而然发生的，是一系列法则共同作用的结果。对于企业培训团队打造爆款，这些法则也特别适用。

第一个法则叫作**个别人物法则**。有三类人，是我们要重点关注的。

第一类人叫作"联系员"，就是那种"认识了很多人的人"。他乐于与人保持联系，可以把信息快速地散布出去。公司的兴趣社团、非官方组织里的很多人就是这类角色。

第二类人叫作"内行"，就是那种"什么都懂的人"。他对某种知识可以说是"达人"，乐于把相关的知识与身边人分享，但是不一定有很好的说服力。很多技术专家就是这类角色。

第三类人叫作"推销员",就是那种"什么人都能够说服的人"。他通常没有很深的知识,但是有特殊的能力让人在短暂的时间就产生信任。公司里的民间意见领袖常常就是这类角色。

企业培训团队要有自己伸向企业内外部的网络触手,这三类人就是重要的网络节点。

第二个法则叫作**附着力法则**。

我们对有些话"左耳进右耳出",但是对有些话听过后再也忘不掉。附着力法则所说的就是当被传播的信息是容易被注意、被记忆的时候,则容易流行。想想那些经典的广告语,为什么让你至今记忆犹新。阿里巴巴的新六脉,用土话代替了关键词,其实也是应用附着力法则的原因。

第三个法则叫作**环境威力法则**。

流行的趋势需要一个发展的温床,当一个环境形成的时候,个人的因素就不重要了。比如,曾经有一段时间,互联网公司的人都在读KK(凯文·凯利)的《失控》,以谈论《失控》为荣。这就是一个大环境。在这样的大环境下,类似的理念,如去中心化、蜂巢组织等,就容易引起人们的关注。公司里也一样,曾有段时间,阿里巴巴的很多管理者都在读《赋能》,那么推进跨部门协作,推进中台工作,也会更加顺利。这些都是环境威力的体现。

基于这些,我们可以去思考,如何"引爆"我们的赋能项目。

从认知出发,我认为要回答两个问题:一个是如何设计项目信息;另一个是如何传播项目信息。

设计项目信息有两点很重要:好名字和好文案。

项目的名字,要让人印象深刻,而不是稀松平常的。有一次,一个企业的培训经理和我说:"安老师,我研发了一门特别性感的课,叫'向上管理'。"我说："向上管理这个话题挺性感的，就是名字差点意思。"这个培训经理特别认真，回去想了好久，列了十几个备选的课程名字，让我帮他参谋。最后，我帮他选的课程名字叫"如何让老板成为你的资源"。大家比较一下，你更倾向于报名哪个课程？这就是名字的力量。

从好名字开始，才有机会让目标人群去看你的介绍文案。文案最忌平铺直叙，课程标题、目标学员、课程收益、课程大纲……看上去就有点"繁文缛节"的味道，让人没有耐心读下去。为什么？因为这是典型的以课程为中心的视角，而不是以学员为中心的视角。你要思考什么能勾起学员的兴趣，痛点也好、爽点也好，要站在学员的角度去看问题。

文案的创造有些常见方法，供大家参考。

- **设问的方式**。把目标人群可能关心的问题直接抛出来，自问自答。
- **倒序的方式**。把收获、利益等放在前面（爽点型），或者把风险、冲突等放在前面（痛点型），然后把具体内容、环节放在后面。
- **故事的方式**。可以用研发的故事、讲师的故事、学员的故事切入，激发目标人群的好奇心。
- **共情的方式**。变理性阐释为感性代入，走"走心"的路线。
- **证言的方式**。类似于产品代言，让KOL（关键意见领袖）、KOC（关键意见消费者）来为项目背书。

产品/项目的文案非常重要，第一眼的"眼缘"也很重要。如果可能，企业培训团队不妨设一个新媒体文案的专岗，这会帮企业培训团队的产品增色不少。

设计好项目信息，接下来就是如何**传播项目信息**，这涉及渠道的问题。

一般来说，公司内的渠道常见的有：

- 邮件通知；
- 内网发帖；
- 文化墙海报；
- 电梯间广告；
- 公司公众号推文；
- 办公系统、学习平台的消息展示；
- 厕所、食堂等员工的"必经之路"；
- 传单；
- 员工群传播；
- 带评论转发领红包等。

企业培训团队的同学，一定要好好盘点一下公司内有哪些可以利用的宣发渠道。另外，要分析每个渠道的传播效力，要估算在传播上的投入产出比。

总体来说，前面10种渠道偏"空中轰炸"，有不够精准的缺憾。下面给大家介绍另一种传播渠道，我们称之为"项目路演"，它的载体可以是课程发布会或项目说明会等。邀请目标学员，做一次快闪的聚会。用讲师示范的方式，或者用产品经理介绍研发设计思路的方式，让目标学员近距离感受一下这个项目。实践证明，这种线下的方式效果真的不错。

Interest（兴趣）的运营方法论

只要找准了渠道，做一定频率的曝光，让人知道其实并不算特别难的事儿。但是，从知道到感兴趣，就需要花一番功夫了。激发兴趣的道理，其实和商业里的"种草"如出一辙。不妨用商业思维去运营我们的赋能产品。

百度百科上关于"种草"的定义是这么说的：分享推荐某一商品的优秀品质，以激发他人购买欲望的行为，或自己根据外界信息，对某事物产生体验或拥有的欲望的过程；也表示把一样事物分享推荐给另一个人，让另一个人喜欢这样事物的行为。大概就是这个意思，相信大家都可意会。

接下来，问题来了，我们如何给目标学员种草呢？这里面的道道是什么呢？

先从成人学习的动机说起：人为什么要学习呢？这是个哲学问题。了解动因，才能更好地做合适的种草动作。和大家说说常见的种草方式，大家体会一下。

- 课程预告，话说半句。听了上半句，等着下半句。这是干啥？吊起目标人群的好奇心。
- 把课程的知识点，做成一套考试/测试题，让你考，然后告诉你打败了多少人，你离TOP还差多远，你在朋友圈里的排名等等。这是干啥？激发你的好胜心。
- 课程预告讲得很精彩，然后告诉你，正式课程还有更多意想不到的好内容。这是干啥？激发你的好奇心，更激发你的"贪心"。
- 告诉你已经有多少人报名了，或者你朋友圈有多少朋友已经参与了。这是干啥？给你制造一种"同辈压力（peer pressure）"，形成一种围观效应。如果不想落后于别人，那就快来吧。这是不甘人后，也是好胜心在起作用。
- 薇娅、李佳琦的直播间，买它、买它、买它，上链接，没了。现在直播卖课，路子也类似。这是干啥？制造紧张感、稀缺感。害怕错过的心，在某种程度上也是一种贪心。
- 明星学员代言，如果你想和我一样，快快加入学习吧。熟悉的味道，熟悉的配方？对，用成功故事给你构建成功的画面。这是干啥？激发你的雄心、改变之心。

- iPhone在每次新机发布的前几个月，就会流出各种谍照，各种真真假假的消息。如果每年都有这些意外，这些就很有可能是套路。有些产品会把研发过程解剖给你看，比如研发时候的争吵拍桌子，某位打破僵局的神秘嘉宾，等等。这是干啥？塑造神秘感，激发你的好奇心。

- 课程席位有限，报名需要3个以上的业务Leader提名，并进行申报面试……这是干啥？刻意制造门槛，提升进入难度，激发你的好胜心。

对于学习动机的把握越到位，你在种草这件事情上的可选项就越多。前面八个小要点，只是一小部分而已，但是其背后的心理动机是值得反复研究的。要激发这些动机，通常要全感官刺激，所以文字、图片、短视频、直播都很重要。

接下来，就是种草的频率和强度。润物细无声，无心插柳？通常来说，行不通。在今天嘈杂的信息环境下，我们的种草动作也必须与嘈杂做抗争，既要吸引人的眼球，也要让人能看得进去，还要让人经常能看到。所以，保持曝光度是非常重要的。

> 赋能产品的种草怎么搞？两句话：一个性感的Story（故事），加上N个性感的瞬间。根据情况，不断地变换阵型，形散神聚。

在淘宝生态赋能团队和支付宝生态赋能团队里，我们总结了一个赋能产品种草的基础八件套，供大家参考。

- CSM（客户成功管理）案例，用学员的成功故事引发共情；
- 干货文章，用干货彰显专业性；
- 图片物料，重点是长图、PPT等；
- 视频物料，不一定精美，接地气反而更好；
- KOC（关键意见消费者）激活，重点是学员社群，激发讨论和转发；
- 交互物料，比如关于产品的FAQ等，既要有问必答，也要自问自答；
- 线上路演，通常是小型的线上直播课、群分享等；
- 线下路演，重点是产品经理、讲师、Demo课、业务方推介等。

方法论和八件套有了，接下来就是运营种草的节奏。给大家举个真实的案例，是我们商业化售卖的某个课程的运营节奏：

第一步，**在手机淘宝改版的当月推出课程**

（找准推出新课的机会点，要有大背景、转折点。）

第二步，**推出一个先进入商家学员的逆袭故事**

（夺人眼球的故事/事件，形成反差，激发学员的好奇心。）

第三步，**剧透课程的部分章节、知识点、讲师观点**

（展示干货，激发学员的好奇心，让他们有更多的获得感。）

第四步，**官宣第一次课程时间、班级限额、报名门槛**

（给出明确的时间表，制造紧张感。）

第五步，**老学员专属报名通道，限时优惠**

（激发身份认同感和荣誉感，促使学员采取行动。）

看了这些，大家的心里是不是有些新的启发呢？好酒也怕巷子深，好课也怕人不知。所以，大家要尝试走出去，真的用经营的方式，把好产品推出去，让好的赋能项目造福更多的人。

Participate（参与）的运营方法论

当目标学员报名了我们的项目，走进了我们的场时，他的身体已经在了，但是他的心、脑在吗？这是好的赋能产品运营，要去追问自己的问题。

我一直有个观点：课程内容的好坏是其次，最差的体感是学员觉得有我在和没我在区别不大。这种游离在外的感觉，我认为是最糟糕的。我们花了这么多心思造场，不就是希望大家能参与进来嘛！

在场的参与方面有以下一些方法，供大家参考，实际上常常有更多更新的玩法。

- **初始打开**，如集体诵读、热身破冰等；
- **简单参与**，如AB选项投票，问题停机坪等；
- **强制要求**，如毕业前提是问答多少次，个人积分多少等；
- **化整为零**，如每堂课后的100字小结等；
- **学习任务**，如班级结课，脑图分享等；
- **趣味激励**，如小组PK，学习积分商城（物品、权益）等；
- **出其不意**，如随机抽取学员回答或贡献案例等；
- **角色普及**，让每个学员至少承担一次角色等；
- **人盯人制**，国王与天使，学员监督学员等；
- **强制考核**，如阿里三板斧等。

在这些方法中，可以选择一个或几个来运用。数量不是重要的，最重要的是全部或大部分学员在参与的过程中能够发挥其主观能动性。

这里多说一句，在参与的过程中，仪式感很重要，很重要，很重要。不信，我给你们讲两个故事，都是真事儿，都在重复上演。

故事1：小提琴家Joshua Bell

这个故事发生在2007年。

因演奏奥斯卡得奖名作《红色小提琴》（*The Red Violin*）幕后音乐而声名大噪，勇夺"最佳器乐独奏专辑"格莱美奖的小提琴家在华盛顿地铁站"L'Enfant Plaza"的入口站了许久……

那是2007年1月的事。那天温度很低，他连续演奏了45分钟。先拉巴赫的曲子，然后拉舒伯特的曲子，然后拉宠塞的曲子，接着拉马斯奈的曲子，最后又拉回巴赫的曲子。

那是早上八点，成千上万的工薪阶层通过这个地下通道前往任务地点。

三分钟后，一个中年男子发现小提琴家在演奏。他放缓脚步，停留了几秒钟，然后继续加快脚步往前走。

又过了一分钟，小提琴家得到了他的第一张钞票——一个女人扔下的一美元，但她没有停下来。

再过了几分钟，一个过路人靠在对面墙上听他演奏，但看了看表就走了——显然他要迟到了。

对小提琴家最感兴趣的是一个三岁的小孩，他的妈妈又拉又扯的，但那个小孩就是要停下来看小提琴家。最后他妈妈用力拖他才使他继续走，但小孩还一边走一边回头看小提琴家。

在小提琴家45分钟的演奏过程中，只有七个人真正停下来听他演奏，他一共赚了32美元。

当他演奏完时，没有一个人理他，没有一个人给他鼓掌，没有一个人发现这个小提琴家原来就是Joshua Bell——当今世界上最有名的小提琴家之一。

他在这个地铁站里演奏了世界上最难演奏的曲目,而他所用的小提琴是意大利斯特拉迪瓦里家族在1713年制作的名琴,价值350万美元。

就在他在地铁站演奏的前两天,他在老板顿的歌剧院里表演,虽然门票上百美元,却座无虚席、一票难求。

这是一个真实的故事。在地铁里演奏一事,其实是《华盛顿邮报》一手策划的,目的是为了测试人们的知觉、品味、行为倾向。

这个活动策划并无恶意,只是想要解答的问题是:

- 在一个公共场合里我们是否会停下来欣赏乐曲?
- 我们是否能在一个不适宜的环境下发现人才?

如果我们确实没有时间停下来,听一听世界上最优秀的演奏家演奏世界上最优美的旋律,那么不知道还有多少美好的东西从我们身边溜走……

故事2:小提琴家林赛·斯特林

这个故事发生在2015年。

纽约地铁里,一个女孩忘我地拉小提琴,美妙的演奏堪称完美,却没有一个路人为之驻足……

可是当这段视频被传到了网上,竟然引来近1000万人的观看,这是为什么呢?

原来,这个女孩是身价上百万美元的小提琴家林赛·斯特林,她在全球拥有无数粉丝。站在音乐会舞台上,她是最耀眼的明星。她的演奏会场场爆满,门票供不应求。

可是当她褪去华服,乔装成最朴素的样子,在纽约地铁里演奏,甚至没有一个人看她一眼……

> 赋能需要仪式感。当然，我们并不需要像古代人一样，读书前先沐浴更衣，焚香净手。但是，通过必要的仪式感，可以让大家带着正确的期待，投入相当的努力，让有价值的内容在参与中充分绽放。

Love（口碑）的运营方法论

很多人在商业领域都听过一句话，争取一个新顾客的成本是留住一个老顾客的5倍，而一个老顾客贡献的利润是新顾客的16倍。我们先不去纠结这个数据是否真的精准，但是无疑，老顾客的重要性怎么强调都不为过。

对企业培训团队的日常运营，我认为道理是一样的。每个学员都是我们宝贵的资产。要呵护好学员，经营好与学员的关系，让关系资产不断增值，增加企业培训团队的厚度。

我认为口碑由三个部分构成：好评、传播、推荐。

好评

对一个课程、项目的好评，不要让其只停留在问卷上、分数上，要让其可视化。比如，大家在淘宝上买东西，卖家特别希望买家留下文字好评、买家秀。这个道理很简单，文字好评生动、具体，比理性的数字更打动人心。

在赋能项目中，我们也要去设计环节，让好评可视化。比如，在最后的学员分享环节，可以让学员谈谈学习后的感受、收获，也可以谈谈对讲师、学员的感谢，还可以让学员之间相互写感谢信，或者写信给未来的自己。未来，可以让当期学员写下对下一期学弟、学妹的期待和嘱托。

除了这种感性的方式，也可以理性一些。比如，学员一起共创一个课程教学案例、一个课程工具手册，既是学以致用的落地，也有助于后续的教学，还在过程中让学员的收获、好评得到了可视化呈现。

这里，大家千万不要理解偏了，把好评变成了搞政绩、搞形式主义。设计环节的目的，是让好评自然生发，而不是硬去诱导。

传播

我想问问大家：你身边的朋友，包括你自己，为什么发朋友圈？背后的心理动机是什么？

我之前听过一个段子，说团队聚餐，无论多少人，点菜就点9道菜。很多人不解，有高人一语道破："因为朋友圈只能放9张图啊！"细细品品，很有道理。

人们发朋友圈，本质上都是通过展示自己的生活，展示自己的生活态度，打造自己的人设。常见的无外乎以下几类：

- 分享新鲜有趣的事儿；
- 展现自己的积极状态；
- 自己最近的深刻感悟；
- 有干货有价值的信息；
- 工作生活中的里程碑；

……

如果赋能项目，在一些场景里，命中了其中一类或几类，就有可能激发学员的兴致，让他们成为赋能项目的志愿宣传队。

在淘宝生态赋能团队、支付宝生态赋能团队的赋能项目设计评审时，我经常问一个问题：我们项目的打卡点在哪？

什么叫"打卡点"？大家想想，我们出去玩，到了一些景区，是不是经常看到一些观景台？这些地方，其实就是景区提示我们拍照的地方。在我们造的场里，哪些是让学员有打卡冲动的点呢？

有的活动会准备一些各种流行标语的KT板，然后有一个漂亮的背景墙。这其实就是一种打卡暗示，暗示你要来拍照，对吧？

2020年，在一次支付宝生态赋能团队开放日的活动中，现场参与的近百位企业的培训负责人几乎都为我们发了朋友圈。大家知道为什么吗？当天，我们安排了一个讲师，和大家讲短视频的制作，并带领大家在手机上做了一个小短片。于是，那一天，几乎所有的人，都抑制不住第一次创作短片的喜悦，纷纷发朋友圈。这就是打卡点的力量。

当然，**打卡点**可以是兴奋型的（很High的环节），可以是深度型的（闻所未闻的洞见），可以是感性型的（哭得稀里哗啦的环节），可以是专属型的（和每个人自己有关的），等等。只要用心，一定能找到好的打卡点。

推荐

相比之下，让一个人给出文字好评，让他愿意帮忙传播，更难的是，让他向身边人推荐。

因为这种推荐基于人和人之间的信任背书，相当于，我用我的信用担保，这个赋能项目是物有所值的。

推荐这个动作，首先，要基于安全感，也就是我对这个赋能项目是放心的，是不会砸我牌子、砸我口碑的。其次，要让推荐人有荣誉感。比如在湖畔大学，新学员递交入学申请，必须找三位校董或老学员写推荐信，那么对于老学员来说，这就是一种荣誉；如果再配合一些优先权益，比如优先面试、同等条件优先录取等，那么效果更好。最后，是让推荐人有获得感。当然，不一定是物质上的获得感，也可以是更有质量的社交网络等，要让推荐人有付出，也有收获。

围绕造场的三个核心环节，企业培训团队要通过一系列里程碑进行管理。从淘宝生态赋能团队和支付宝生态赋能团队的实践来看，我们认为以下这些是非常必要的：

- 项目策划书；
- 项目招生海报；
- 项目招生运营方案；
- 项目常见问题集；
- 项目实施流程；
- 教学内容（五件套）；
- 项目成果；
- 项目复盘文档；
- 项目简报；
- 项目新闻；
- 人才观察。

三、造场思想在不同领域的应用

（一）文化培训

企业培训团队分管企业文化，这个现象还蛮普遍的。培训和文化二者有很多共性，也有很多差异。我们不能因为一个企业名气大，就说它的文化工作做得好，不是这个逻辑。文化工作有自己的逻辑和方法。

企业文化工作在我之前发表过文章中有三个关键词：文化内核、文化载体和文化渠道。**文化内核**，指的是愿景、使命、价值观、领导力模型、能力模型，这些是抽象的定性描述。**文化载体**，是把抽象定性的文化内核，变成立体、生动、感性的文化产品，比如故事、案例、文化墙、办公环境设计、仪式、行为等。而**文化渠道**，是解决如何触达、如何影响员工的问题，比如OA、邮件、论坛、公众号、面对面等，都是文化渠道的范畴。简单来说，文化内核要清晰，文化载体要丰富，文化渠道要立体。

那么文化培训呢？它的解题思路是什么呢？

我认为文化培训的核心有两个：一个是感同身受，另一个是参与感。

空洞地说，对我们的愿景、使命、价值观是什么，员工不会有体感。我们要做的是让这些东西立体化、生动化。文化团队最应该做的，就是挖掘典型的人物和故事，一方面是好人好事，另一方面是坏人坏事。然后，要么让当事人现身说法，要么形成可口口相传的故事。这个做法看上去普通朴素，其实最有效。

另一个是参与感。什么意思？文化不是标语口号，文化是言行举止。所以，要让员工有机会参与到文化的场域里。比如，自己拍摄一个文化短片，或者自己参与或策划一个企业文化活动。一定要从旁观者变成入局者，文化培训才可能植入心中。

在企业培训团队的所有培训里，我认为文化培训一定是做得最生动有趣的。如果文化培训都一板一眼，那么一定是整个公司出了问题。

（二）领导力培训

领导力培训也几乎是所有公司培训体系的大头。

领导力培训真的起到我们期待的效果了吗？对这个问题，好像回答起来又不那么确定。对业务培训、销售培训、新人培训，至少还有些量化指标可以跟踪。那么领导力培训呢？好像更难。

以身作则、共启愿景、挑战现状、使众人行、激励人心，这些领导力行为当然很重要。可是，如何让管理者发自内心地内化这些行为呢？

传统的领导力培训，以培训为轴。它的假设是，我对你说得越多，你听得越多，你就越可能改变。辅以教练、促动等手段，效果会有一定的提升。不过，这样做，真的有效吗？

我一直有个观点，领导力不应该是一个业界的统一标准，领导力一定是有公司场景的。不可能人人都是乔布斯，也不可能人人都是稻盛和夫。好的领导者，需要适应公司的各种特殊场景，并做出适当的管理行为。

所以，好的领导力培训，我认为是从公司管理层的复盘反思为起点的。领导力不能脱离业务场域，业务场域的结果是领导力的一面镜子。从来没有一个业务做得很烂的杰出管理者。

> 真正的领导力驱动的公司，一定是具备反思精神的公司。它从公司历史的每个重要转折点中汲取自己的领导力智慧，并不断内化成公司自己的领导力内核。

比如，很多人都听过这段历史——阿里巴巴2007年重要的宁波会议。这次会议讨论的主题是支付宝独立发展，还是作为淘宝的一个职能。当时，管理层意见相左，迟迟不能达成一致。这个会上，管理层暂时搁置了这个争议，讨论未来十年阿里巴巴到底该往哪个方向去。结果，这个问题达成了一致，那就是，建设一个开放、协同、繁荣的电子商务生态系统。接下来，在这个大前提、大方向的基础上，大家很快就支付宝和淘宝的关系达成了一致。所以，今天在阿里巴巴的管理理念里，有一条就是当你觉得看不清楚未来、公司业务陷入某种迷茫的时候，真正花时间去琢磨未来，形成一个对未来的判断，反而能帮你坚定当下的判断。

如果今天我直接和你讲，我们公司的管理理念是"看十年，做一年"，你大概率觉得我说的是空话。但是，如果结合自己公司的历史，我所说的就言之有物、意义深远了。你看，这才是组织的经验财富。

这是我讲的第一条，也是最重要的一条，领导力培训要回归公司的历史，回归公司的关键转折点，从复盘中汲取养分。

接下来，不能老往回看，还要向前看。什么意思？要在真实的业务场域里磨炼大家的领导力。也就是，面对新的可能出现的状况，我们怎么办。

我认为比较好的方式有如下三种：

第一种，**拿出真实的业务案例，相互交叉分析**。管理者A去分析管理者B目前管的业务，管理者B去分析管理者C的业务，然后管理者A和真实的管理者B、C去交流异同点，看看哪些有共识，哪些存差异，相互学习思维。

第二种，**拿来别人的真实案例，尝试用1号位的精神去解题**。企业的开放度不足时，拿别人的案例是比较稳妥的方法。效果其实和第一种类似，但是终归要朝着第一种努力。

第三种，**就事论事，一个业务、一个业务地复盘管理者的领导力**。这个最残酷，但也最直接。基于360°等前置的反馈，以及现场的互动、提问、挑战，管理者往往能从同级、上级那里获得平时听不到的声音。

大家看了我的分享后，千万不要走向一个误区，就是单纯地"向内看"。领导力当然可以向外借鉴，特别是应该向行业里的Role Model（楷模）好好学习。不过，这些东西终归要内化回自己的企业，因为这才是领导力培训的应有之意。

（三）新员工培训

几乎所有企业都把新员工培训看得很重。确实如此，新员工能否融入，能否落地，能否创造新的价值，对于企业来说太重要了。但是，新员工培训是否达到我们殷切的希望了呢？好像未必。很多企业的新员工培训，慢慢流水线化，和初心渐行渐远。

如果你问我，在我的心中新员工培训最好的模样是什么，我还真有几个画面和大家分享。

第一，走进梦想和初心。所有企业都有自己的愿景、使命、价值观，这是企业创立的出发点。新员工很期待创始人和大家聊聊这个话题，因为这是企业成为这个企业最重要的原因。

第二，走进历史的脉搏和纹路。我们看到的企业今天的样子，这是当下。但是，企业如何从初心走到今天呢？过程中遇到了什么挑战？发生了什么刻骨铭心的事情？这些过往如何影响了今天的管理、业务？这应该是新员工培训最精彩的部分，让新员工走进企业的过去。

第三，走进当下的横截面。企业有什么，是什么，要什么，不要什么。如果直接讲这部分，容易流于形式。如果有前面两部分的铺垫，新员工对企业的理解就会立体丰满起来。这部分可以直接告诉新员工，也可以让新员工自己去探寻。

第四，走进未来的宏大蓝图。如果企业想凝聚人心，一张共同的图景是必不可少的。新员工要清楚地知道，我为谁而战，我为什么而战，我创造了什么价值，我成就了什么理想。宏大蓝图往往和营收、利润这些东西无关，而往往和客户价值、社会价值相连。不如让新员工走进我们的客户，去看看、听听真实的声音，把公司的宏大蓝图内化成员工自己的未来梦想。

第五，走进未来的真实工作场域。新员工培训千万不能只讲好的，不讲不好的。企业是真实的，不可能所有员工都说它好。新员工加入一家企业，一定会遇到各种挑战和不适。与其等新员工自己遇到了吐槽抱怨，不如把这些可能的状况提前摊开给大家看看。企业的工作方式，大概率没有好坏之分。问题是，企业是否愿意把潜规则变成显规则？员工都是成年人，多数能坦诚面对。这不仅不损企业的形象，反而会增加新员工对企业的好感。

> 新员工，"新"的美感，就在于它的新的可能性。我们去呵护它，激发它，让它生长起来吧！

四、赋能循环系统

前面讲了与造场相关的很多策略、方法和细节。我特别希望企业培训团队具备一种能力，能够打造一种可自我进化的**赋能循环系统**（见图3-2）。

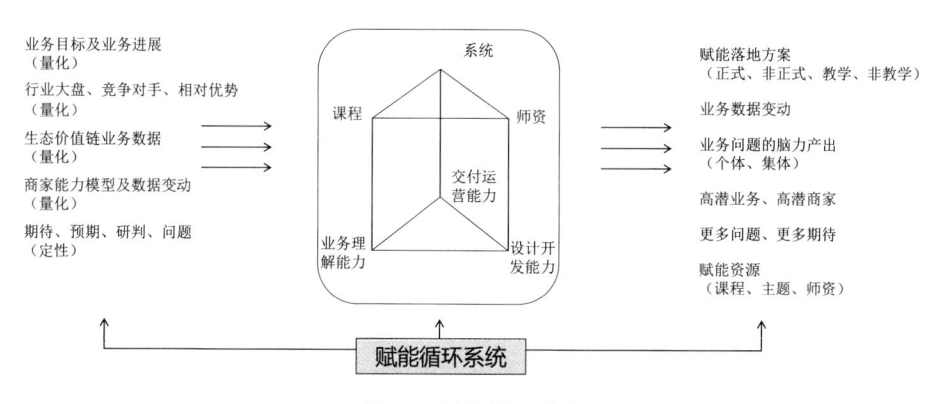

图3-2 赋能循环系统

这个系统以业务的各种信息输入为原料，可以依托企业培训团队的专业能力进行解构，进行赋能方案的输出，在落地造场的过程中，采集各方反馈，并反哺到业务端，反哺到企业培训团队自身的能力体系。

业务团队要成长，企业培训团队也要成长，并随着自身的成长帮助业务团队更快更好地成长。这是一个最理想的螺旋上升模式。

在后面的章节中，我会具体谈谈淘宝生态赋能团队和支付宝生态赋能团队自己的知识管理体系。这里埋个伏笔，供大家思考。

扫码即可阅读"我写给团队的邮件"

第四章
腰部三板斧之共振

关于培训，我常常会抓住一切机会问CEO对培训的看法。让我记忆特别深刻的是2015年我和一批企业家的闲谈。

有一位企业家和我说："安老师，不瞒你说，我对培训不抱太大希望。"我问："为什么？"他说："我给你打个比方。培训就像天空飘来一朵云，上课就像稀里哗啦地下雨。当时挺热闹，但培训完了，太阳出来了，你再看地上，干干的，就和啥都没发生一样。"

接着，又一位企业家凑过来说："安老师，我给你说另一个比喻。我们公司就像一个池塘。公司的培训，就像往池塘里扔了一颗石子，只听见'扑通'一声，一点儿水花也看不到。培训，听着激动，回去不动，见得多了，我们也见惯不怪了。"

这两位企业家对于培训的调侃，至今让我记忆犹新。我时时提醒自己，我一定不要做这种培训，我一定要让组织看到真真切切的变化。

一、共振的四重涟漪

后来，我跟踪了很多企业，也辅导了很多企业培训团队。在分析一个个具体案例时，我发现，无论是企业的变革，还是个人的改变，其背后都有一个普遍的过程路径，我称之为"**共振的四重涟漪**"（见图4-1）。

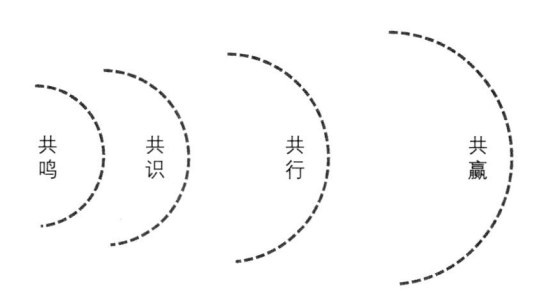

图4-1 共振的四重涟漪

最内层，叫作"**共鸣**"。这是一种最直观的感性唤醒。

往外一层，叫作"**共识**"。这是一种理性的判断。

再往外一层，叫作"**共行**"。这已经从认知层面到了行动层面。

最外层，叫作"**共赢**"。这是改变最后的结果。

通常来说，企业或个人重要的改变，都会经历这四个阶段。阿里巴巴有句话，相信很多人也听过，即"一颗心、一张图、一场仗"。大家体会一下，它其实和我们讲的共振的逻辑是一样的。前面已经讲到，赋能是一种业务手段，也是一种管理手段。我们必须认真思考，如何让赋能从一次性的干预，变成一个有共振效应的催化器。

前一段时间，无意间看到不列颠哥伦比亚大学（UBC，加拿大三大名校之一）的办校格言：创建一所大学恰似向深水池里投下一块石头。当石头撞击水面时，便出现一个洞眼。然后，它便沉入水底，看起来什么也没有发生似的。然而，过不了多久，便可以看到一圈圈的涟漪向外荡漾，而且一圈比一圈大。

这个比喻与我们所说的共振真是异曲同工。赋能的最终指向是共振，如果无法实现共振，我们的工作就失去了最本质的意义。

二、何以共振

在讲共振的四重涟漪时，我常问大家一个问题：我们的赋能动作，重点应该放在哪一层呢？很多人会说，安老师，要放在第三层、第四层。

我问：为什么？很多人说，因为第一反应是联想到了柯氏四级评估（第一层，反应层评估；第二层，知识层评估；第三层，行为层评估；第四层，结果层评估）。我常会接着说，所以，感觉不说第三层、第四层，都不好意思说自己是做培训的，对吧？很多人会心一笑。

其实我问的问题，是有"坑"的。在企业的实际场景中，真的要看具体情况。

我给大家举几个例子，大家体会一下。

五六年前，我们给商家做培训，和商家讲，在未来，做内容是非常重要的，你们要多关注一下直播这类的新玩法。说实话，当时很多商家是将信将疑的，感觉我在说火星文。还有很多商家会说，直播也就是卖卖衣服、卖卖化妆品，我们这个行业太特殊，我们这个企业太特别。来，这两句话大家再重温一下，"我们这个行业太特殊，我们这个企业太特别"。这话是不是听着格外耳熟？！

当学员不相信你的时候，你会发现讲再多的知识、流程、方法都没用，因为学员的脑子是封闭的。当时，我对淘宝生态赋能团队的讲师说，把具体的干货知识点都放放，一天的课程，拿出半天时间讲故事，讲到让大家兴奋起来，再切入主题讲知识。当时，我们挖了很多成功学员的故事，比如珍珠哥、狗不理包子等，用不同的故事来让学员认识到做内容、做直播的重要性。比如，珍珠哥的故事是这样的：

有个小伙子，叫詹鑫达，1982年生人，家住绍兴诸暨，中国有名的珍珠之乡。小伙子是江浙一带典型的"场二代"（工场的场），毕业之后，和家人一起做养蚌卖珍珠饰品的生意。和当地其他的工场类似，他们家也开了淘宝店，但是一年的销售额大概也只有500万元。后来，小伙子参加了淘宝生态赋能团队原达人学院的直播课，连着上了好几期。上完之后，小伙子就不断琢磨，凭什么别人能通过直播卖衣服、卖口红、卖纸尿裤，我就不能直播卖珍珠呢？而且小伙子更进一步，做了个小创新，干脆直播卖蚌。就58元和78元两个价格，买家下好单以后，他在直播间开蚌。一刀下去，"恭喜你，这个蚌里面是颗粒饱满的大珍珠。""啊呀，这个蚌有点抱歉，看来今天有点羞涩。"

通过这种略带刺激的开蚌环节，珍珠哥家的销量节节攀升。因为直播量越来越大，除珍珠哥外，珍珠妹妹、珍珠妈妈等齐上阵，一家人成了珍珠家族。2017年上半年，仅半年的时间直播带货就超过了3000万元。

我印象特别深，在很多次课程中，很多商家听到珍珠哥的故事，眼睛都睁大了，两眼放绿光。对啊，直播还可以卖蚌，为什么我这个行业不能呢？对啊，没什么不可能。

现在大家觉得直播什么都能卖。2020年的双十一连挖掘机都能直播带货，可在五六年之前，真的想都不敢想。在那个还在怀疑、否定的初始期，用案例故事引发共鸣，是砸开一条新路的好办法。

接下来，再和大家讲个故事，是关于前几年特别火的"新零售"。

马老师在2016年年底云栖大会上提出"五新"的概念后，很多企业都在研究新零售。特别是在盒马、无人零售、智慧门店等样本出现后，很多企业对于转作新零售已经很笃定了，但是在具体的方法路径上，还有很多分歧。我印象特别深，在淘宝生态赋能团队组织的好几个CEO班上，对于新零售怎么转，大家还是议论纷纷。

有的坚持，要从线下出发，线下拥抱线上。有的坚持，要从线上出发，线上整合线下。有的坚持，要从工具系统、数据中台出发，重构业务体系。有的坚持，要从营销侧出发，将线上线下业务、信息化数据化做整合打通。还有的坚持，要从人事调整入手，通过新设组织结构，来解决内外部问题。这些都是可选项之一，因为这些从理论上做推演，都有赢的可能性。但是，最佳路径是什么呢？

当时，没有人能给出一个权威的答案。因为阿里巴巴也好，品牌企业也好，大家都在一个起跑线上，共同摸索这个问题。怎么办？还是老办法，多听、多看、多讨论。我们带着CEO，跨行业走访了很多企业，比如，带着家装行业的老总，去参访服装行业；带着服装行业的老总，去参访食品行业；带着食品行业的老总，去参访美妆行业。种种，干了不少这种"不着边际"的事儿。但是，跑下来效果好得出奇。

在一个行业里很多年都解不了的问题，比如品牌和经销商如何数据互通共享的问题，品牌和经销商分权分利的问题，在其他行业可能早就有了不错的解法。这极大地拓展了CEO的思维空间，一个问题在跨域找到了参考的解法。

在行业新零售路径的问题上，我们发现，第一期的学员共创、讨论，其实可以有一个比较初步的共识基础。第二期、第三期再走下去，其实共识会慢慢聚焦，并逐步凸显出来，形成一些相对明晰的路径。当无数想法相互影响并交叉验证的时候，共识就形成了。其实，这个过程应用的也是我们前面提到的"智力结网"的理念。

经过"新零售"这一波的洗礼，我带着团队和天猫同学复盘时，我说，这对我们也是一次最好的培训。当没有业界共识的时候，造场，造不同的体验场，造高质量的对话场，就有机会去取得共识。我们在赋能客户，客户也在赋能我们，客户间也在相互赋能。

讲完这些故事，我也特别想让大家一起反思一下，我们赋能工作的用力，是否是好钢用在刀刃上了呢？

很多时候，在课程评审的时候，我会问，我们在讲事、讲理、讲情上，分别花了多少时间。有的课程，只要让员工知道怎么动就好，自然多花点时间在讲事上是对的。但是，很多管理动作，要知其然更要知其所以然，才可能发自内心地认同，心甘情愿地去动。这时候，就要多花时间去讲理、讲情，甚至把主要的时间花在讲理、讲情上。我们要相信人的主观能动性，只要说到心坎上，人就会行动起来。当然，这是共振的四重涟漪在具体研发场景的体现。

在共振的不同阶段，赋能的干预手段，也就是我们造场的方式、侧重点也会有所不同。

共鸣阶段，故事、案例、参访、游学等都是可行的方式，通过大量的感性冲击，来激发情绪上的共鸣。

共识阶段，往往需要大量的研讨、共创，甚至辩论、论证等。这个阶段以偏理性的方式，形成路径上的共识，有时甚至需要高层的一锤定音。

共行阶段，培训、行动学习等常见赋能方式都有比较多的用武之地，因为要赋能的内容很明确，重在理解、掌握、落地执行。

共赢阶段，并不是共振的结尾，相反，它是下一轮共振的开始。在第一曲线还有红利余温的时候，是乘胜追击扩大战果，还是未雨绸缪思考转型，抑或是坐享其成步入衰退，都是可能出现的结果。在这个阶段，复盘是非常重要的，而且要基于复盘去推动新的战略共创。

三、从共振到持续的组织变革

为了促进组织实现共振的目标，特别推荐大家好好体会一下"变革平衡公式"的内涵：

$$D \times V \times F > R$$

式中，D=Dissatisfaction（不满）；V=Vision（愿景）；F=First step（初步实践）；R=Resistance to change（变革阻力）。

这个公式无论对于组织的变革，还是个体的转变，我认为都有借鉴意义。痛点挖得够不够，未来是否有足够的吸引力，是否有具体明确的行动步骤，这三方面的力量叠加在一起，才能打破改变的惯性。

围绕这三方面，我们不妨做一些延展思考。

（一）如何挖痛点

在变革的时候，组织的痛点千万不能是隐隐作痛，是内伤。一定要把这种痛外化出来，让痛点在可见的视线范围内。

比如，很多公司的业务问题是，一线很痛，但高层却蒙在鼓里，这就是一种隐痛。有的业务问题，客户很痛，但是因为公司的业务在赚钱，所以公司业务部门不觉得痛，这也是一种隐痛。还有的，是企业内部的痛，A部门为了支持B部门，A部门暗自不爽，但还没撕破脸，B部门浑然不知或装作不知，这也是隐痛。

一定要把痛点用有形化的方式摊到台面上，才有可能起到挖痛点的作用。

有时候，有的公司有点积重难返的味道，很多人会说："哎呀，反正也是老问题了，债多不愁。"

这时候，除了要给痛点有形化，还要给痛点加上紧迫感。比如，公司和竞争对手之间，存量数据的对比，增速数据的对比，甚至可以算算公司离被竞争对手吃掉还剩多久。

在很多公司，这个挖痛点的事情很容易得罪人。所以，有时候会借助外部的力量。比如，让客户来公司当面吐槽公司的产品或服务，让第三方研究机构介绍目前的行业竞争态势，让咨询公司去做组织内部的问题诊断等。

但是，做企业做久了，其实有一件事情是必须认清的，即企业自己的问题，常常只有自己才能解。企业培训团队必须敢于去做那个戳破脓肿的人，才可能焕发新生。

（二）如何描绘未来

在我读高松老师的《赋能团队》时，看到了一个特别好的故事。

第二次世界大战的时候，通用汽车的一个工厂承担战斗机某些零部件的生产任务。尽管物质激励很高，但是产能始终无法持续提升。后来军方开来了一架真的战斗机，带着工人们一起参观，告诉工人们他们生产的零部件，在战斗机里面发挥了怎样的作用。这样一个简单的参访之旅结束后，工人们的生产效率得到了极大提升，出乎所有人的意料。

大家想想，这就是"描绘未来"的巨大价值啊。你是在盖一个房子，还是在盖一个世界最伟大的建筑？目标不同，工作的意义自然就不同。今天，如果我们能为一件有意义的事儿战斗，何尝不是一种幸福？

描绘未来，和"画大饼"很像，但又有很多不同。未来不能是空泛的，不切实际的。当你还在起步创业阶段，就喊出成为世界第一的口号时，当然不排除企业家自己的雄心壮志，但是对于公司员工来说，这样的口号显然起不到多大的激励作用。

未来，一定是甜美诱人的，但同时，也一定是跳一跳够得到的，也就是必须在企业的能力射程之内。一个食品企业，在某个垂直细分市场打穿做出爆款零食，这个是可够得到的。但是，一个食品企业，希望扎入新能源汽车领域，成为跨行业的老大，这个就有些不切实际了。

描绘未来，必须和员工讲清楚，企业凭什么赢，赢的策略是什么。是技术优势、垂直细分优势、时间窗口优势、资源优势、经验优势、人才优势，还是什么？即便企业要赌上一把，也要告诉员工企业的筹码有多少，才可能让员工有奋力一搏的勇气。

描绘未来，有以下几个可资借鉴的方式。

首先，**以史为鉴。**

当一个企业有比较长的历史时，用历史看未来，往往是一个很有感召力的方式。比如，阿里巴巴在历史上曾经经历过很多次"向死而生"。阿里巴巴国际站和环球资源的竞争，淘宝和易贝的竞争等，都经历了从追赶到反超到获得决定性胜利。所以，当阿里巴巴在开辟新业务，以及新业务还很弱小的时候，公司会用历史的经验鼓舞大家，困难是暂时的，公司有足够的韧性，从胜利走向新的胜利。

其次，**以商业规律为鉴。**

尽管现在商业社会的发展演进越来越快，但是不得不承认，一些规律性的东西还在一再上演。比如，创新性技术创造的全新行业，突破性商业模式带来的行业洗牌，等等。如果企业在转型中抓住了某条主线，就有机会在自己身上去重演历史。

很多行业分析，会从全球范围内分析行业的发展历史，因为国家和国家不同，地区和地区不同，自然会形成很多时间差。如果某些国家、某些地区跑在了我们前面，我们当然可以以资借鉴去预测我们的未来。比如房地产行业，在城镇化率更高的欧美，他们的模式路径在中国也得到了验证。比如硅谷的创新创业，将其借鉴到中国，也未尝不可。

当然，中国实践也可以反向输出。比如，电商发展的成熟度就要领先海外一大截，这就创造了在东南亚等地借鉴中国经验的机会。又如，中国国内的抖音等短视频应用，中国的餐饮外卖，等等。当视角放宽的时候，很多未来的图景会更加清晰。

最后，以数据分析为鉴

未来不能靠运气，未来有多大，要去尝试做个计算。比如，"单个用户价值"在互联网圈是个很有意思的指标。很多公司的估值都是用活跃用户数乘以单个用户价值的方式去评估的。**单个用户价值**，一方面取决于现在的业务为公司实际创造的价值。另一方面是以可比行业、可比公司为例，看看它们的单个用户价值，然后比较我们和可比公司的优劣势、可比性等，设计一个系数。

如果一个公司以市值作为未来的重要指标，那么通过激发活跃用户数的增长，可以大致算出公司未来的发展空间有多大。当然，市值取决于很多因素，这种预测很多时候也要经受各种挑战，但是，至少它给公司提供了一个相对合理、可资想象的未来空间。

（三）如何给出行动步骤

给出行动步骤，在某种程度上，与OKR（Objectives and Key Results，目标与关键成果法）和项目管理中WBS（Work Breakdown Structure，工作分解结构）的思想是一脉相承的。简单来说，就是把大的目标拆细，把长的目标分阶段，一步一个脚印，走向胜利的彼岸。

说起来简单，做起来问题也不少。建议大家关注以下几个要点。

第一，**明确1号位**。很多公司的业务变革做不好，不是方向不对，不是时机不对，而是没有人为这个事破釜沉舟。明确1号位，就明确了战场的主帅，一切资源、一切组织设计向1号位集中。

第二，**明确时间表和里程碑**。本质上，所有的商业命题都是半命题作文，这个限制条件就是时间。管理层的耐心，合作伙伴的耐心，员工的耐心，都和时间表紧密相关。时间表可以是大目标+大时间表，也可以是小目标+小时间表，但是必须明确。

第三，**明确关键策略**。一个公司在转型的时候，必须有关键策略，而且这个关键策略要得到公司内部的支持。当然，也可以授权1号位来制定关键策略。一旦这个策略定了，就要内外部形成共识。公司转型的十个要点，远不如一个主攻方向有牵引力。

第四，**明确反馈迭代机制**。在转型期，公司必须保持足够的灵活性。不断听取内外部的反馈，在大方向的基础上不断调优细节。同时，如果市场证明公司的主线策略错了，公司也必须有勇气认赌服输，及时调整航向。精益、敏捷，这种思想在越来越多的领域得到了验证。

第五，**明确奖惩制度**。行动改变，业务变革，组织转型，无论颗粒度是大是小，必须有明确的激励机制做配套。古话说，人无恒产则无恒心，其实就是这个道理。"让行动者、改革者获得正向激励，让阻挠者、守旧者获得负向激励，对得起对的人，对不起不对的人。"阿里巴巴的这句土话，其实也适用于很多企业。

讲到这里，我要稍微停下来，和大家做个提醒。

从实践来看，对于高层管理者和普通一线员工，推动共振的路径可能稍有不同。

对于高层管理者，改变认知是变革的前提，所以共鸣、共识要做在前面。特别是无人区型的业务（如新孵化业务、跨赛道业务等），常常是"因为相信，所以看见"。共鸣、共识，要解决相信的问题。

而对于普通一线员工来说，逻辑有时候是反过来的，"因为看见，所以相信"。不妨让员工先行动起来，先拿到一点成果，看到一点希望，这时候再去理解大的方向，他们就会更有体感，也更有信心。

（四）共振就在我们身边

最后，和大家讲两个故事，作为共振这一章的结尾。

第一个故事，是关于我父亲的真实故事，和大家聊聊生活中如何利用结网—造场—共振的思路解决问题。

2019年，我父亲来杭州和我们一起住了一段时间。刚来的时候，他觉得一切都新鲜，和我说杭州这儿好那儿好。可是，没过多久，他就有点儿抱怨。

有一次，父子俩聊天。父亲说："你这个小区不行啊。"我说："咋不行呢？这个小区刚交付没多久，房子也新，绿化也挺好，不错啊。"父亲接着说："小区是不错，可没啥意思，也没点文化活动。"我说："还真是，您不说，我还真没注意。"除了边上小广场的广场舞，好像还真没啥其他适合老年人的活动。主要是父亲也不爱跳广场舞，这个勉强不来的。

父亲说："你看我在青岛多舒服，一群老头打乒乓球，有时候我一天能打上两回。到杭州，我都好久没活动了，感觉身子都发沉了。"他这么一说，让我机灵了一下："我们小区有乒乓球案子啊，就在小区南门附近。您没事儿的时候去那边打打。"

过两天，父亲和我说："你说的那个小区乒乓球案子，估计几年没人打过了吧，落的灰都能有2厘米厚。"我说："您没事儿多去乒乓球案子那附近转转，估计喜欢打乒乓球的人也经常去那附近转悠。"

又过了两天，父亲说："你的主意不靠谱，我常去转悠，也没看见有人打乒乓球啊。"顿时，我也难住了。这个生活中的难题怎么破呢？

要不还得说，姜还是老的辣。父亲自己搞了一块硬纸板，在上面写了一个广告并放在了乒乓球案子上。文案是："小区里有喜欢打乒乓球的，欢迎与我联系，我的手机号13××××××××××。"父亲自我感觉良好，说："等着瞧吧。"结果，一个星期过去了，父亲的手机也没响一次。

我觉得这也不是个办法。我就从淘宝上买了一个练习乒乓球用的反弹挡板。我说："爸，没人打，咱也不能待着啊，带着反弹挡板，自己平时打打，锻炼锻炼身体也挺好的。"父亲说："也行吧，反正比待着强。"

过两天，我再问："那个反弹挡板用得咋样？"父亲说："挺好用的。对了，你别说，这东西往那一摆，围观的人还不少呢。"我说："爸，看来您种草种得很成功啊。"

父亲说："啥叫种草？"我说："大白话，就是吸引别人的注意力。我建议您乘胜追击，更进一步。"父亲说："咋搞？"我说："既然有人围观了，那说明就是兴趣人群啊。这样，您再买一个球拍，每次下楼打乒乓球，带上两个球拍。如果有人围观，您就邀请他一起打乒乓球，玩两下。"

没过几天，父亲特兴奋地和我说："这个主意不错啊，这两天，陆续有好几个人都过来跟我交了交手，我还加了好几个人微信。"

我说："接下来要好好养草啊。"父亲说："又拽啥新词儿，养草又是啥？"我说："就是要不断培养用户兴趣，培养用户习惯啊。您每天差不多都在固定的时间下去打球，这些人看到了，就知道小区有这么个人，天天差不多这个时间都在，当他想打球的时候，他自然会想到您啊。"

在我的理论指引下，父亲成功地找到了几个比较固定的球友，很是高兴。

接下来发生的事情，也很有意思。

露天的乒乓球案子，乒乓球容易打飞出去，捡球很麻烦。所以，父亲和几个球友，众筹集资买了几个乒乓球围挡，把案子周围这么一围，你别说，还真有那么点正规训练场地的味道。

这个围挡，一箭数雕。实用那个功能就不说了，另一个功能是，围挡、球案子、打球的人，这三样叠加在一起，更容易引起小区路过的人的关注了，又成功地发展了好几个热心球友。最后，还成功引起了小区物业经理的注意，这可是小区里面很重要的KOL。

物业经理一看，也挺高兴："这说明咱这个小区，文化基因不错啊。"先是免费给球案子边上装了个灯泡，这样晚上也能打球了。后来他干脆说："大热天的，你们在外面打，又热又有蚊子。物业那正好有个空的房子，给你们做乒乓球室好了。"

于是，父亲和他的朋友们，这么一个民间的小爱好，登堂入室，有了固定的场地。后来，他们自己又添置了乒乓球筐，一次装进去一两百个球，就像专业队一样训练，乒乒乓乓打完了，再统一去捡球。而且，也不是哈着腰去捡，而是有专业的捡球器，三五下就搞定了。

后来，打乒乓球的人太多，他们还分了时间表，分开不同的场次，正规化管理。你说神奇不？

当年，我们小区，还拿到了街道的精神文明红旗，给父亲他们这个乒乓球队记了一功，这当然是后话。

这个故事，就是发生在我自己身边的真真切切的小故事。从一个生活中的小难题开始，不断尝试各种方法，去结网、造场，最后效果不断共振，甚至给我们带来了很多惊喜。什么叫"认真生活"？我觉得这就是认真生活。愿意求解，以此为乐。给父亲点赞！

接下来，和大家讲个与赋能相关的故事，是淘宝生态赋能团队和天猫美家行业如何携手赋能美家行业商家的故事。这是淘宝生态赋能团队联合业务团队赋能生态的一个样板，非常具有代表意义。

2017年，"新零售"成为中国商业领域最热的词。天猫美家行业也在推动品牌商家朝着新零售的方向去转型升级。起步阶段，其实是比较艰难的。商家普遍对于"新零售"持观望态度，而且涉及的方方面面比较复杂，动作也并不快。

淘宝生态赋能团队和天猫美家行业，其实有过不少次关于业务需求和业务赋能的对话。坦率地说，在业务没有完全打开局面的时候，赋能始终处于一个相对靠后的讨论话题。双方除了个别零星的项目，没有特别深入的合作。但淘宝生态赋能团队的同学，始终在找可以切入的机会。

有一次，淘宝生态赋能团队的同学听美家行业的同学提到了一个需求。美家行业的一个知名品牌——金牌橱柜的董事长在一次内部会议上提到，希望好好搞一下企业文化的工作，希望能够像阿里巴巴这样的企业学习。美家行业的同学很上心，第一时间联系了企业的HR，希望HR帮着给客户讲一下。开始，HR说："我们主要是给内部的同学做文化工作，给外部客户去分享可能不太合适。"婉拒了行业的同学。后来，行业的同学又找到了淘宝生态赋能团队的同学，商量可不可以接这个需求。

坦率地说，如果淘宝生态赋能团队的同学拒绝，也是合理的。毕竟，淘宝生态赋能团队是一个面向生态输出商业经营方法论的团队，管理文化不是他们的擅长，也不是他们的赛道，拒绝合情合理。不过，淘宝生态赋能团队的同学把这个需求转到了我这边，征求我的意见。

我想了一下，觉得这应该是商家里面比较普遍的需求。毕竟，商家也是组织，除了业务上的需求，组织文化管理也是蛮重要的话题。如果通过服务好这个商家的"非业务需求"，让它能对阿里巴巴有个更全面的了解，为未来铺下合作的基础，也未尝不是一件好事。

因为没有现成的课件，同时也考虑到对外PR（公共关系）的因素，我让团队同学从头开始研发了一套阿里巴巴企业文化的课程。我对团队同学说，必须做到每一页、每一段话、每一个故事、每一个观点，都是公开发表、有据可循的，不能是我们自己的主观感受。经过两周时间，这个文化课件出炉了。

当我们和天猫美家行业的同学讨论具体落地时，我们提出，此次课程不要做成一个简单的培训，最好能邀请客户的高层来到阿里巴巴园区，做一次深度的体验。一边走，一边看，一边听，还能做些讨论，这样效果可能更好。天猫美家行业的同学和客户沟通后，客户方欣然同意。

那一天，团队同学设计了一条完整的体验式学习动线，客户方的董事长和经营班子的十余位成员全情投入，天猫美家行业的同学也全程参与其中一起互动。看得出，这一天完全超出了他们的预期。金牌橱柜的董事长最后总结发言的时候说："来之前，我一直认为阿里巴巴就是一家卖货的公司。但是今天，完全刷新了我的认知。除了电商，阿里巴巴的物流、云计算、金融都是业界领先的，阿里巴巴是一家伟大的公司。更让我感动的是，听了你们的故事，看到了你们的文化，感受到了你们的用心。你们身上的创业奋斗的味道，特别令人敬佩，也和我们金牌的企业文化特别对味。"

这个活动结束后，我们本没有期待太多。送人玫瑰，手留余香。我们只是把这个活动当成了企业培训团队众多项目中的一个而已。

但是，没过多久，我们就收到了天猫美家行业的同学一封非常正式的感谢信。信中写道：

"上次金牌厨柜董事局来访之后，作为厨柜行业细分TOP1，在'618'期间它实现成交过亿且激活了823家线下门店，并且决定设立新零售运营中心，直接从厦门总部分一部分核心人员到杭州办公，全部线上线下的营销资源倾斜到天猫，效果非常棒！"

后来，我们还了解到，客户方的董事长回到公司后，还第一时间组织管理层，讨论与阿里巴巴的合作，要求加大投入，全力支持。

这真是一个令人鼓舞的故事。

后来，淘宝生态赋能团队和天猫美家行业也对这个项目做了复盘。我们认为，这样的方式对于加强行业与品牌客户的合作，价值是极大的，完全应该去复制，扩大战果。

接着，我们陆续承接了欧派、索菲亚、尚品宅配等行业TOP企业的访学项目，对于行业的新零售业务推进起到了非常良好的促进作用。

我们并没有止步在这样一个客户、一个客户的点状攻破上，因为耗时耗力，从服务行业生态的角度，投入产出比并不理想。

我们和天猫美家行业的同学，在几次业务共创后，碰撞出做"新零售MBA"的想法。这些行业里知名品牌的董事长或CEO，一般都在国内比较好的商学院读过MBA或EMBA，有着比较强的持续学习意愿。但是商学院的问题是，不接地气，离行业远，离业务远，离新趋势更远。而淘宝生态赋能团队一直以来，就是以接地气的商业赋能为标签的，特别是之前的"网商MBA"项目，更是孵化出了三只松鼠章燎原、韩都衣舍赵迎光、小狗电器谭冲、新农哥余中武、伊米妮张洁莹等知名企业家，在业内有一定的口碑基础。

双方一拍即合，"天猫美家新零售MBA"项目就诞生了。这个项目集结了包括索菲亚、TATA、欧派、金牌、诺贝尔、王力、菲林格尔、梦天、三棵树等在内的31个品牌的41位董事长、总裁、CEO，堪称业界规格最高的一届MBA班。

规格虽高，但是学习强度更大，过程要求更严。五天四夜，包括十几个模块的课程输入，一次整夜的私董会，大大小小20多场共创研讨会，以及最终严格的案例答辩。这五天四夜，没有一个人请假，所有人全程全情投入。最后，在这些业界翘楚的共同激荡下，把天猫美家行业的新零售关键议题做了深入的穿透。行业最核心的六大议题包括：
- 全渠道发展策略；
- 组织架构调整及分工重塑；
- 从产品运营到客户运营的转变路径；
- 品牌商与经销商的利益分配机制；
- 智慧门店如何引流入店并有效转化；
- 异业合作如何助力新零售转型。

这些问题是这个行业的痛点，也是公认的难题。在把这些问题放在台面，让这个行业的实践精英去探讨、碰撞、剖析之后，大家发现问题并非无解。原因常出在每个人看到的都是碎片，如果能把碎片拼在一起，就能看到更多看不到的解法。这就是聚人、聚智，进而聚气的魅力。

"天猫美家新零售MBA"项目做完之后，很多老总后续又找过来并提出了新需求："安老师，我参加完MBA之后特别激动，也很想回去推动我的团队马上动起来。可是，我听了10分，只能表达和转述出来3分，甚至2分。你能不能帮帮我，给我的团队洗洗脑？"

这类反馈还不止一两个，这让淘宝生态赋能团队的团队和行业同学，又在思考下一步的方向。既然新零售是方向，我们就和客户一起，向纵深挺进吧。

我们策划了"新零售研学社"的产品，每次一天，每次邀请8~10家品牌企业，每家企业可以来6~8位核心管理者。在这一天，我们要让这些企业的中坚力量理解新零售的核心业务策略及关键环节。一年的时间，我们覆盖了180多个品牌的1400多位中高管。

铺量做开后，我们本以为可以稍微舒一口气。没想到，客户又找了过来："安老师，还要找你帮忙。新零售还是落不了地。我们是品牌商，可是新零售落地毕竟还要靠渠道商。我们对新零售的信念是很坚定的，但是渠道商的脑子还要转型，而我们讲不清楚趋势和好处。淘宝生态赋能团队能不能帮我们给渠道商培训培训？"

这个需求，是否该接呢？改革进入深水区，业务进入胶着期，如果不继续往前拱，前面的努力可能就付之一炬了。我和同学咬着牙，把这个需求也接下来了。

"新零售研学社"开出了经销商专场，从某种程度上我们成了品牌企业做新零售的"内训部"。前后一年，我们赋能了35个品牌的近2000个核心经销商。

到后来，我们又接到了新需求。还有？对，还有。

"安老师，我们对你前面做的所有事，都非常感谢。但是，离落地，还差最后一米。" "最后一米，啥意思？" "门店的导购。我们所有的业务动作，最后都要靠这些蚂蚁雄兵来完成。可是，绝大多数导购还是传统导购，他们对新产品不熟悉，没有会员运营意识，互动技巧也不高，这些都很要命。"

最后一米，最后一米！大家知道，在美家行业，全国算下来有多少个导购员吗？没有官方数据，但是经验估计，保守说500万人的体量还是有的。线下轮训吗？痴人说梦！只有华山一条路——线上培训。

可是，传统的线上培训、直播、录播，在门店导购场景里基本是行不通的。导购没那个时间，也没那个意愿，盯着手机屏幕学习。那么，怎么解呢？我们采取了两条腿走路的方法。第一，把知识拆碎、再拆碎，每个知识点也就1分钟左右的时间，让学习的时间成本降到最低；第二，和业务一起，争取激励预算，开展新零售导购的全行业PK赛，把学习成绩、业务成果、物质激励结合在一起。这种覆盖全行业的线上赋能，在美家行业历史上还是首次。

说说最后的成果。2017年，美家行业TOP12的品牌商家，双十一成交同比增幅，最低的是92%，最高的是3474%。结果是赋能价值最好的回答。

每次分享淘宝生态赋能团队和天猫美家行业的这个案例，我都会和大家感慨一句。赋能工作，真的没办法按计划行事。2017年，我们从来没有预计在天猫美家行业上投入这么多的资源、人力、精力，所有工作都是在业务推进中，不断被动应战，不断主动求变，不断抓住一个个战机去扩大战果，憋着一股劲儿要把业务链路打穿。只看到了微弱的光芒，就踏上了义无反顾的征服。任何一件事儿，不都是如此吗？如果不努力到无能为力，怎能对得起自己身上的一份份责任和期待呢？

2018年，我们拿到了天猫授予我们的"最佳赋能合作伙伴"奖杯，至今还放在我的办公桌上。这个奖杯，我们当之无愧。

第五章
腿部三板斧之课程

在"造场"一章，我和大家反复强调企业培训团队最重要的产品是"场"，而不是培训。但是，我也希望大家能够理解，在今天的赋能场景中，培训课程的研发能力、交付能力、运营能力，依然是一项基础能力。我之所以把课程放到了腿部三板斧的第一板，也是希望大家能够将这项工作做扎实。

关于课程开发，不同的公司有不同的主导思想，常见的有OGC、PGC或UGC三类。

OGC，指的是机构生产内容，大型的培训公司、咨询公司，包括商学院，会有专门的课程研发组织来产生一门课程。我曾拜访过空中客车中国学院，他们在领导力课程上的投入非常大，一门课程往往要从全球各领域征集6位左右的顶级专家，耗时半年产出一门高质量的课程。这是典型的OGC模式。

PGC，指的是专家生产内容，也是现在绝大多数企业培训团队的主流模式。挖掘并找到公司各领域的专家、达人、业务高手、技术骨干，让他们来生产内容。

UGC，指的是用户生产内容，也是互联网思维大行其道之后，很多企业培训团队努力的方向。但坦率地说，国内外还比较少见UGC做得比较好的公司。

对于淘宝生态赋能团队和支付宝生态赋能团队来说，"商家帮助商家"既是我们的工作主线、业务主线，也是我们课程开发上的指导思想。当然，在淘宝生态赋能团队15年的发展历程中，我们也在不断迭代我们的课程开发理念。

一、课程研发思想的迭代

淘宝生态赋能团队于2006年成立，最早的讲师其实就是论坛上的热心商家。我们把他们邀请过来做分享，然后他们就成了第一批淘宝生态赋能团队讲师。这个阶段，你叫PGC也好，UGC也好，它就是淘宝生态赋能团队最早的雏形。

个人分享，我们称之为1.0阶段。在这个阶段，一个课程就等于一个讲师。在刚起步阶段，有供给就不错了，根本谈不上筛选。这可谓我们草莽创业但又生机勃勃的阶段。

但是这个模式，走着走着就出问题了。因为有商家反馈，同样是听你们讲运营的课程，为什么A讲师和B讲师讲得不一样呢？方法不一样就算了，有时候观点还不一样，到底听谁的呢？

慢慢地，将课程绑在讲师身上的模式到了一个转型的节点。我们逼迫自己进入2.0阶段，也就是**共创阶段**。

对每个课程，我们召集一批商家进行共创。把一个问题的前世今生、各个构面、各种场景、各个方面分析得很全面系统，然后形成一个课程。这种群体共创的模式，也很有阿里味，和阿里巴巴的共创文化也一脉相承。

虽然看上去进步了，但是商家依然抱怨。这回，他们抱怨的是，你们课程的信息量太大了，干货太多，还常常拖堂。简而言之，虽诚意满满，但消化不良。

所以，我们又逼迫自己去升级研发的模式。对于成人学习、商业培训领域来说，真的是信息越多越好吗？显然，答案是否定的。在有限的时间，聚焦几个重点问题，把重点问题打穿打透，效果要好过对多个知识点平均用力。

于是，我们在研发共创的基础上，进入了3.0阶段。不是不做共创，不是不做体系，而是在这些基础上，我们要凝练商家应用的核心场景，同时，要凝练我们的核心方法、核心观点。在研发时，我们常说的话是："A方法也对，B方法也对，C方法也对。尽管都对，但是课程只讲一种，讲透就好，因为商家记不住这么多的方法。关于一个问题，讲师们有X看法、Y看法、Z看法，各有道理。没关系，大家一起辩论，一起撕，但是最后少数服从多数，要确定一种看法，能代表研发组的看法。我们必须在有限的时间里，给商家呈现简洁有力直接的课程内容。"

随着淘宝生态赋能团队赋能商家的规模持续扩大，3.0的研发模式也受到了挑战。核心问题在于，所研发课程的可复制性问题。如果一门课程，只有1~2位讲师能讲，我们认为即便评分再高，也是失败的研发。因为它无法批量复制。生态赋能的定位，决定了它所有工作的出发点，一定是思考规模化的问题。如果一门课程太挑讲师，那么就去打磨这门课程，把个性化的部分共性化，甚至做必要的取舍。通过课程来认证讲师，扩大讲师队伍，这是淘宝生态赋能团队这几年一直坚持的东西。实践证明，这个决策至关重要。

今天，淘宝生态赋能团队的畅销课程，基本上都有8~10位的轮换讲师阵容，有些甚至更多。有了这样的家底，我们才可能有底气去做更大范围的生态赋能。

二、课程研发与经验萃取

经验萃取这项能力，对于企业培训团队来说属于基础能力。但是，为什么要做经验萃取，以及什么是经验萃取，可能就见仁见智了。经验萃取是做课程产品的基础，在此和大家分享一下我的理解。

（一）为什么经验萃取很重要

不说大道理，用案例故事体会一下。

案例1：泰勒的铁锹试验

铁锹试验是"科学管理之父"弗雷德里克·温斯洛·泰勒所研究的三大试验之一，也被人称为"煤炭和铁矿砂试验"。这个故事流传至今，依然具有广泛的实践意义。

在一个堆料场里，泰勒被场主邀请来进行生产率提升的研究。这个堆料场的物料主要是煤炭和铁矿砂两类，工人的核心劳动场景是使用铲子进行物料的装卸。泰勒的方法，说起来也很简单，就是最基本的观察法。在观察中，他发现了一些值得注意的现象：

工厂里工人干活是自己带铲子，这就意味着铲子有长有短，大小也各不相同。而且铲不同的原料时用的都是相同的工具，那么在铲煤炭时重量如果合适的话，在铲铁矿砂时就过重了。

泰勒研究发现，每个工人的平均负荷是21磅时一天的总产出最高。那么，可以做个统一的管理要求：每个人每铲必须21磅，多了，少了，都不行。这个管理要求可以落地吗？显然不行，做不到。

后来他就不让工人自己带工具了，而是准备了一些不同的铲子，每种铲子只适合铲特定的物料，这不仅使工人的每铲负荷都达到了21磅，也是为了让不同的铲子适合不同的情况。为此他还建立了一间大库房，里面存放各种工具，每个的负重都是21磅。

这一研究和改进的结果是非常杰出的，堆料场的劳动力从600人减少为

140人，平均每人每天的操作量从16吨提高到59吨。提升了3倍多！

在很多高层管理者的项目上，我都会分享这个案例，几乎惊掉了所有人的下巴。今天，几乎可以肯定地说，在任何一个行业，任何一个岗位，都存在着效率提升的巨大空间。而萃取最佳实践经验，并用赋能的方式落地到企业实践，堪称企业的又一生产力源泉。

案例2：淘宝生态赋能团队学员的故事

每次我讲完泰勒的铁锹试验，很多人都会撇撇嘴说，安老师，那都是100多年之前的事儿了，现在商业发展这么快，你说的是老皇历了，现在我感觉能改进的都改进得差不多了。真的是这样吗？我看全然未必。

淘宝生态赋能团队有个学员，是卖檀香木手串的。他报名参加的是淘宝生态赋能团队的流量课程。有一堂课，对他产生了巨大的影响。

这堂课，其实讲的是一个特别朴素的道理：所有的商业行为，要从理解客户需求和满足客户需求出发。可是，如果这句话，讲师说了十遍，估计学员的反馈一定是：正确的废话！

对淘宝生态赋能团队的课程，我们一般喜欢逐层落地。比如，围绕"理解客户需求和满足客户需求"，我们提供一些方法，如倾听客户声音，倾听客户评价。有些商家也会不以为然，他们每年也有"客户倾听活动"，可是说实话，这么多高管搞了一阵运动，好像也没听出个啥。太正常了。

所以，还要再穿透一层。围绕倾听客户声音，我们会教学员一个基础方法。比如，摘出最近购买并留下文字好评的买家评论，用词云工具等做个词频分析，看看好评里的主要利益点到底是什么。这个方法已经非常落地了吧？

我们这个卖檀香木手串的学员上完课，第二天跑回来找我们的讲师,说:"老师,这课上完,颠覆我的三观了。"讲师还挺纳闷:"咋了?"他说:"我们家做手串生意20多年了。过去,这行在线上卖檀香木手串,常见的卖点,无非是材质好、工艺好、有品牌,或者有个品牌故事(比如开玩笑,有大和尚开过光啊)。大家都这么卖。但是,昨天我分析了一下,居然发现,买我家东西并给我们留下文字好评的,说得最多的居然是,我家东西香味正!香味正!真的颠覆我干这行的三观了。"

接下来,大家知道这个学员做了什么动作吗?没错,就是把他家宝贝的标题、详情页、卖点都集中到了香味正上。结果,一周后,销量增加了三倍多。

这种学员故事在淘宝生态赋能团队里层出不穷。所以;回应前面那个问题,现在还有泰勒100多年之前的奇迹吗?我要说,只多不少!背后是什么?是知识的力量。知识来自哪儿?最佳实践的经验萃取!

案例3:越南儿童营养水平提升项目

接下来和大家分享的这个故事来自樊登老师的《可复制的领导力》一书。樊登老师的点评是"找亮点",在发现实现目标的匹配资源不足时,用突破性思维方式去寻找解决问题的办法。而我的点评则更朴素,其实这就是赋能团队和赋能者每天都在做的事——经验萃取。

曾有一位联合国的官员被派驻越南,他的任务是提高越南儿童的营养健康水平。下飞机后,他发现自己既没有办公室也没有经费,甚至连当地的语言都不懂,可谓没有任何资源。

前期调研后,这位官员有点失落。家庭收入水平低下,公共基础卫生条件不佳等,这些现实的制约条件,都意味着提高儿童的营养健康水平,似乎是一个长期持久的战役。

苦思冥想后，这位官员想到了一个办法。他从越南各地各阶层中通过测量身高挑选出了一批高个儿的孩子，然后排除其中家庭条件优越的，仅留下了家庭条件一般、身高却比同龄儿童高的孩子。

他的逻辑很简单：身高也是营养水平的一个重要标志，除了特殊情况，一般个子高的孩子营养水平都会比个子矮的要好一些。因此被留下的这些孩子的营养健康水平相对来说一定不错。

在家庭环境相当的情况下，他们的家庭是怎样做到的呢？为了找出其中的原因，这位官员让这些孩子带他去观察他们各自家庭的饮食情况。

经过大量走访，这位官员发现了一些"与众不同"之处：这些孩子每天都吃四顿饭（区别于多数家庭的一天两餐或三餐），他们的家人经常会抓一些小虾米做菜（一般村民都认为小虾米是给大人吃的，通常不给小孩吃），还会在米饭里加入紫薯叶熬出的汁液（紫薯叶是当地人看不起的下等食材）。这些都是当地可以利用的自然资源，并不会提高家庭的日常开支，且容易推广复制。

于是，该官员便将其他家庭的妈妈们召集起来教育培训她们这种饮食方式，并将之推广到越南全境。就这样，他在没有任何资源的情况下，仅用了6个月时间，让当地65%的儿童改善了营养问题。通过复制推广，影响了265个村庄、220万民众。

这个故事听完了，大家有什么感觉？稻盛和夫说，现场有神灵。唯有经验萃取的意识，才可能将这个神灵发掘出来，并真正得到发扬光大。

案例4：麦地那龙线虫病

如果案例3是解决社会问题的方法，那么，接下来这个案例中的问题，你能不能用案例3的方法做个情境迁移来解决？

这个故事来自一本畅销书《影响力2》。我简单地把故事脉络叙述一下。

在非洲，有一个区域性的流行病，让当地人民深受其扰，这个病叫"麦地那龙线虫病"。

该病以水为介质，虫卵会通过人的皮肤，特别是有伤口的地方，侵入人的身体内。虫卵在人的身体里一边长大，一边游走。这个虫子，最长可以长到一米多，大家可以想象下有多可怕。当虫子在人的身体里游走时，人感觉浑身就像灼烧一样，所以当地人把这个病又称为"灼热的龙"。

当人患上这种病后，因为太痛苦了，往往会把自己的身体浸泡在水里缓解灼热的感觉，这时候，反而又被虫卵感染，同时，也可能把身体里的虫卵带到水体里，恶性循环。这个虫子还会从人的身体里穿破皮肤出来，病人有时会找来一个小木棍，把虫子绕在上面，然后像卷发条一样，一点点把虫子拉出来。想想这个画面就很恐怖。（胆子大的，自行网上搜图。）

世界卫生组织专家，受邀到当地去解决这个问题。（前面我们讲了案例3，你不妨先停下10秒钟，想想如果你是专家，你会如何解决这个棘手的问题。好了，回到这个故事。）

专家到了当地后，首先做的是病原体的采样和分析。在实验室研究完病理之后，专家发现其实这个虫卵非常不耐热，水烧开15分钟，足以杀死虫卵。那么，是不是让当地人饮水、用水都用开水，就能解决问题呢？比如，能不能在全非洲做个倡议，让大家养成喝开水、用煮沸过的水的习惯呢？显然不靠谱。

为什么？首先，当地人基本没有饮用开水的习惯，并不理解什么是"开水"。另外，当地人，特别是部落里的人，也没有精确的时间概念。15分钟？听起来容易理解，做起来很难。试图改变人的惯性，这个基本行不通。

那么，有没有其他方法呢？这个故事里的专家也用了案例3里类似的方法，去找"亮点"。在非洲广袤的土地上，难道大家都受到这个病的侵扰了吗？没有特殊个案吗？

还真让专家找到了。有一个村落，几乎没有这个病的病人。他们是怎么做到的呢？实际走访后发现，他们的关键做法有以下几个：

第一，家庭妇女打来水，给家人用之前，会用裙子过滤一下。第二，村子里只要发现有人得了这个病，就要求强制在家隔离，不允许接触村子里的任何水源。相互监督，如有违反，严重惩罚。

就这样的简单方法，让这个村子，幸免于这个病患。

太棒了，亮点找到了！那么能不能现在向全非洲人民广播，快快快，用水前，都拿裙子过滤下？貌似可以，但新的问题来了。

就某个问题，你有答案，但是你说的，我不信。对，就是这个"我不信"。一个横行这么久的问题，这么简单就解决了？怎么可能。在各种场合里，这种质疑常常出现。

接下来，专家请到了当地的KOL（关键意见领袖）——尼日利亚前总统葛文将军。葛文将军带着当地人，一起"眼见为实"。两桶水，一桶没过滤，一桶现场过滤，然后给大家发放大镜，让大家自己看看，过滤前后，水有没有变化。让大家现场亲眼见证过滤的价值。

怎么样？有KOL，有眼见为实，有解决方案，这件事儿，总能解决了吧？你想简单了。

当专家把问题和方案呈报给当地政府时，遇到了令人啼笑皆非的情况。当地政府错愕地说，我们这儿，还有这个病？啥意思，拒绝承认问题的存在。

专家没辙了，把研究报告发在了邻国的媒体上。当地政府迫于压力，才开始承认并重视这个病，有了一些行动。

但是，即便如此，这个病依然没有得到有效解决。最后，杜邦公司生产了一种足够便宜耐用的过滤纱布，并投放到当地。这个病才得到了较好的控制。

故事到这儿就结束了。这个故事怎么样，是不是听起来特过瘾？有和案例3类似的地方，也有不少新情况。如果你听懂了案例3，估计再拆解案例4的问题，就会得心应手。

这个故事我分享给过很多人。很多人第一反应："安老师，你这个故事，特别像我们公司的变革。"我说："对啊，我也这么认为。"因为好多事儿，道理都是通着的。把一件事儿看懂了，其他事儿就能咂摸个七八分，这也是经验萃取的价值。

讲完了四个案例，还是要扣下题：为什么经验萃取很重要？

在《麦肯锡方法》一书中，曾写道：

"不论问题是什么样的，都有某些人在某些地方已经从事过同样的工作。也许这个人就在你的企业，打个电话就可以解决所有问题。也许与你同在一个领域其他部门的人已经弄清楚这个问题，弄清楚他们是谁，与他们建立联系，然后再进行你的研究，问自己的问题，这会节省你许多的时间和精力。你的时间是宝贵的，所以不要把它们浪费在重新发明轮子上。"

我想，这就是经验萃取的价值。我们可以通过经验学习，站在巨人的肩膀上，而不是重复试错，从一个更高水准的起点出发。

（二）什么是经验萃取

经验萃取，有两个关键词，一个叫经验，一个叫萃取。要先分开，再合并。

先说说什么是组织经验

一个企业开拓一个外地市场，经常遇到的问题是什么？一个企业任命一个空降的中层管理者，经常遇到的状况有哪些？一个企业上市一个新品，需要和渠道管理好哪些业务环节？……

组织经验，大家体会到了吗？有价值的部分，是这个经验要有重复发生的场景（可复制性），而且是组织自己的Know-how，不是通识意义的经验。如果不符合这两个特性，可能就不是特别好的萃取对象。

组织经验的萃取，大家要多想想if then（如果……那么……）的问题。别闷头做，想想做了以后"然后呢"。别让功夫最后成了落灰的文字，要让功夫成为复制经验的产线。

1996年，OECD（经济合作与发展组织）在知识经济（The Knowledge-Based Economy）报告中，将知识分为四种：

- 事实知识（Know-what）
- 原理知识（Know-why）
- 技能知识（Know-how）
- 人际知识（Know-who）

相信不少人看过大数据相关的资料，也听说过数据—信息—知识—智慧的四层分类。我所理解的组织经验，介于知识和智慧这个区间，它一定要有对未来场景的指导性。借用OECD的分类，我认为组织经验亦应该包括Know-how、Know-why、Know-what和Know-who四方面，这构成了组织经验的完整范畴。当然，这四方面一定有主次，通常Know-how的比重会大些，但是大家也不要忽视其他三方面。

再说说如何萃取

和一些做培训的同行交流，我发现一个有趣的现象，即同样是说"经验萃取"这个词，但大家说的不是一回事儿。

有的公司，所谓"经验萃取"，就是调研访谈，列一些问题，听听看法，了解需求。这件事儿也重要，但本质上不是经验萃取。

经验萃取的载体叫经验。经验是什么？是感性的、直觉的、无形的、碎片的，所以需要萃取，变成条理化、有逻辑、有深度的内容。我常说，经验萃取的本质是拿到一手故事、一手事件、一手体验，辅以观点、体会，而不是反过来。

经验萃取应该从故事开始。这个故事应该有血有肉，要有冲突，要有任务，要面临选择，要有行动，要有结果。故事应该是充满细节的，应该是有情感曲线的。在这个感性的故事基础上，我们一起讨论故事背后的规律、观点是什么，如何应用到一个课程里。

在聊故事的过程中，有个细节大家可以关注一下。很多受访专家一般都会说，他那个时候可不容易了，要啥啥没有，全靠自己摸索，等等。大意就是自己很厉害。这很正常。接下来我们会问一个问题："如果让您重新来一遍，您觉得可以怎么做得更好？"一般来说，他们都会卡壳几分钟，然后说自己的想法。其实，我等的就是这部分内容。内部专家访谈最常见的挑战就是这种，专家以为其他人都可以按他的认知水平来理解问题，其实我们要做的是，把专家拉回到不是专家的时候，唯有如此，才可能做到换位思考。

经验萃取的核心里程碑是故事产出、案例产出。至于课程观点、方法论、框架，那是共创环节、研发环节的核心工作。如果想毕其功于一役，就容易失去焦点了。

关于经验萃取，我总结了16个字，大家不妨做个参考：

身临其境——采访者和受访者要进入故事场景，要有画面感；

前因后果——知其然并知其所以然，了解冲突点，了解决策思考逻辑；

一二三四——厘清行动步骤，让流程、里程碑有形化突显；

举一反三——经验萃取要提炼普适规律，能够应用在多个场景。

当然，这里大家应该也发现了，我上面说得比较多的是基于个人主体的经验萃取。在淘宝生态赋能团队实际的场景中，我们往往做群体经验萃取会更多一些。后面，我会重点说说群体视角的工作方法。

（三）从经验萃取到经验复制

很多企业注重经验萃取，但是萃取完了，却不重视复制的问题。这简直就是暴殄天物。

安达信公司曾提出知名的知识管理公式：

$$KM=(P+K)^S$$

式中，P为组织成员（People）；K为组织知识（Organization Knowledge）；+为技术（Technology）；S为分享（Share）。

分享起到了指数级的作用，为分享这一环节赋予了极高的关注。这背后是什么？我认为，就是把一个人的经验变成一群人的经验，这才完成了经验萃取的真正价值。

历史上，不注重经验复制而吃大亏的真不少，随手举个例子。

1944年10月24日晚，美国海军"唐格"号循例出海巡察，在远海发现一艘日本海军侦察舰进入自己的海域，舰长果断下令用鱼雷攻击敌舰。因为鱼雷发射精英史密斯不在船上，舰长就随意叫了几个"懂的人"去发射，结果是操作问题引起了鱼雷发射方向机械系统的失灵，导致发射出去的鱼雷突然回转击中了自己的潜艇，为第二次世界大战中的美国海军画上了失败的一笔。

搞笑吧？但它是真事儿。我们现在的企业中就没有这种事儿吗？当然有，而且不少。

当然，也有做得不错的企业，比如星巴克。《将心注入》这本书曾写道：

"1971年，美国星巴克连锁咖啡创始人霍德华·舒尔茨研发出一种咖啡熬制方法，创办公司后他把自己的技能广泛复制给他的每一位员工。同时，只要发现一名员工拥有某些方面对公司有益的特长，霍德华·舒尔茨都会努力把这项技能从这名员工身上复制给其他员工，并用数量颇丰的公司股份对复制独特技能有贡献的员工给予奖励，让被复制者深切地感受到'把才能复制给其他员工是对自己有利的'。因此，人们才能在全球各地上万家星巴克分店喝到口味完全一致的咖啡。可以毫不夸张地说，霍德华·舒尔茨靠'复制'成功开拓了世界上最大的咖啡帝国。"

（四）经验就要接地气

做了十多年培训后，我发现"接地气"这件事太重要了，特别是在商业领域。真正的智慧一定来自民间，这部分我在"结网"那章就在不断讲。这里，我还是那句话，走到一线，而不是走近一线，听最原汁原味的故事、案例，你才能从这里感受到商业世界的发展脉搏，你才能体会到什么叫有"草根"精神的商业智慧。

很多人坐办公室坐久了，商学院高大上的东西听多了，就会产生一种"一切尽在掌握""一切不过如此"的幻觉。但是，只要脚上沾土，你就会发现，社会每天都在日新月异地变化着，只是以你觉察不到的方式变化而已。

2020年，我带团队做过地摊经济和小店经济的课程，我发现太有趣了。比如，油条摊、包子摊、豆腐脑摊联手打造的早餐集市（异业合作），一边摆摊一边直播的路子（多元化），摊边的喊货技巧（市场定位），回头客的额外买赠（私域运营），等等，很多智慧和如今主流商学院里讲得大差不差。小小的地摊却是大大世界的缩影。

2020年，我还听到一个很有意思的分享，我觉得好精彩。

我们团队的一个小朋友，有一天很兴奋地和我分享一个打车省钱的小秘密："安老师，你知道拼车比打车便宜吧？""知道啊。""那你知道拼车怎么省钱吗？"

小朋友很得意，拿起笔在一张纸上给我笔画："你看啊，从小区打车到公司，其实有很多起点和终点组合。比如，一个小区有东门、西门、北门、南门，公司也有东门、西门、北门、南门。很多时候，我们习惯于将离自己近的门作为起点，但从成本上未必划算。系统计算车费是按最佳路线的里程数计算的。所以选择起点和终点，最好是总路程数最少的，而且最好是顺路的，不要掉头。稍微多走几步路，但是省了不少银子。"我不住点头："厉害啊！"

小朋友说："其实还有更厉害的。安老师，有时候你可以试试看。比如，小区北门隔着一条马路就是某小区的南门。有时候，在北门打车，不如把起点选在对面小区的南门。走不了几步，但还能更省。"说完，还拿出手机，给我现场演示了一下。

我对他佩服得五体投地。这种生活中的小智慧，真是闪闪发光啊！

这些一线的经验、故事，都是贝壳里五彩的珍珠。当我们用专业的方法将这些珍珠串在一起时，它们一定会变成组织里最绚烂夺目的财富。

三、课程研发选题

课程研发思想确定之后，经验萃取的价值明晰之后，就是具体的工作方法问题。首当其冲的，是研发什么主题的课程。

很多企业培训团队的模式是被动响应型。在业务需求调研的时候，业务需要什么，就研发什么课。这只是一种方法。我建议大家可以关注以下几个方向。

第一，**围绕能力模型出发，形成基本的赋能框架**。2016年，我刚进入淘宝生态赋能团队的时候，做的第一件事情就是把电商从业人员的岗位能力模型梳理出来。这个东西有了，赋能的地基才稳。当时我带着团队走访了上百家电商企业，与他们的电商负责人、HR负责人沟通，了解他们的招聘标准、考核评价标准，然后做了总结提炼，形成了CETC（电子商务人才认证标准）。这是人的视角。我们还有另一套能力标准，是以商家店铺为视角的。我们把店铺的能力，分拆为客户、产品、供应链、管理、流量五个维度，然后又细分出近20项指标，作为评价一个店铺经营能力的标尺，并提供对应的赋能方案。

第二，**围绕业务场景出发，形成赋能的主要话题点**。商家赋能也好，成人学习也好，其实对于"能力"本身，大家是不关心的，大家关心的是，我有我的问题、困惑，这门课能不能帮我解决问题，赚到钱。所以，能力项、知识点，一定要业务场景化，一定要业务问题化，这样才有可能让学员产生真正的参与感。商家赋能一定是渐进性的，从场景化问题出发，建立初步信任后，再延伸到能力体系，这样效果相对会好很多。

第三，**围绕趋势研判出发，形成前置性的赋能主题**。我们这支团队的定位是生态赋能，所以，既要帮商家解决当下的问题，还要让商家看到未来的趋势，引领商家。比如在内容电商、新零售、数字化等方面，不仅要让商家知道这些趋势，也要让商家放下各种顾虑，积极行动起来，还要给他们适当的方法和技巧。这些主题不在能力范畴内，也不在当下的业务范畴内，但是非常重要。

这三条是我们挖掘课程选题的主线。但是，光有主线是不够的。商业世界瞬息万变，我们必须保持灵动，保持敏锐。如何始终泡在商业一线，始终接地气？对课程研发团队是个挑战。淘宝生态赋能团队、支付宝生态赋能团队有一些很有意思的做法，供大家参考。

"小饭桌"。每个月最后一周的某天中午，我们都会组织小饭桌活动。这一天，有来杭州的讲师、学员，我们都欢迎大家来企业培训团队"蹭个饭"。在饭桌上，我们会请大家聊聊最近发生的故事，听到的好玩的事儿，并相互吐吐槽。这个过程，既拉近了企业培训团队和讲师、学员的距离，更重要的是，让我们听到了非常多一线的声音，丰富了我们对于赋能话题的思考空间。

"校董会"。借鉴国外大学、商学院的运营模式，包括公司治理独立董事的设置，我在淘宝生态赋能团队的研发体系也搭建了"校董会"的外脑机制。校董会的成员不需要是社会名流、业界大咖，但要和淘宝生态赋能团队的研发同学形成互补，避免"闭门造车"。比如，我们的热心讲师、资深老学员、代运营公司老板、电商圈的媒体和协会、高校的电商讲师等，定期被邀请，务虚也务实地讨论商家赋能的选题。这样的讨论，每每都让我们的同学受益匪浅，校董会成员之间也收获了不同视角的输入。

"新课孵化大赛"。我们认为，赛事是激发、搅动生态的一个非常好的方式。每年，我们会做1~2次的新课孵化大赛，无论是淘宝生态赋能团队、支付宝生态赋能团队讲师，还是我们的历届商家学员，抑或是非淘宝生态赋能团队、支付宝生态赋能团队体系的商户，都可以报名参加。报名需要提交一个课程标题和一个100字以内的课程介绍。

首先，由淘宝生态赋能团队、支付宝生态赋能团队的历届校友进行线上投票，筛掉那些不够性感、不够有料的话题，只剩下32个话题。接着，是我们的线上复试，由32个提报者进行线上路演，由淘宝生态赋能团队讲师团进行投票，投出入围线下决赛的16个话题。决赛当天，每个参赛者有18分钟展示自己对这个新商业话题的理解，并为自己拉票。当天的评分由专家评分和现场商家团评分两部分构成。商家团成员一般来自知名企业，担任运营总监、电商总监、新零售总监等业务管理职务，是最懂商业也最挑剔的一群人。决赛会评出一、二、三等奖。这些历经三层票选最终获胜的话题，会立即被纳入淘宝生态赋能团队的课程研发计划。说句题外话，新课孵化大赛业已成为淘宝生态赋能团队的一个品牌活动，很多商家甚至提前一两个月打招呼请求留票。

课程研发的选题，无论是主线思路，还是日常的一些支线活动，其实都指向一个核心思想：

我们这群人，从来不狂妄地认为自己能判断什么是对的，因为我们的判断常常是错的。在今天的商业环境，商家用脚投票，是最好的意见听筒。我们要做的就是循着脚印，趋近路的方向。

四、课程研发立项

对于企业培训团队来说，研发是一项投资。因为我们投入了小二的时间、商家的时间、讲师的时间，包括必要的执行费用，所以我们不能盲目地开发课程，必须有投资回报率意识。在淘宝生态赋能团队和支付宝生态赋能团队里，如果产品线PM基于选题，那么要开发一门课程，必须前置地走内部的课程研发立项审批流程。

流程中，要回答清楚如下的核心问题：

- 研发背景（市场预判/发起人是谁/为什么研发/故事是什么）
- 课程定位（最新的还是实操的/独特之处是什么/交付场景是什么）
- 课程内容（主题是什么/解决学员什么问题）
- 目标学员（学员画像/覆盖量）
- 商业化途径（销售团队/多少人/售卖模式）
- 投入产出比（研发费用/预估开课量/本财年预计营收）

整个审批链条，包括产品PM发起—业务线PM审批—产品中台审批—讲师招募—产品PM填写需使用讲师、讲师店铺、讲师在店铺的职位—产品中台审批可用讲师—进入研发阶段。

这个链条看起来有点冗长，其实非常必要。因为课程产品要为淘宝生态赋能团队的业务线服务，业务线要为商家、客户服务。前台、中台、后台一定要联动起来，力出一孔。而信息拉通、决策一致，就是一种必要的机制保障。

在淘宝生态赋能团队和支付宝生态赋能团队里，我们有个团队叫课程中台。这个中台就要从商业赋能的整体去思考问题，看产品线布局。比如，新研发的课，是要起到丰富产品线的作用，还是补位的作用，抑或是替换陈旧话题的作用？是否有重复造轮子的问题？我们的讲师储备是否能够支撑研发？有哪些可以复用的研发资源等？这种机制设计，也是在淘宝生态赋能团队15年的发展中沉淀下来的宝贵的组织经验。

五、商家共创

选定选题、研发立项后，就可以进入课程的研发环节。但是，在具体做脑图、做课件之前，还有一个关键环节。这个环节非常重要，甚至会极大地影响后面研发的质量。这就是商家共创。

还记得我反复提到的淘宝生态赋能团队的指导思想"商家帮助商家"吗？在所有的工作上，都有这个指导思想的体现。

我们认为，课程的基础一定是商家的实践。我们不做理论的推演，只做最佳实践经验的总结。当然，参与研发的讲师也是商家，也有自己的实践。但是我们认为这些是不够的，必须更广泛地涉猎实践案例，才能有效地避免视角偏差的问题。

我们的商家共创会至少会做2~3轮。每一轮邀请8~10位商家，请商家就我们的研发话题分享自己的实践案例。注意，是实践案例，而不是商家自己的体会、感受、总结。不要定性总结，只要真实的案例还原。参与商家共创会的，还有淘宝生态赋能团队的小二、课程研发组的讲师，以及行业的业务小二。

大家一起来听案例，一起讨论案例，然后相互激发，挖掘案例背后规律性的东西。我们一直努力把商家共创会做成一次人人受益的活动。参与分享的商家可以从别的商家身上学到东西，我们的讲师也可以从商家身上学到跨行业、跨领域案例，我们的小二还可以在过程中验证或修正我们对课程的假设。

商家共创会，还有个很有意思的"溢出效应"。非常多参与我们共创的商家，成了我们新课的第一批种子用户，而且成了淘宝生态赋能团队的铁杆粉丝。

很多人会问："安老师，你们邀请的商家，难免有同行，相互之间有竞争，他们会说真话吗？会把自己的干货讲出来吗？"

这个问题我自答一下。我认为，商家共创会，造场是非常重要的，场的氛围很大程度上决定了产出的质量。

我们通常会从一个相互介绍的暖场开始一天的共创会，相互知道姓甚名谁，来自哪个公司，对于后面的讨论是很重要的。作为组织方，我们会把选题的来源和大家做个铺陈，特别是我们走访的商家的声音、商家的困惑等，让大家既不觉得突兀，也有一种责任感和神圣感。

在商家共创会的开始，淘宝生态赋能团队讲师的分享作为引子。讲师的分享一定是非常坦诚的，具体的，并且要生动一些，让商家有个心理准备，大致要分享成什么样子。讲师打完样，就是商家的分享。对商家分享的案例故事，一定要提前给他们发个内容框架，比如商家背景、经营问题、决策困境、业务行动、数据变化等，要明确要求，这决定了这个案例故事后续能否应用到课程的内容中。

一个案例故事分享完后，一定要安排追问环节，无论是淘宝生态赋能团队讲师的追问，还是商家间的追问，要做到充分澄清。业务小二也可以适当点评，增加商家的重视程度。追问澄清之后，可以安排2~3位商家，总结一下听完这个案例故事后的收获。这个环节是我们有意为之的，因为如果商家讲得不好，通常后面的人就没太多东西好总结，场面就会比较尴尬。适当让某些企图"划水"的商家红红脸，也未尝不是一个好方法。如果到这里，商家还有些"保留"，不要着急。等8~10位商家都分享完了，在讨论、碰撞、探寻规律阶段，还可以"旧事重提"，再去追问案例故事的细节。

通常，商家进入这个阶段，会比较放松。特别是听到其他人的分享后，一般也就打开了，不大好意思再掖着藏着。这时候，可以再杀个回马枪。这个共创的场，坦率地说，还是比较考验同学的引导功力的。但也请大家稍宽心，因为多数商家还是乐于分享自己的成功故事的。毕竟，这也是人之常情。

商家共创结束后，淘宝生态赋能团队小二会和淘宝生态赋能团队讲师一起，把当天的案例再做个深度复盘。通常的要求是"不隔夜"，当晚就要趁热打铁。一方面，把案例整理成文字；另一方面，对涉及的商家店铺，讲师分工去做进一步挖掘，看店铺、看货品、看数据，验证真伪，同时挖掘更多有价值的内容。

对参与商家共创会的商家，如果是特别合适、特别优秀的，一定会被我们的同学大胆地发展为我们的讲师。共创的场，开发了案例，还招募了讲师，一举两得，多好！

六、内容研发

在我们明确了为什么要研发这个选题，围绕这个选题有哪些最佳商业实践后，接下来的内容研发就会有底气得多。在内容研发环节，并不是直接进入脑图和课件制作。我们把内容研发细分成四个部分：课程故事、内容设计、教学设计和体验设计。我们认为，这是一个课程内容研发的四个核心组成部分。

（一）课程故事

淘宝生态赋能团队、支付宝生态赋能团队的课程研发，通常会持续2~3天。尽管时间有限，我还是会安排半天甚至一天的时间来讨论课程故事。所谓的课程故事，就是要讨论清楚学员为什么要来听这门课，学员为什么要听淘宝生态赋能团队的这门课。

对有些课，平台觉得很重要，业务团队觉得很重要，但是商家学员没有体感，不觉得有多重要。这种现象不少见。有的是因为故事失焦了，比如产品新功能、平台新政策确实有意淫的成分，所以商家不买账，觉得你又找事儿，给他添麻烦。但更多时候，其实是没有把话说到点子上,各说各话。

比如,我前面曾经举过的例子,当内容电商刚兴起的时候,阿里巴巴的小二、淘宝生态赋能团队的讲师都觉得很重要,商家一定要学啊,但是,大多数商家对此没体感。做流量运营多快,直通车、钻展开了,甚至第二天就能看到效果。做内容,可能要几个月才能看到粉丝量,慢慢起效,所以商家不感冒。

在那个阶段,我们参与研发的讲师也不是特别坚定,有人甚至说,商家多一条腿走路,没什么不好啊。这种"打补丁"的态度,是不可能做好这门课的。我们花了好久,和讲师一起讨论为什么内容电商是未来,为什么流量运营和内容运营是电商运营的双支柱,为什么不可偏废。我们聊到了很多靠内容逆袭的案例,比如HFP、花西子等,聊得大家热血沸腾,觉得必须摇醒商家,把这些对的东西灌进商家的脑子里。聊到这个份儿上,我觉得商家故事才算做到那个味儿了。

接下来,我们要聊透为什么要来淘宝生态赋能团队听这门课。坦率地说,电商培训在中国也很成熟了,商家不会因为淘宝生态赋能团队名字里面有淘宝两个字,因为你是官方,就一定买你的账。我们必须清醒地去自我认知。那么我们来操盘这门课,到底与众不同的买单点在什么地方呢?

实践、实操,我认为是淘宝生态赋能团队这15年生存立命的根本。实践,指的是课程内容不是推理想象出来的理论,一定是基于非常多商业一线案例的总结。它来源于实践,也能反哺实践。实操,指的是课程的调性,不做理论课,不讲系统、体系,只讲学了能用的知识、方法,要能落地,要能看到效果。

围绕实践、实操,我们在讨论课程故事的时候,就要去讨论如何凸显这种实践特色、这种实操属性。换个角度，如果你是学员，去报名一门课，你会十分期待在这门课里听到谁的案例、谁的分享？你希望收获什么样的可落地的方法，是工具，是流程，是清单，还是什么？

不断地反复探究，不断地换位思考，让参与研发的讲师都"热"起来。有了好的课程故事，一次研发项目也就有了自己的愿景、使命。回忆一下我前面讲的，从共鸣到共识到共行，是不是一脉相承的？一定如此。

（二）内容设计

曾经有一段时间，淘宝生态赋能团队的课程研发走入了一条"弯路"。因为过往的底子很厚，所以研发课程时，习惯拿出以前的大纲、课件，在老底子上修修补补。看似效率高了，其实会陷入自己给自己画的圈圈里，没有突破性。

后来，我做了一个看似很"决绝"的动作。所有参与研发的讲师，不论资历老还是资历浅，研发的时候，都要带着一个最近实操的案例来。如果你讲不出干货，其他讲师觉得你没料，下一次研发就不带你了。所以讲师压力也很大。每个讲师讲自己的案例，其实也是给所有讲师在做"清零"。基于前期做过的几轮商家共创，再基于研发现场讲师的案例分享，其实素材量已经非常丰富了。

我们总结这些案例故事背后，商家的常见痛点、盲区，成功背后的普遍规律、具体可行的落地方法等。我们常说，每个案例故事，都是宝贵的食材，一定要咀嚼充分，消化到位，最怕囫囵吞枣。很多时候，为了挖一个案例的细节，我们还会给案例的当事人打电话，一遍遍去确认。这种刨根问底，让我们自己很辛苦，但也很有"破案"的快感。

我们坚决不允许讲师直接跳入"提纲挈领"，一上来就归纳成几大点、多少个小点。对有这种行为的讲师，我们称为课程研发的"老油条"。每一次，我们都要心态清零，谦卑地去思考每个话题背后的解法。也因此，在每一次研发中，无论是淘宝生态赋能团队、支付宝生态赋能团队的小二，还是我们参与研发的讲师，都筋疲力尽。可回顾一下，西溪园区凌晨4点的风景，何尝不是我们砥砺人生的一个精彩回忆呢？

（三）教学设计

做课程，形式比内容重要。真的，这话一点不偏激。

为什么这么说？成人学习，根本不要奢望所谓的"空杯心态"，这是痴人说梦。成人都是带着自己的经验、假设、人生阅历来上课的，一进入教室，他就在审视着一切。如果你没打动他，他的信息通路就封闭了，你说什么他也不想听。他玩手机过这一天好了，反正听过的无聊的课很多，无非又"+1"了而已。但是，如果你让他觉得，"哎哟，有点意思"，他才可能给你机会，让你好好说说你想说什么。

上面这段话，听上去有点刺耳，有点"血糊糊"的，但是事实。没有好的教学设计，再好的内容也白费，大家一定要重视教学设计。

教学设计分为两种：一种叫"大教学设计"，另一种叫"小教学设计"。什么意思？

大教学设计指的是，一堂课的总教学设计是什么。一堂讲授型的课？一堂案例教学课？一堂沙盘课？一堂情景模拟课？一堂视频教学课？一个直播+作业的训练营型的项目？一个直播+辅导的双师项目？……同样的内容，基于不同的大教学设计，可以改造成多个不同版本、但同样精彩的课程。我常开玩笑地说，不要老是青椒土豆丝，做成干锅土豆片、辣炒土豆条、奶香土豆泥也很好啊。一鱼多吃，一课多形。

小教学设计指的是，一个具体的知识点用什么方式来呈现。讲授？案例？故事？提问？互动？游戏？模拟？考试？……对小教学设计，我相信做培训的同行都不陌生，我就不费笔墨赘述了。

加涅的"教学九个事件"值得做培训的同行好好研读一下。在淘宝生态赋能团队、支付宝生态赋能团队的课程研发中，我们使用图5-1所示的九宫格，在每个格子里给讲师提供一系列教学设计小工具，让讲师像勾菜单一样去挑选符合自己教学风格的教学法，这样可以节省不少时间。

大家如有兴趣，不妨在研发的时候和讲师玩个游戏。随便挑课件的一页，让讲师讲出至少五种教学法。我在教育机构任职时，就经常这么训练讲师。在现在的企业培训团队里倒是很少见到这么严格的基本功练习了。

有特色的自我介绍 相关有趣的段子 时事热门话题 一个有陷阱的问题 直击痛点 简单的热身游戏 以情动人 不一样的呈现方式 自嘲型开场 视频引入 **获取注意力**	共同或相似的工作背景 共同认识的人 某些工作或生活上的交集 就某些问题有共同的观点 破冰游戏、分组及选组长 定期互换座位等 课程内容的吸引力 学员学习成果的吸引力 讲师个人的吸引力 **建立联结**	大纲 模型 脑图 关键词 挂图 通关 **介绍框架**
历史回顾 案例分析 讲故事 直接提问 游戏活动 角色扮演 测试分析 **激活旧知**	微型翻转课堂 讲授 形象比喻 举例说明 用图说话 过程推演 名人观点 自己的故事 现场示范 视频教学 **引入新知**	挑错 课堂测验 案例分析 模拟演练 分组辩论 游戏竞赛 讲故事 **进行练习**
课堂反馈的三原则： 　具体、明确 　有建设性 　对事不对人 反馈的三种形式： 　讲师反馈 　组内反馈 　跨组反馈 **提供反馈**	不满 不甘 行动计划 学员案例 **重新激发动机**	现场应用 随时记录收获 分享课程心得 行动学习实验室 必要的支持工具 正式的组织学习行动 转训 管理者当老师 视频案例片 **设计行动计划**

图5-1 小教学设计菜单

（四）体验设计

在内容研发的最后，我讲一个很"性感"的话题，叫作课程的体验设计。一门好的课程，我认为一定是有灵魂的，它能带给人丰富的体验。一门课，无论是让人哭、笑、沮丧、兴奋、跃跃欲试、当机立断，都是体验。最差的情况是，课上完了，没啥感受，稀松平常的一天。如果情绪和心电图一样拉成了一条直线，基本上可以判这门课死刑了。

根据过往的经验，我们把培训课程常见的体验分成了12类，而且给出了这12类体验背后可供干预的教学法。大家不妨在体验设计中，给自己定个"小目标"，至少有3~5种体验贯穿在课程里，让课程跌宕起伏起来。坐过山车的时候，人一定不会犯困。我想，课程也是一样的道理。

- **参与感**。投票、猜数字、挑错、需求调研、投票决定怎么讲和讲什么、众创、问答、讨论等。
- **成就感**。表扬、填空、挑战任务、小组PK、现场作品、曝光、课程脑图、有形化、可视化等。
- **喜悦感**。故事、段子、游戏、幽默点评、儿时回忆等。
- **新奇感**。没听过的故事、没玩过的游戏、没体验过的教学环境、跨界的内容、国外案例等。
- **痛苦感**。测评与报告解读、学员互评、批斗会、高强度学习、高难度挑战任务、过程淘汰机制等。
- **憧憬感**。冥想练习、毕业季校友演讲、十年后的我、如果我学以致用等。
- **代入感**。针对性场景、真实案例、即将到来的场景等。
- **沉浸感**。黑暗中的对话、增强现实/虚拟现实、角色扮演、沙盘推演、模拟游戏、逐级解密等。

- **团队感**。作业、积分、轮动、挑战难度、出勤、问答、研讨等。
- **超值感**。有感、有形、表达、资料、课件、N种方法、流程、工具、模板等。
- **危机感**。标杆案例、外部趋势变化、末日复盘、管理仪表盘等。
- **行动感**。主管来信、送半程、训后回炉会、打鸡血等。

这些教学体验，有时候可以复合起来灵活运用。大家看得多了，听得多了，评得多了，自然会对这些更有体感。课程真的永无打磨的尽头，永远可以打磨的体验更好、更细腻。

（五）案例"数据高尔夫"

2017年，淘宝生态赋能团队做了一门挺有意思的课程，叫作"数据高尔夫"。这门课程的前身叫作"数字化店铺运营"。

总体来说，老课程的评分尚可，在4.7~4.8分之间（5分制）。经过走访，学员普遍反映，课程信息量太大，内容太多，有贪多嚼不烂的感觉。另外，老课程已经卖了差不多一年，按照淘宝生态赋能团队内部的产品迭代节奏，也到了更新改版的阶段。于是，我们打算重新打造一下这门电商运营课。

在讨论课程故事的时候，我始终找不到"兴奋"的感觉。说来说去，还是电商运营的基本知识点，比如行业分析、选品、推广、活动等，讲师也觉得按照原有的方式去讲，适当更新迭代一下内容就好，没必要大改。

陷入僵局的时候，我让团队同学，把过去课程交付时学员的评估表打印出来，大家一起分析看看。在学员的文字评价部分，我们看到了很多类似的表述，比如：

谢谢老师，我找到了困扰已久的做免费流量的问题；

老师在竞争对手分析这部分的建议很到位，看来我们以前一直没找对方法；

终于搞清楚怎么评价美工团队的KPI了，谢谢老师；

我是财务盲，过去连赚钱赔钱都算不清，今天上完课终于弄懂了；

……

对摊在桌面上的几十份学员评价，我们的同学带着讲师一起做文字提炼，看看学员到底怎么看这门课的价值。写了满满一黑板，但是好像很难去做归纳。这时候，一位讲师发出了一声惊呼："你们看，学员好像都在谈一个个具体的业务场景问题。"一语惊醒梦中人，大家也纷纷感慨起来，是啊，看来学员对解决具体的场景问题是最感兴趣的。之前，我们觉得要帮学员归纳、总结、提炼，希望学员能学以致用。但是，学员的反馈告诉我们，为什么不能就具体场景谈具体场景呢，这就是告诉我们这个问题怎么解，背后的道理、知识反而没那么重要了。

想通了这一点，整个研发小组都兴奋起来，这就是课程应该改造的方向！

一旦确定了课程故事，我们就立马开动起来，去提炼商家在店铺经营中的常见问题、常见场景。大家脑洞大开，很快列出了几十个场景。但是，这显然又命中了学员的槽点——"贪多嚼不烂"。于是，我们又做减法，最后，把几十个场景按照"决策依据—目标规划—规划执行—规划评估"的大结构，聚焦到18个最有代表性的问题。

接下来，我们就开始讨论这门课程的大教学设计问题。很多讲师的第一反应还是讲授型课程：问题场景是什么？解决思路是什么？怎么一步步看数据？最后如何形成决策？

这时候，我当起了"坏人"。我说："这一次，我们一定要做个不一样的课。我看够你们一本正经地讲课了，这次我要一门你们少讲、学员多参与的课。你们想想怎么搞吧。"

那次研发令我记忆犹新，很多淘宝生态赋能团队讲师都惊得差点掉了下巴。培训，不就应该是讲师多讲，学员多听吗？什么叫讲师少讲，学员多参与？这课怎么上？我们这群淘宝生态赋能团队讲师，身份都是商家，都不是专业讲师，是不是对我们的要求太高了？

基于过往的经验，我知道这时候必须由课程产品经理拍板了。我说："我脑子里的画面大致是这样的，你们帮我去实现出来：

- 每个业务问题的导入，要有具体的画面感、场景化，最好是电商团队很熟悉的日常。
- 不要做开放性问题，不要让学员漫无目的地讨论。围绕每个问题，列几种常见的分析思路，让学员去投票，缩小选择范围。
- 先不告诉大家我们所谓的官方答案。带着大家去分析问题，找解题思路，找相关数据，然后基于这些，得出结论，也就是验证对的选项。
- 学员要自己动脑去思考，可以设计一些PK赛，积分也好，奖励也好，就是不能坐在那里等答案。"

几条线拉出来之后，团队带着讲师一起去设计这门课怎么讲。最开始，大家想用文字的方式做出一系列场景式小案例。后来几经讨论，大家自己把自己推翻了，因为电商商家不喜欢这种方式，太学术了。最后，大家说，干脆演出来好了，用短视频的方式，把一个一个真实的电商决策场景呈现出来。视频，大家一看就懂。

想法虽好，写脚本、拍视频，也需要下一番功夫。脚本修改了很多次，但都被我们打回去了，因为太"假"，没有电商的烟火气。后来，我们走了很多电商企业，看他们日常开会，看他们日常沟通，有些做了借鉴，有些直接把场景搬了回来，这才看起来是那么回事儿。

关于不做开放性讨论，聚焦有限选项，这可难坏了不少讲师。这问题还用想吗？肯定这么干。不行，你不是学员，他不是讲师，你必须从他的角度考虑。为了让决策选项更接地气，我们发动了很多老学员，就某个话题分享他的思考路径。最后，我们做了归类，还是能看到总体上比较突出的思考选项。

大概两个月的时间，我们打磨出了这门课的大教学设计：

- 3天2夜，分成18个教学模块，也就是商家在店铺经营中最经典的18个问题；每个问题，从一个业务讨论的视频切入，看完视频之后，学员分组讨论ABCD选项，并给出每组的最终选择；
- 讲师带领学员分析这个问题，如何取数，如何看数，根据数据得出建议选项，并给ABCD四个选项赋分；
- 学员分组计分，更新名次，并组内复盘业务决策的得失。

当然，为了让课程更好玩一点，我们给课程套了一个壳，模拟成高尔夫运动的18个洞，每次业务决策就相当于打这个洞。ABCD四个选项积分，就像用了几杆。最后，看杆数最少的是哪个小组。为了让学员更有沉浸感，我们班级现场还准备了6组高尔夫的练习设备，让学员在课间的时候挥挥杆。

这就是"数据高尔夫"这个项目在研发阶段的一些故事。这门课程，后来在交付的时候，授课评分基本稳定在4.95~5分之间（5分制），并多次拿到满分。2017年，以这门课程为代表，市场验证了我们的课程研发理念是经得起考验的。

还记得我前面提到的淘宝生态赋能团队研发思想的几次迭代吗？很重要的是，课程的高标准可批量复制交付。"数据高尔夫"这门课，完全实现了结构化授课，每个知识点的教学动作非常明确、流程化，讲师按照课程设计去完成对应的教学活动，并按流程讲解取数用数方法即可。学员常见问题集（FAQ）经过几次迭代后基本已经可以应对绝大多数的授课场景。

我们的4组共8位轮换讲师，几乎人人都获得过多次满分评价，这让讲师很有成就感，也让我们这个研发团队很有成就感。当然，最重要的是，学员真的比以往更投入，也真的学了就能用，用了就有效果。

七、课程评审

内容研发之后，只能说我们的课程有了一个MVP（最小可用产品），它只是一块璞玉，还需进一步打磨、修正、优化。其中，课程评审是很重要的环节。

我们的评审，其核心维度也是与内容研发相对应的，包括教学内容的评审、教学设计的评审，以及教学体验的评审。

与评审相关的另一个重要事项是，由谁来评审。淘宝生态赋能团队的课程中台自然要参与其中。我们也会从淘宝生态赋能团队讲师团中挑选一些有经验的讲师，再加上我们的老学员代表、业务合作伙伴、一线的同学（比如做课程销售、课程营销的同学），以及我们邀请的TOP电商企业的操盘手等，大家一起来评审这个课。

评审的时候，研发组的同学和参与研发的讲师要坐在下面，直面听取评审团的意见，如果有必要，还要做些问题澄清，但更多的是要开放地听取评审团的意见。我常和讲师讲的话是，不要去试图说服别人，没有意义。所有人都在用脚投票，喜欢就是喜欢，不喜欢就是不喜欢，没有人有时间听我们的解释。所以，去听，听到，做好，做更好。

评审之后，研发组的同学基于收集到的意见，要去完善、优化课程。但是，我们并不会反复评审、修改。如果这样，事情就没有尽头了。要让实验室的课程，尽快到市场上去接受风雨洗礼。后文在产品运营中我会继续这个话题，这里暂不展开。

> 所谓的敏捷，所谓的精益创业，核心就是要走出去，听真实反馈，在行动中改进优化，而不是在实验室里打转。就像电商的选款、测款一样，无论在家里论证得多漂亮，总要推出去。对了当然高兴，错了也要接受，吸取教训，下次做得就更好了。永远有下一个爆品在等待着我们。

八、迭代机制

一个课程研发出来后，投放到市场，交付给学员，时间久了，就一定要迭代升级。道理和开车一样，车开久了，就要保养，到了一定里程数该换件的就得换件，该报废的就得报废。所有课程都有自己的生命周期。

课程和车还略有不同。车的保养、换件、报废，有个大致的时间表，比如里程数、年限。而课程需要从更多的维度去跟进是否需要迭代升级。我们通常跟踪的维度有六个方面。

（一）讲师侧

每次课程交付，我们都要求讲师在当天（无论多晚）务必提交当天的教学笔记。这个笔记，我们内部称为**"每日精进"**，要发在课程交付的讲师群里，让讲这门课的讲师之间相互参考借鉴。

教学笔记的内容需要包括七类问题：

- 在本节课程中，你遇到的有挑战性的问题有哪些。
- 在本节课程中，有哪些有意思的学员案例和故事？请列出来。有挑战性的类目有哪些？请具体说明。
- 在本节课程中，你的整体感受是什么？最大的亮点是什么？最不顺利的点是什么？请列举出来。
- 基于平台最新的变化、学员的提问和本次你自己的课程表现，下次课程需要做怎样的调整。请写出具体方案。
- 在本节课程中，你用了哪些教学活动？具体怎么做的？效果怎么样？下次怎么调整效果会更好？
- 在本节课程中，最佳学员是哪位？刺头学员是哪位？
- 在本节课程中，班主任是谁？在对接带班过程中有哪些做得好，有什么做得不好？

通过讲师的教学笔记（见图5-2），我们可以清晰地了解一堂课在交付过程中的大致面貌。特别是其中学员的案例和问题，这些新的输入可以帮助我们做后续的课程迭代。

有些讲师喜欢"憋大招"，不太习惯于这种精细化的课程迭代，常常想发个大版本，因为他们觉得那样才特有成就感。每每遇到这样的讲师，我都会给他们讲我听郭德纲相声的体会。

我是郭德纲的粉丝，他的相声我很爱听，很接地气，而且听多了，你能发现一个很有意思的现象，那就是他的相声作品内容呈现典型的渐进式迭代。

第五章
腿部三板斧之课程

图5-2 教学笔记（示例）

在某音频平台上,大家可以搜索到郭老师的相声全集。按出品时间逐个去听,你会发现除了大的主题不一样,开头、结尾、中间过渡的很多桥段,其实都是一样的。每隔一段时间,会换一批,有明显的内容带,而且很多返场,即兴表演的桥段,也有很多是之前的包袱。

所以,如果总结点儿什么经验的话,那就是不要老憋大招想玩个大创新。每次迭代一点,日子久了,新东西就出来了。

教学笔记,坦率地说这个工作量有点大,刚开始的时候,讲师也比较抗拒,可能是迫于我的"淫威"吧,咬牙坚持。但是后来,讲师越写越好,从中自己也收获很大。我想,这就是坚持做正确的事的力量。开始很难,但时间会给我们带来丰厚的回报。

(二)运营侧

在教学运营中,学员的反馈是我们一定要去密切关注的信息源。讲师的教学笔记是从讲师视角的反馈。但是,学员的感知和讲师是否一致呢?答案是未必。我们必须听听不同视角的声音。

学员的课程评估问卷,是我们非常好的输入。我们不但要关心学员打了多少分,更要鼓励学员在问卷上留下自己的主观文字评价,这往往更有价值。文字评价不要一扫而过,要一条条去分析,而且要用词云工具,好好地去跑一下,分析学员评价的核心关键词是什么。

另外,我们的销售同学、带班班主任,要定期回访学员学后应用的情况(以电话为主、走访为辅)。很多时候,当天反馈,一周后反馈,一个月后反馈,三个月后反馈,评价会发生很多变化。我们要基于这些反馈不断调优我们的产品设计。

（三）业务侧

淘宝生态赋能团队的电商课程、新零售课程，一定需要和平台结合起来。因为平台是商家/商户做生意的土壤，也是基础条件。就像培育花草树木一样，我们必须监控自然环境的各种变化。这也就意味着，平台的变化要第一时间体现在我们的课程里。

比如，手淘页面的布局调整、新功能的发布、老功能的迭代、平台规则的变化，以及基于平台洞察出现的新现象、新趋势等。

面对这些变化，我们要做好两边的链接。一方面，要和业务侧、平台方、产品方充分对焦，变化背后的考虑是什么、原理是什么、基于什么样的研判，希望商家怎么行动，预计可能的影响是什么。另一方面，我们要通过课程等多种形式，让商家去感知这种变化，并帮助商家形成新的业务决策。在这个链接过程中，要做好语言的翻译，要把产品语言、平台语言翻译成商家语言。这是结网，也是换位思考。

在这个翻译过程中，淘宝生态赋能团队讲师发挥了重要作用。一方面，淘宝生态赋能团队讲师离阿里巴巴近，也比较清楚阿里巴巴的平台逻辑。另一方面，淘宝生态赋能团队讲师离商家更近，因为讲师自己也是商家的一部分，所以，他们也能站在商家的角度考虑这些新变化的影响。而淘宝生态赋能团队则要创建各种链接的场，让信息充分拉平，把一件事情翻译到各种话语体系中。

> 在这个时代，信息很重要。当然，只有信息也不够，还要正确地解读信息，让信息为我们所用。在这个过程中，淘宝生态赋能团队应该发挥它的价值。

（四）学员侧

> 在课程迭代中，我始终认为，来自学员学以致用案例的反哺，应该是最重要的部分。一石激起千层浪，我认为，它既指讲师授课激发学员的行动，更指老学员激发新学员的行动。这才是一个真正有意义的教学正循环。

我们有几个通道来持续跟进学员的情况。一个是讲师和学员之间的联系通道；另一个是班主任和学员之间的联系通道；再一个是在校友群中，通过定期的校友活动（比如年度的学习节）来挖掘案例。

学员案例挖掘，一定要作为一项重要的工作，由专人负责。过去，我们也走过弯路，发了号召，让淘宝生态赋能团队的同学多多留意。后来我们发现这么做根本不行，因为热情只是一阵子的，要长线做必须有"死磕到底"的精神。

我的团队中有专人负责学员案例跟踪的工作，每月保底10篇的案例采写量。案例采写出来后，必须广而告之，不仅用在课程迭代里，还用在各种传播途径中。通过这些方式，我们的好学员可以在广大渠道中漂漂亮亮地亮相，成为众多商家学习的榜样。

现在，很多商家看了我们的案例故事后，还会主动提出，希望我们去采访他或他身边的故事，这让我们也深受鼓舞。这又是一个新的闭环的开始。

现在我们对案例来源也不断提高要求。老学员的案例差不多可以占到30%，未来我们希望老学员的案例占比能过半，甚至更高。

（五）问题侧

在课程不断交付的过程中，我们要不断提炼常见的学员问题，把它们标准化。这样可以节约宝贵的授课时间，聚焦到一些更重要的，需要讨论、深挖的部分。

比如，在国际场景的课程交付中，我们发现即便是海外的华人，他们对国内的一些电商术语也不是特别理解。于是，我们把课堂中学员经常困惑的词汇，整理成一本《国际线电商常用词汇》，作为课前材料发给学员。课堂中，花在名词解释的时间大大减少，学员满意度也更高。

比如，在品牌客户的内训交付场景中，我们发现常常有非电商团队的同学来旁听课程。他们对电商领域的术语、指标很感兴趣，但又不好意思问。后来，我们开发了一门课程，叫作"非电商团队的电商管理"（简称"非电"），受到了很多企业的欢迎。我们也开发了一个学习材料，叫作《电商常见名词注释》，也作为学习材料的一部分。

类似地，比如《新手开店红宝书》《电商客户招聘面试表》《服务商展业操作手册》等，这些都不是我们在课程开发阶段预设出来的，而是在交付中、在迭代中因为学员有所需求才开发出来的。通过不断满足他们的需求，我们自己也不断丰富和优化课程，使课程日臻完善。

我一直有个观点，要不断"傻瓜化"我们的课程内容，让学员理解吸收我们内容的门槛降到最低。"傻瓜化"不代表我们不专业，反而是我们以学员为中心，是客户思维的体现。

我给大家讲几个生活中的例子，大家体会一下。

有一次，我坐网约车，发生了特别有意思的一段经历。大热天女司机身上裹得严严实实。一路上，她还抱怨，说夏天车里开空调冻得腿疼。我当时一下子没反应过来。后来仔细看了一下，原来她设置的模式是，风朝下吹。我说，风可以正面吹，这样就不冻腿了。她一脸错愕，啊，怎么调啊？我按了一下按钮，她说腿不凉了，真神奇。我听了一脸黑线。

说到这，我又想起一个朋友和我讲的笑话。他媳妇开了一年多的车，还不知道车的大灯怎么开。下雨天，车玻璃哈雾，导致她不敢开车。不敢相信，对吧？可这就是真事。这事儿挺值得我们思考的。

今天我们总说所有东西都更智能化了、傻瓜化了，但是真的所有东西都如iPad这般？不见得。在很多领域，我感觉我们花的心思还远远不够。

第一次去香港的时候，我对一个东西印象很深。在十字路口过斑马线的时候，我看到地上写着"望左"或"望右"。当时真的惊到我了。过个马路，还需要提醒到这个程度吗？后来想想，还真的有必要。来香港的内地游客越来越多，而内地和香港的行车方向是相反的。让大家时刻提醒自己要反着想问题，这个是很难的。索性，大家也不要想了。我告诉你望左，你就望左；告诉你望右，你就望右。完活！

> 将这些事儿放在一起，就很值得思考了。什么是赋能？教会知识、道理真的只是一部分。但是，创设容易上手的产品、工具，创设醒目、到位的提醒，何尝不也是一种赋能？围绕效率、效果、效能的一些动作，都是赋能的范畴。

（六）研发侧

作为专业的OGC（机构生产内容），淘宝生态赋能团队有自己的研发迭代体系。其中，核心是四条控制线：

第一条，**日日精进**。这条通过前面我们讲到的讲师教学笔记来实现。

第二条，**每月集中迭代**。每月的最后一周，我们会抽出一个专门的时间，组织所有的项目组研发讲师及交付讲师，共同回顾当月的所有教学笔记，以及当月的所有学员反馈，提炼需要集中迭代的课程环节，并落实迭代任务。

第三条，**重大变化随时迭代**。前面我们提到的业务侧的变化，就属于重大变化。这时候，我们的要求是第一时间响应。我们不允许出现政策变了、产品变了，但是课程还讲老知识点的情况。

第四条，**重大节点专项迭代**。我们会提前围绕双十一、"618"这些节点，研发大促的规划课，并在大促后，第一时间推出复盘课。这些节点，既是商业战役的重要节点，也是商业赋能的重要节点。

九、产品运营

在淘宝生态赋能团队里，我们会把几个概念分列，分别是课程、产品、服务。先和大家做下名词解释。

所谓"**课程**"，一般是围绕一个微观话题（比如搜索、直通车、钻展等），在有限时间内交付的教学单元。比如线下课，最常见的交付单元是一天；比如线上课，常见的交付单元是直播1小时，录播10分钟。

所谓"**产品**"，一般是围绕一个中观话题的（比如流量运营，它涵盖了搜索、直通车、钻展等微观话题），由若干门课程，以及一些非课程教学环节，构成的一个独立的商业产品。比如淘宝生态赋能团队的"销量破局"产品，交付周期5天4夜，它围绕的主题是腰部商家的流量运营，它包括搜索、直通车、钻展、运营、视觉等课程，也包括开班破冰、晚上案例分享、店铺问诊等非课程教学环节。

所谓"**服务**",既可以是商业化收费的,也可以是免费的,重要的是,它的非时间节点性、非确定性交付物。比如淘宝生态赋能团队的"畅学卡",就是一项年度学习服务。学员一次付费,就可以在一年内任意时间,听任意的课程,全年畅学。又如淘宝生态赋能团队的"校友会",也是一项服务。只要曾经付费购买过淘宝生态赋能团队课程的学员,就自动享受"校友会"的服务。比如,学员企业互访、新课尝鲜、公开课直达门票等。

这里,我以中观的"产品"为核心,和大家说说产品的运营问题。企业培训团队的COO(首席运营官)比起企业的COO,有很多相似之处。

(一)品牌策略

我认为,企业培训团队的所有产品都要有品牌意识。从名字到Logo到视觉识别标准,再到核心卖点、Slogan(口号),在推向学员之前,都要在内部精心打磨。产品的第一次亮相,往往给人先入为主的印象,这是我们要去尊重的普遍规律。

做培训的人,经常用"内容大于形式"来搪塞自己在品牌方面的懒惰,这是非常不应该的。如果你不信,我给你讲个故事。

在《基业长青》这本书里有一个很有意思的小试验。

国外有人进行了一项试验,将两位漂亮女士的照片展示给一群男士,并问他们谁更漂亮。投票的结果是两位女士平分秋色。接着,试验人员给第一位女士起名为伊丽莎白(Elizabeth),给第二位女士起名为格特鲁特(Gertrude)。这次投票的结果发生了奇妙的变化,认为伊丽莎白更美的男士占了80%,不同的名字对人们心理的影响可见一斑。

赋能领域也是如此,不同的名字给受众、合作伙伴的感观认知也是大不相同的。很多团队在项目内容上花了太多时间,而在项目名称上草草了事，这其实是非常不划算的。

（二）上市策略

一个培训产品从选题到在电商圈引爆打出名气，在这个过程中有非常多的变量。任何一个环节出问题，都可能让一个产品哑火。前面，我们在产品的选题、设计、开发环节讲了很多，接下来，我们聊聊课程在全面推向市场前的工作。

1. 新课品鉴会

一个课程产品出来后，一定要先去找种子用户。种子用户就像"引燃物"一样，是未来星火燎原的关键。我认为，种子用户分布在企业内外部。我们的课程产品要先打动他们，然后以他们为节点，向外扩散。我们所采用的方式之一叫作新课品鉴会。

对内的新课品鉴会，常常面向的是阿里巴巴各个业务线的小二，既包括产品、平台这些横向小二，也包括垂直行业线的业务小二。我们要向他们说清楚，淘宝生态赋能团队为什么要像商家推这门课，对商家的好处是什么，对业务发展的好处是什么。然后，我们通过一个Demo（示范）课，让他们看看这个课长什么样子，同时，也听听他们的好建议和好想法。小二被打动后，他们自然会替我们做推荐。

对外的新课品鉴会，常常面向的是我们学员中的KOL（关键意见领袖）、KOC（关键意见消费者）。他们也许是某知名电商企业的运营总监，也许是曾经淘宝生态赋能团队某个班的班长，也许是淘宝生态赋能团队在某个区域的会长，等等。我们要从商家的角度出发，说清楚为什么商家要来听，解决什么痛点，解决什么问题，好处是什么，甚至要算清楚经济账。然后，我们让他们体验Demo课，并让他们成为新课的代言人。

> 就像出版一本书一样，常常需要一些大咖给这本书写推荐序，这是一种证言模式。当一个新课呱呱坠地的时候，这些种子用户其实就在起这样的作用。

2. 众筹验证逻辑

重复我前面提到的观点，做培训越久，越要放下自己的"经验判断"。一定要尊重数据，尊重目标人群用脚投票的结果。我们的做法很简单，但也很实用，这就是众筹逻辑。

有了课程产品的MVP之后，用正常市面价格的1/4，用正常教学交付时长的1/2，面向老学员做新课众筹。如果众筹成功了（一周时间众筹成功两个班，每班30人以上），课程评分也在4.8分以上（5分制），就进入第二轮众筹。如果不符合这两个条件，就打回去重新研发、重新包装设计，包括内容、知识点、案例、产品名称、文案、卖点设计等。

第二轮众筹，用正常市面价格的1/2，正常交付时长，面向老学员做众筹。众筹成功条件同上。如果符合条件，就进入第三轮众筹。如果不符合，就打回去，重新重复第二轮众筹。

第三轮众筹，用正常市面价格、正常交付时长，面向目标客户群体做营销投放。注意，是营销投放，而不是点对点直接销售。如果符合条件，则进入正式的全面销售。如果不符合，打回去，重新重复第三轮众筹。

这几年，我一直试图给淘宝生态赋能团队带去的很重要的一部分就是，用互联网化的方式去经营自己的业务。什么事情都不要拍脑子，要大胆假设，也要小心求证。有时候有些方式看起来慢，其实是最快的。

（三）营销策略

好的教育培训产品，它的营销一定是内核营销，而不是外在营销。所谓内核营销，就是靠真功夫取胜。什么是真功夫？一个是内容的见地、深度，另一个是学员的成功案例。这两个是定海神针。围绕着内核营销，淘宝生态赋能团队有两个年度的重要营销活动。

学习节

淘宝生态赋能团队的学习节通常是一个三天两夜的大型活动，由主题演讲、Demo课、校友活动、店铺诊断、学员晚会等构成，被淘宝生态赋能团队老学员亲切地称为"校友回家日"。在学习节这几天，我们会为新老学员提供一年一次的折扣入手新课和畅学卡的机会，并借此冲击年度的销售高峰。

虽然学习节我们已经做了几届，但它也在不断迭代。最开始，我们以讲为主，想给学员最多的干货，但发现效果不好，学习太累。于是，我们穿插让学员上去讲自己的案例故事，发现反馈非常好。于是，我们大胆做了调整，学员讲自己的故事就成为学习节的重头戏。但是光讲学员故事也不行，还要再丰富些。于是，我们会请三只松鼠的章燎原、韩都衣舍的赵迎光、小狗电器的谭冲等老学员回来，让他们讲讲自己的创业故事，给大家打气。同时，组织淘宝生态赋能团队讲师给老学员一对一店铺问诊，给大家提供现场答疑服务。另外，利用晚上时间，搞晚会、搞活动、搞论坛，让学员觉得能在这个群体里是特别自豪的事情。我们甚至考虑过，让学员全程筹办这个学习节，真正让学习节成为学员自己的节日。

趋势大会

每年年底，我们会举办另一个重要的营销活动，叫作"趋势大会"。听上去很高大上，对吧？这个大会的灵感，来自每年我看罗振宇和吴晓波的跨年演讲，这种年度总结和年度预测非常有价值，可以帮助我们的学员，跳出自己的行业、自己的企业，站在更高的视野、更宽的时间轴去思考未来的东西。但是，淘宝生态赋能团队能不能做出不一样呢？我认为一定可以。

淘宝生态赋能团队的特色是实践、实操，是草根创业精神，是接地气。我们不像所谓的大会、智库那样，做宏观推演、指点江山，我们要做的和我们的日常一样，去各个行业看各种优秀实践，从这些点滴的商业变化中，总结中国商业的脉动，并思考下一年可能的商业机会。

每年为了准备趋势大会的内容，我们会做很多研究。我们首先组织淘宝生态赋能团队的讲师、学员，做多轮的头脑风暴、研讨，把本年度热点的商业实践、明星企业枚举出来；其次总结这些新现象、新企业背后的普遍成功规律；再次对比新和旧，找到变化的转折之处；最后从苗头中思考下一年的可能趋势。这个过程，和我们平时做一门课的研发思想是类似的，但是会站在一个更高层面。有时候做取舍很难，但是趋势大会只有一天的时间，我们必须给出优先级判断。

趋势大会一般分成两个篇章。一个篇章是淘宝生态赋能团队的各类年度研究，从一个个微观的新锐商业实践引出中观思考。另一个篇章是淘宝生态赋能团队下一年度的课程发布，并以TED的方式做Mini-Demo的展示，用课程给出明年新问题的新解法。

每年的趋势大会都有不少跨行业的大咖主动报名。我特别好奇他们为什么如此感兴趣，后来慢慢想通了，因为像淘宝生态赋能团队这样，通过微观的方式讲宏观的，估计在中国也不多见。

> 我们在为学员服务的同时，无意中，又给中国商业创造了一个新的观察窗口。

（四）产品线策略

对淘宝生态赋能团队目前生态量级的赋能对象而言，试图用一款产品、一类教学模式去满足所有目标学员的学习需求，显然是不现实的。所以，必然涉及产品线布局的问题。

比如，针对广大的中小微企业，可以通过线上的方式实现量的广度覆盖。针对腰部企业，可以通过线下公开课、线下小班的方式去覆盖。针对头部企业，可以走进企业，用内训的方式。这是从商家分层的视角进行的分析。

除此之外，即便针对同一个层级，也要设置阶梯形的转化链路的产品漏斗。比如，腰部企业通常不会与我们沟通一次就付费购买我们的课程。那么，怎么做呢？可能的路径是这样的：

第一步，通过线上直播或线下公开课的方式，让商家对淘宝生态赋能团队有所了解，对相关的课程提起兴趣。这时，直播、公开课就是引流产品。

第二步，当商家有兴趣且留下了跟进线索时，我们的销售同学就去跟进，了解到商家各种的痛点后，可以安排一次一对一的店铺诊断，帮助商家看清问题症结。这时，店铺诊断也是引流产品。

第三步，销售同学建议商家，先尝试购买淘宝生态赋能团队的一个低客单的"名师大班课"，体验淘宝生态赋能团队讲师的干货。这时，"名师大班课"既是引流产品，也是营收产品。

第四步，销售同学继续跟进，商家基于各种考虑，购买了一个我们的正价课程产品，比如"销量破局"。这时，"销量破局"就是我们的主力营收产品。

第五步，商家学后很满意，我们的销售同学、班主任继续跟进，建议商家尝试我们的另一款产品，与流量课程相辅相成的内容课程，比如"内容引爆"。这时，"内容引爆"就是我们交叉复购出来的一个产品，也是我们的主力营收产品。

第六步，商家复购后，依然很满意，我们进一步挖掘，为商家推荐了"畅学卡"（全年学习服务）或"多人卡"（基于次数扣费的综合储值卡）。这时，"畅学卡"或"多人卡"就是我们的高客单营收产品。

> 这个链路，其实也是一种产品组合。无论是面向内部员工的企业培训团队，还是进行商业化赋能的淘宝生态赋能团队，都要去思考产品组合的问题。在商业上，我们讲流量运营也好，会员运营也好，都需承认一个客观现实，即要逐层深入去经营关系、经营信任。对于赋能来说，道理也如此。没有产品线的设计，就不可能产生这样的效果。

（五）产品创新策略

没有一个产品可以包打天下，没有一个产品可以永葆青春。所以，创新是产品运营中必须予以高度重视的话题。没有创新，就没有第二曲线，就没有一个企业、没有一个业务的履带式发展。在本章的最后，我们聊聊赋能产品的创新策略问题。借鉴奥斯本的检核表法（创新九问法），我把它归纳为十个要点。

找到第二应用场景

能否他用，是创新九问的第一问。现有的东西（如发明、材料、方法等）有无其他用途？保持原状不变能否扩大用途？稍加改变，有无其他用途？

培训赋能的产品、场域、技能，他用的场景，极多极多。

比如大型的线下公开课，这是培训的专业语言，但是这个产品形态+业务的场域（比如招商大会、渠道大会），就是一个他用的案例。业务的专长在于业务，不在于影响和激发。如果培训赋能的能力和业务的场域能力结合，就是非常棒的。

比如引导促动，也是培训的专业语言，就是知道怎么营造氛围，怎么垫话，一步步让大家参与进来，交流、探讨、碰撞。如果把这个功夫用在管理者身上，叠加到管理场域，就是如何开好一场会，如何做好一次启动会，如何做好一次复盘。

比如培训的产品，像案例集这种，往往是赋能项目的一个过程产品，但是，我发现很多业务部门很喜欢把案例集引用到Saleskits（销售锦囊），甚至直接当成Saleskits。

反过来的情况有没有，比如将业务的场域用到培训赋能的场域？太多太多了。至少我们目前的很多项目设计，比如业务拓展类、业务经营类，基本上就是沿着业务的实际脉络做抽炼，让工学最大程度上咬合。所以每个业务项目的设计逻辑看上去都不一样。

上面是几个简单的例子。我经常说，我们要把培训赋能的能力，转化成一个业务能力词典。这个转化本身，也是他用的体现。

站在别人的肩膀上往上跳

能否借用，是创新九问的第二问。能否从别处得到启发？能否借用别处的经验或发明？外界有无相似的想法，能否借鉴？过去有无类似的东西？有什么东西可供模仿？谁的东西可供模仿？现有的发明能否引入其他的创造性设想之中？

很多企业的培训负责人和我聊创新的问题，我说方法其实很简单，时下最流行的都是我们可以借用的，拿来主义多好。但是，你对最流行的东西有感知吗？这是问题的关键。很多东西别人都看到了，就你看不到。这就是问题。

其他企业培训团队咋搞的？你对标的头部标杆企业培训团队有哪些？人家天天搞了啥新花样？怎么去了解？看人家的公众号，和人家去聊。你把人家的做法拿过来，放在你自己家的场域里玩，肯定能玩出不一样的感觉。

人家的HR咋搞的？为啥问这个问题？因为培训赋能和HR的本质相通，天天都琢磨怎么影响人、塑造人。去外面看，很牛的HR最近又搞了啥新花样。

这些只是入门级的借用，因为太偏内环。更重要的借鉴，一定是朝外走，做二环、三环的借鉴。

比如商业世界的新场景，比如直播带货，比如短视频营销，比如粉丝、会员、社群、裂变、社区等，这些在商业场景中新流行的玩法，大概率也能借用到培训赋能的场景，因为培训赋能也是商业体的一部分。今天，如果一个教育培训的业务单元，没有自己的粉丝，没有自己的新媒体矩阵，没有自己的营销矩阵，你不觉得后背发凉吗？这就是借用帮助我们得到的关键判断。

比如年轻人的时间消费场景，这个特别值得去研究，也特别有意思。你不得不承认，今天的年轻人每天花4~5小时在手机上做精神消费。这个时间和有效工作时长也差不多了吧？年轻人在玩啥、听啥、看啥、买啥、吃啥、喝啥，你必须得琢磨。对流行的网综，你先别去质疑。如果年轻人爱看，你就得向它学，把它的元素拆解出来，借用到我们的场景里。

当然，借用的难度有高有低。比如玩法，相对容易。但是如果人家搞个系统，搞个顶层设计，你借用的难度就不是一星半点了。

但借用再多，还是要形成自己的思考。就像写PPT一样，堆了再多材料，终归还是要删删删，还要自己讲得顺、讲得通才好。

把"黑暗料理"精神推进下去

能否改变，是创新九问的第三问。现有的东西是否可以做出某些改变？改变一下会怎么样？可否改变一下形状、颜色、音响、味道？是否可改变一下意义、型号、模具、运动形式？……改变之后，效果又将如何？

大家听过黑暗料理吧？你知道这些脑洞大开的菜是怎么琢磨出来的吗？其实就是不断地改变我们对菜的各种认知标签，大尺度地突破。

大家思考过线上培训和线下培训的区别吗？假设都是讲授型的，全程都不互动，你说它改变了什么？对，改变了课堂的介质，这一项就产生了两类教育培训市场。

大班和小班有什么区别吗？新东方的大班，学而思的小班，虽然讲授同样的内容，但是因为坐在下面的人数不同，出现了这两类商业模式。今天的网校也分直播大班和直播小班，同样拆出了两个赛道。

谁说公司里的培训只能在公司里搞？也可以在公司外面，比如酒店、会议中心、培训中心、合作伙伴公司场地，甚至游船上、公园里。只要你赋予它意义，就能做出不一样的效果。

谁说公司的培训只能自己人讲啊？也可以请外面的职业讲师、合作伙伴、客户、消费者或跨行业不相关的人。谁说站在讲台上的那个人必须长那个样子，对吧？

甚至"培训"两个字，也可以改。比如，我们叫赋能，有的企业叫学习发展，有的叫人才发展。比如培训项目，也可以叫体验项目、影响力项目、发展项目，如果你愿意，你也可以叫它2040项目。

> 能否改变，对我最大的启发就是，没有所谓的不可能、不应该、不能够。规则就是用来打破的，最好的致敬就是超越。

Plus本身就是一种价值审美

能否扩大，是创新九问的第四问。现有的东西能否扩大使用范围？能否增加一些东西？能否添加部件，拉长时间，增加长度，提高强度，延长使用寿命，提高价值，加快转速？

教育培训产品，在能否扩大这个问题的思考上，其实有非常多的想象空间。

比如班级人数。我自己实际操盘过，从几十人到百人到几百人到千人到几千人，别看都是线下场，但每次人数升级都是一个全新的产品形态。而且，学员更兴奋，内部团队更兴奋。因为大家都在挑战，也都在见证一个全新的事物。

比如强度。现在的培训，我感觉强度正呈现一个逐步下降的趋势，这可能跟大环境有关，很多班级的设计越来越趋向于讨好学员。但是，为什么不能反其道而行之，加强培训的强度呢？熟悉淘宝生态赋能团队的人都知道，我们的很多产品说是N天，其实基本上就是N天N-1夜。比如四天，就是四天三夜。为什么搞得这么累？无他，让学员感受一种筋疲力尽但又酣畅淋漓的学习体验。体验，是这个时代的教育培训产品最重要的东西。

比如内容构件。典型的学习项目，基本上就是授课、研讨、案例、作业、考试这些构件。但是，为什么不可以融合更多的构件呢？比如跨界的参访交流，场景化任务，客户走访，产业数据分析，外部联合实验等。新的构件会给项目带来新的活力。

> 在Plus的路上，只要你去想，就有非常多可以创新的路子。不要说只有中国人喜欢加长版、加大版，因为这是全世界人民都热衷的事情。培训赋能也一样。

小而美的现世道理

能否缩小，是创新九问的第五问。现在的东西缩小一些怎么样？能否缩小体积，减轻重量，降低高度，压缩，变薄？能否省略？能否进一步细分？

很多人纳闷，第四问刚说要放大，这么快就缩小？

没错，从一个极端走向另一个极端，这就是好玩的地方。你去看任何一个行业，比如车，有标准版，也有加长版，还有mini版。比如T恤衫，有标码，也有小码，还有大码。比如零食，有超大号零食，也有超小号的手掌零食。所谓正常，往往是多数人的选择。但我们不能就说，往大的方向和往小的方向就是错的，因为也许两端还是未来。

教育培训产品也如此。线上课程，从早期的录播课一个半小时、45分钟，到现在流行的10~15分钟，再到8分钟、3分钟、1分钟，甚至15秒。你会发现，永远有人在试图缩短线上课程的时长。这么做的背后不是没有道理。仔细看过学习平台的学习数据后，你就会有更深的体会。

你们公司的培训，标准班额是多少人，是50人、36人、24人，还是18人？当然，你们还可以缩小范围，比如10人或6人。人数少的班，可以把课程做深、做精，当然，不同于人数多的班的教学体验。

教学构件也可以大幅压缩。我们的培训项目，还是讲授的太多。为什么不可以压缩，甚至删掉讲授的环节，让学员的呈现、讨论成为项目的主体呢？如果国外的商学院MBA可以这么做，我们为什么不可以？

教学的主题也可以缩小、聚焦。通常培训的主题范围还是太大了。为什么不能聚焦到一个场景、一个问题呢？哪怕就是一个15分钟的小培训，定点突破一个小问题，不也挺好？

> 能否缩小，本质上不是要刻意做出差异。从人性的角度讲，没有人会拒绝在欣赏壮美河山的同时，去品味一个小小的精致。和而不同，但是美美与共。这是教学培训产品的哲学问题。

用别人的东西做好自己的事

能否代用，是创新九问的第六问。能否由别的东西代替，由别人代替？能否用别的材料、零件代替，用别的方法、工艺代替，用别的能源代替？能否选取其他地点？

我特别喜欢这一条，代用的背后是一种顶层思考逻辑，代的实质是全局下的排兵布阵。

比如培训外包，我觉得这是特别值得反思的商业现象。把事务性的培训运营、培训交付让外部机构承接，而自己专注于教育培训最核心的环节，这就是一种大局观。未来可以外包的东西越来越多，越来越多的东西可以被代用。

一堂课，可以全程一人从头讲到尾。但是，也可以找外援，让外援代自己分享案例，分享知识点，不仅自己轻松，学员感受也不错。

比如沙盘模拟的本质是什么，其实也是代用，对吧？把抽象的道理、业务，用沙盘的可视化、可参与化的方式模拟出来，让大家能够更好地理解、体会。

对一堂课的具体设计，代用的体现也无处不在。比如我们对讲师的要求，一页PPT至少有5种讲法。怎么办？至少可以替换不同的案例，用不同的案例代入来呈现相同的观点。

> 代用的背后，是教育培训产品设计的资源观、大局观。真正的高手用别人的东西做好自己的事。

微调不是改良而是创新路上

能否调整，是创新九问的第七问。从调换的角度思考问题。能否更换一下先后顺序？能否调换元件、部件？能否用其他型号，能否改成另一种安排方式？原因与结果能否对换位置？能否变换一下日程？……更换一下，会怎么样？

如果做教育培训这个行业久了，你就会有这个感觉。如果把A产品和B产品拆开，就会发现二者其实不会差太多。但就是对这些类似的东西，不同的机构在用不同的方式来调校，细微的差别也可能带来巨大的不同。

大家听过星巴克的10分钟法则吗？为了让客户有更好的体感，星巴克在规定的营业时间之外，早开门10分钟，晚关门10分钟。就这10分钟，让星巴克变得和其他咖啡馆不太一样。

我们自己的教育培训产品呢？对学员更狠一点或更好一点，环节设计更松一点或更紧一点，学员的体验都会变得大不同。

我对自己团队的要求是，每次做项目都要做体验评审。评审什么？其实很多时候都是各种细节的调校，目的是让学员感受到丝丝入扣的设计感、体验感。

> 永远没有最好，这是重要的一条。就像车一样，永远可以调校到更好状态，千万不要自我设限。

反向出发找到另一条大路

能否颠倒，是创新九问的第八问。从相反方向思考问题，通过对比找出不同，成为萌发想象的宝贵源泉，启发人的思路。颠倒过来会怎么样？上下是否可以颠倒过来？左右、前后呢？里外呢？正反呢？能否用否定代替肯定？

能否颠倒，再简化一下，就是逆向思维，从反向去思考问题。如果一件事情大家认为是对的，我们就要想它为什么不能是错的。如果一个东西是黑白色的，我们就要想它为什么不能是彩色的。一件事情是稳定不变的，我们就要去问它为什么不可以变。其实不是没事儿找事儿，而是锻炼我们的思维能力。

给大家举个例子，比如管理类、领导力类的课程，最近有两个话题挺火，一个叫"逆向领导力"，另一个叫"向上管理"。大家品品，其实它们都是在挑战传统逻辑。传统上，年长的人教导年幼的人。但是现今社会变化太快，理解年轻人变得越来越重要，所以年长的人，甚至需要让年轻人当自己的老师。看似反常识，其实是真常识。传统上，我们认为管理是由上至下的，但是为什么不能切换到员工视角，让员工成为管理的主体，进行向上管理呢？从这个视角看，向上管理当然有广泛的需求。这就是逆向思考的价值。

其实，有很多东西可以去挑战，只是我们不愿意去尝试而已。比如以讲师为中心，还是以学员为中心，就是两个极端。以讲师为中心，讲授的占比自然就很大。以学员为中心，案例法、行动学习、体验环节、呈现环节等占比自然也就很大。采用这两个极端的指导思想，做出的教育培训产品自然也不一样。

当然，还有很多。比如教育培训产品的付费逻辑，是先付费再学习，还是先学习再付费？是学员退费机构被动响应，还是机构根据学员情况主动发起退费？是线上课程配置大量线下实物教辅，还是线下课程配置大量线上测评辅导？这些都不是推理想象，而是一个个真实的教育培训打法。

> 所以，永远不要觉得自己是对的，行业领头羊是对的。从反方向出发，也许能找到另一片大陆。

交叉创新永远不会错

能否组合，是创新九问的第九问。从综合的角度分析问题。组合起来怎么样？能否装配成一个系统？能否把目的进行组合？能否将各种想法进行综合？能否把各种部件进行组合？

混合学科、交叉学科，是能否组合的学术化呈现。对于教育培训行业来说，我们要去关注的，就是如何把教育培训和传统意义上的非教育培训做有机融合，去形成全新的品类、模式。

比如少年MBA项目就是一个挺有意思的产品。人群和产品看上去是错配，完全是两个市场、两个产品族，但是细想一下，好像又不错。二者组合在一起，也是个细分市场。

比如培训和咨询，本质上也是两个行当。现在不少公司，推出培训+咨询的组合包，这也是一种组合式创新。

比如向XX学领导力。向历史学领导力，是历史学和领导力两个学科的组合。向体育竞技学领导力，是体育学和领导力的组合。剧院、油画、军队等题材的领导力话题，本质上也是组合。

> 我认为更应关注的还是工学结合的产品。工作场景和教育培训产品深度融合，包括工作系统和学习系统的融合。融合一定是比组合更高阶的一种选择。

昨天的最好表现是今天的最低要求

前面的九问，围绕奥斯本的检核表法展开。我相信大家做了"思维拉伸"，一定会有很多新的想法。

> 第十个要点，我引用的是阿里巴巴的一句土话，也是我个人非常笃信的信条：所有的创新本质上都来自对现实的不满、对未来的不甘。当一个人、一个企业对现状满意时，基本上也就到了衰落的起点。

对于每个新的培训产品，我们要问问自己，这个产品的体验和上一个产品的区别在哪里。必须给自己一个明确的理由让自己热爱上这个产品。对于每个新的培训项目，也要问问自己，我们是否创设了新的体验，我们是否为这新的体验抱有期待。

说了这么多，都是最简单的，不涉及任何专业的东西。但是长期看，这又是创新里最难的东西。

扫码即可阅读"我写给团队的邮件"

第六章
腿部三板斧之师资

在不同的场合，我都提到过一个观点。师资对于淘宝生态赋能团队来说，既是课程内容的贡献者，也是课程的最终交付者，亦是淘宝生态赋能团队品牌的代言人，简而言之，讲师是淘宝生态赋能团队最重要的资产。今天，淘宝生态赋能团队创造的广泛的社会影响力、成功的商业化业务，都离不开淘宝生态赋能团队讲师在其中发挥的关键作用，淘宝生态赋能团队讲师的作用怎么强调都不为过。

企业培训团队的讲师通常是内部员工。而淘宝生态赋能团队、支付宝生态赋能团队的讲师，他们不是阿里巴巴的小二，他们是商家、是服务商，和淘宝生态赋能团队、支付宝生态赋能团队是合作关系。如何运营好（而不是管理好）师资体系，是一项艰巨的挑战。

我常和做师资运营的同学说："你们这块工作就是淘宝生态赋能团队的人力资源部，你们管着几百号员工（几百号讲师）。而且，准确地说，你们不仅是和几百个人打交道，而是代表淘宝生态赋能团队在和几百家公司打交道（很多讲师，都是公司的创始人、CEO或中高管）。"

接下来，我和大家介绍下淘宝生态赋能团队、支付宝生态赋能团队的师资运营体系。

一、师资招募

师资的招募涉及几个问题：我们希望招募什么样的讲师，我们吸引讲师的利益点是什么，我们如何触达目标讲师群体，我们的招募流程是怎样的。

（一）讲师画像（讲师招募JD）

阿里巴巴有句话，"我们要什么，不要什么"。这个不论对于讲师招募，还是师资运营，抑或是淘宝生态赋能团队的整体运营，都是至关重要的。

我们到底要什么样的讲师？我们必须清晰地表达我们的观点。

经过十多年的发展，淘宝生态赋能团队虽然在师资策略上前后踩了不少坑，几经反复，但最终统一了大家的看法。

第一，我们希望讲师所在的公司/店铺，在一个行业或一个细分类目中，能够证明公司/店铺的行业地位。 比如TOP店铺，增长最快，体量较大（至少店铺年销售额过千万元）等。这是实打实的硬实力。如果讲师光有热情，店铺做得还不大，我们会建议他回去把店做起来再来报考，这也是对他、对淘宝生态赋能团队负责。

第二，我们希望讲师能够在某个商业领域有所专长，有一套自己的方法。 不一定是综合的商业运营能力，哪怕是一个具体的方面，比如运营、推广、美工或客服，要有自己的"长板"。我们特别喜欢那些愿意钻研技术，并以此为乐的商家。

第三，分享意愿比分享能力重要，有成人达己的愿望。 分享不一定指的是授课，还有帮带公司内部的员工，以及外面的客户、同行，都是分享意愿的体现。我们不欢迎"独"的人。

第四，价值观正派，不搞"黑灰"产业和"黑灰"玩法，没有劣迹。 一个商家，如果曾经搞过"黑灰"，赚过所谓的快钱，就很难再踏踏实实做事了。这样的人，从源头上，就要排除掉。

这是招募时我们设定的讲师画像。当然，这个画像和我们对于已进入的讲师画像是不一样的。核心区别主要在分享能力上。我们对于已进入的讲师有非常充分的专业自信，能够把一个有电商实操但不会讲课的人，培养成又会实操又会讲课的人。授课能力是可以培养的，但是商业的嗅觉、商业的能力，更多是靠选出来的。

（二）讲师权益

讲师招募，和公司招人是一样的，是双向选择的过程。你喜欢人家，人家喜不喜欢你呢？淘宝生态赋能团队也如此。我们也在不断问自己，我们凭什么能让好商家把橄榄枝伸向我们。

淘宝生态赋能团队要做好以下几件事情。

第一，把淘宝生态赋能团队讲师群体打造成中国最顶尖的电商圈子。保持筛选的严格，保持淘汰的严格，让所有讲师感觉到这是一个精英聚集的圈子，而不是一个大杂烩，让每个人以加入这个精英群体为荣。

第二，让淘宝生态赋能团队讲师间能够相互碰撞、学习，让讲师个人获得成长。做商业需要十八般武艺，但是每个人都尺有所短、寸有所长。要创造各种链接机会，让讲师间相互学习，让每个讲师都成为更好的自己。

第三，让每一分付出都得到公允的回报。因为我们的讲师在百忙之中花时间支持研发、支持授课，所以我们的课酬、激励等要具备足够的市场竞争力。

第四，让讲师因淘宝生态赋能团队而不同。淘宝生态赋能团队不涉及具体行业的业务运营，也不会给讲师所在的店铺以特殊的资源支持。但是，作为链接商业生态千万量级商户的平台，我们乐于把有能力、有热情、有爱心的讲师打造成行业标杆，让他们得到更多曝光的机会，帮助他们在业务上实现更大发展。

第五，让先行者感召后入者。前面的四条，如果光靠我们自己说，公信力是不足的。那么，就让先期加入的讲师受益，让他们变得更好，自然地，我们就能吸收一批又一批的新鲜血液，实现正向循环。

对师资运营这块的工作，前面五条就是我们工作的价值观。工作细节千千万，当难以做抉择的时候，我们就用这五条做标尺、做判断。

（三）招募运营

在明确了我们想找什么样的讲师后，接下来就是如何把我们的"求贤若渴"放之四海。如果消息发不出去，再好的想法也没用。

在每一年的讲师招募启动之前，我们都会和我们的核心讲师、校董会，一起探讨当年的师资招募策略。现在我们的很多玩法，都来自这些讲师的智力贡献，是这些智囊团帮我们一步步丰富起今天的淘宝生态赋能团队师资运营。

关于招募渠道，我们的路径包括以下五类：

基本盘。目前有300位淘宝生态赋能团队讲师是我们最可靠的传播力量。他们本身在各自行业就有一定的影响力，讲师的同行、讲师所在企业的优秀骨干，都是可以发动的力量。如果他们愿意替淘宝生态赋能团队发声，就足以掀起一阵波澜。对于那些给淘宝生态赋能团队贡献很多新讲师的老讲师，我们也会不吝送出"举贤奖"。

拓展盘。淘宝生态赋能团队每年培训的商家学员数以百万计，其中线下班直接触达、较深度链接的就超过十万人次。在这些学员中，不乏很多TOP店铺或特色店铺的操盘高手。通过班主任和校友会，我们可以去激活里面的有生力量。从淘宝生态赋能团队学员到淘宝生态赋能团队讲师，这个感召很有力量。

激活盘。每年报名淘宝生态赋能团队讲师的商家有3000~4000人，但最终录取的不到100人。这些未被录取的,未必不优秀。不少淘宝生态赋能团队讲师,都是经过3年、5年锲而不舍地考淘宝生态赋能团队,才最终考进来的。所以,对于每个历届候选人,我们每年都会做一次召回动作。我们希望把那些一直奋力进步的商家挖出来,不辜负他们的每份努力。

营销盘。借助淘宝生态赋能团队、支付宝生态赋能团队的媒体矩阵,比如微博、公众号、千牛号、头条号、抖音号等,向广大商家传递我们的英雄帖。同时,借助我们合作伙伴的渠道,去做进一步的目标人群触达,争取实现目标人群的多重覆盖、高频触达。

专项盘。除了前面四类,对于每个行业类目的TOP商家、新锐高成长商家,我们都会列出名单定向地点对点开发。不坐等客来,而是主动出击。

接下来,我们聊聊招募中如何传递信息的问题。

一段文字在今天这个信息泛滥的时代,显然是软弱无力的。图文并茂已经是一个必需的要求。即便如此,好像也不够能吸引眼球。还能怎么做呢?

一定要借助短视频和直播的力量。商业世界的带货如此,讲师招募亦应如此。

一些颇具行业影响力的讲师,会录制一段VCR,说说自己成为淘宝生态赋能团队讲师后的变化,用自己的故事,感召更多人成为淘宝生态赋能团队讲师,成为同行者。

这些图文、短视频会成为传播的素材,但是还不够。因为光看,没有参与是不够的。

所以,我们还有直播环节——淘宝生态赋能团队讲师招募的线上路线。大咖、高手滚动亮相,分享商业故事,分享个人体会,更为淘宝生态赋能团队代言,为淘宝生态赋能团队带讲师。

很多人不理解,淘宝生态赋能团队已经有了这么多招募渠道,何必还搞这么多动作?

我从不认为这些动作是多余的。我们在招募讲师、考核讲师的时候,讲师何尝不在观察我们、考核我们?

报名表格是否简单、易填、人性化?招募过程是否引人关注?讲师权益(卖点)是否突出?客服工作(答疑)是否到位?会员运营是否张弛有度?线上线下体验是否一致?老客(老讲师)口碑如何?……

通过淘宝生态赋能团队的各个细节,讲师在打量着这个未知的团队。还是那个关键词——"经营"。师资工作,不是管理,是经营。师资招募,亦需要经营。

(四)选拔流程

每一年,一个商家从报名到成为淘宝生态赋能团队讲师需要打通好几关。

第一关,**资料关**。主要考核店铺的经营情况,以及讲师的从业经历。我们会认真看每个报名者的店铺数据,除非不满足基础门槛或涉及作假、虚报的,我们都予以通过。

第二关,**线上关**。每个候选人要录制一个30分钟的视频,包括5分钟的自我介绍及课程串讲,25分钟的对某个知识点的详细讲解。从资料审核通过,到最后提交合格的视频,大概要筛掉2/3的候选人。不是每个人都愿意耐心准备课件并录制一个线上课,这一关就把不太"虔诚"的候选人筛掉了。以前我们要求提交的视频可以是PPT录屏的模式。后来我们更进一步,让候选人不能使用PPT,只能对着白板讲解自己的内容。考核标准更高了,筛选的质量也大幅提升了。对所有提交的线上视频,我们会组织非常庞大的评审组，从淘宝生态赋能团队小二、业务小二、淘宝生态赋能团队讲师到商家学员，3个评委一个小组，共同打分，选出潜力选手。通关分数线是3.5分（5分制）。能通过线上视频评审的候选人，常常不到1/3。

第三关，**线下关**。所有通过线上评审的候选人，会集中被邀请到杭州西溪园区，参与我们的线下评审。2020年，因为疫情的原因，我们改为线上直播会议的方式。线下评审会按候选人的申报主题，平行分为8~10个会场。每个候选人有40分钟的时间展示自己，包括5分钟的自我介绍及课程串讲，25分钟的对某个随机知识点的讲解，10分钟的交流互动。每场5个评委，取平均分作为最终的考核分数。通关分数线也是3.5分（5分制）。各个主题方向的通过率会略有不同，但大体是30%~40%。

通过了这些，候选人就可以拿到光灿灿的讲师工牌了？还不行。

第四关，**集训关**。通过前面三关，所有拟招募的讲师，都要来杭州参与我们的师资特训营，也就是我们的"试金石"项目。只有通过的，才能最终和淘宝生态赋能团队、支付宝生态赋能团队签约，成为我们的认证讲师。

每一年，讲师招募会花上我们不少精力，但我认为这是特别值得的。

第一，通过这种方式，我们向新讲师传递了我们的态度。我们认真了，别人才会认真。

第二，通过这种方式，我们让老讲师看到，我们不断纳新的决心。没有人可以吃经验的老本，在淘宝生态赋能团队里，不进则退，没有"世袭"的讲师。

第三，通过这种方式，我们让参与评审的业务小二、业务合作方看到我们的专业能力，还听到不同的新商业话题，拓展公司内外部的合作机会。

第四，通过这种方式，我们让淘宝生态赋能团队的商家学员看到，我们如何用心地选拔讲师，他们对淘宝生态赋能团队的课程、淘宝生态赋能团队的产品就有了更强的信心。

第五，通过这种方式，我们让商业圈子看到，还有一群人在傻傻地坚持赋能这件事，让大家相信学习的力量，相信赋能创造商业价值。

做好、做深、做透一件事，就有机会顺带做成好几件事。对这个道理，我深信不疑。

二、师资培育

当一个优秀的商家成为淘宝生态赋能团队、支付宝生态赋能团队的一名讲师时，他的内心通常是有点忐忑的。从"干得好"到"说得好"，这个距离可能比店铺从5000万元干到1亿元难太多了。其实，当他们正式加入这个新的集体时，我们已经为他们准备了一系列丰盛的精神大餐。

"前菜"就是我们前面在招募环节说到的"集训关"，我们3天2夜的"试金石"项目。讲师8人左右一组，我们会为每组配备一个资深讲师作为导师。第一天白天，主体是导师自己的经验分享，分享自己的蜕变过程，分享自己成为淘宝生态赋能团队讲师的喜怒哀乐。从第一天晚上开始，每个讲师挑选一个主题，研发一个3小时时长的课件。导师会带着小组内的讲师，一轮轮打磨脑图和课件。第二天，以组内PK赛为主，做组内的相互拍砖，上午一轮、下午一轮、晚上一轮。第三天，全班大PK，每组选派两个种子选手参赛，全班一起赛，并票选最佳选手、最佳团队、最佳讲师。在整个过程中，主体就是以赛代培，让讲师在一轮轮比赛中快速地熟悉课程开发和课程讲授。很多讲师在这三天都睡不够10小时，白天黑夜都在改课件、磨课件，几乎脱了一层皮。但是，这段经历常常成为他们引以为傲的一段故事，他们相互间也建立了革命般的友谊。

"主菜"。在讲师通过"集训关"成为淘宝生态赋能团队的认证讲师后，师资培训的主菜才刚刚开始。一个好的淘宝生态赋能团队讲师，一定要具备六个能力，由浅到深分别是：课程讲授能力—课程开发能力—经验萃取能力—引导促动能力—讲故事能力—绩效改进能力。

所以，围绕这六个能力，我们会邀请淘宝生态赋能团队的资深讲师和国内顶尖的培训机构，给讲师培训赋能。与我们合作过的很多培训机构都惊呼，你们这是按专业队的水准来培训这批商家啊！没错，就是要按专业、职业讲师的水准，来打造这批淘宝生态赋能团队、支付宝生态赋能团队的讲师。

"辅菜"。除了集训，日常的讲师赋能也是必不可少的，学习必须保持频率，要分散到日常。在淘宝生态赋能团队、支付宝生态赋能团队的官方讲师群中，每周会做两次的线上群分享。每个讲师都有机会在全部讲师面前，分享自己在电商/新零售方面的实战经验。很多讲师坦言，给学员讲课不紧张，但是给其他讲师讲课特别紧张。因为大家一边在学习，一边也在评审你讲得好不好。在这个过程中，我们发现了很多潜力新秀，我们也在物色讲师。当然，除了讲师间的相互分享，我们也会不定期邀请业务小二、行业专家给大家"加餐"，让讲师获得充足的营养。

"甜点"。淘宝生态赋能团队目前开设的课程特别多，很多淘宝生态赋能团队讲师也特别希望能去听听课程，向不同的讲师学习。我们给讲师提供了旁听课程的机会，让他们近距离地观摩其他讲师的风采。但是，旁听不是免费的，必须承担一定的助教工作，还要提交学习报告，这样才不枉费这诚意满满的"甜点"。

光靠上面这些，只能说把讲师的脑子武装好了，但是如果讲师真的走上讲台，还会出现各种各样的问题。所以，淘宝生态赋能团队的"帮带"机制，就起到了辅助新讲师落地的作用。

我们从淘宝生态赋能团队的优秀讲师中，选出那些商业综合能力强、授课评价良好、有帮带新人意愿的讲师，组成我们淘宝生态赋能团队的导师团。新讲师可以自愿选择一位老讲师作为自己的导师，并结对子。当然，为了不给老讲师太大的负担，每个老讲师限带3位新讲师。如果报名的新讲师太多，老讲师可以自己从中选择。未被老讲师选中的，可以继续选择其他的老讲师。很多新讲师从一入淘宝生态赋能团队，就开始物色自己的导师，这种精神头特别好，我们就喜欢这种有主动精神的讲师。

结好对子后，老讲师要日常指导这些新讲师的备课，甚至在头三次线下交付中，还要帮新讲师做助教。上完课后，第一时间做复盘。当然，我们对老讲师也有激励，如果新讲师在头三次线下交付中能拿到5分，我们还会追加奖励。还是那句话，让付出的人有公允的回报。

对讲师的培训，不能光是"讲师"这个维度的，也就是如何备好课、如何上好课，还要记住他们的身份——商家。我们要利用好各种资源，让这些优秀的商家在商业方面成长得更快。这样，他们才会和我们走得更远。

三、师资调用

（一）讲师排课

任何一个教育培训机构，在大体量讲师和更大体量排课的场景下，如何排课都是一个大难题。因为看似有无数种排列组合，实则又有各种各样的限制条件。

比如**时间变量**。因为淘宝生态赋能团队讲师的主业是商家，所以他们的可排课时间就各不相同。有的是老板、CEO，时间相对灵活一些。有的是电商总监，可能只在周末或非大促节点的时候才方便。有的讲师希望稍微多讲些课，有的讲师只接受每月1~2场排课。

比如**主题变量**。讲师毕竟都有自己的主攻方向，不可能都是全能选手。通常，讲美工的讲师，讲不了运营；讲运营的讲师，讲不了推广；讲推广的讲师，讲不了客服；讲客服的讲师，讲不了内容；等等。所以，看上去几百个讲师，但如果分到各门课程上，就容易出现"贫富不均"的现象。

比如**地域变量**。对讲师来说，授课是成本，上课来回路上的时间也是成本。有的讲师希望就近排课，或飞机当天往返，有的则不在意跑来跑去。我们要尊重讲师的个人意愿。

比如**客户变量**。当淘宝生态赋能团队的业务线越来越多时，在不同业务场景下，学员的分层分化也就更明显。有的讲师比较擅长和大企业、大品牌打交道，比较适合上内训的课。有的讲师实操能力比较强，沟通方式也比较接地气，比较适合腰部商家的培训场景。有的讲师不善讲解但长于回答问题，比较适合店铺诊断的场景。哪怕是同一个主题，学员群体变了，也要考虑调换讲师。

在这么多变量的情况下，排课非常考验淘宝生态赋能团队、支付宝生态赋能团队中台同学的能力。首先，我们是否熟悉每位讲师，知道每位讲师的背景、行业、主讲方向、长短板、授课风格等。

借鉴阿里巴巴的"政委"制度，我们在淘宝生态赋能团队内部，也实行了HRG（人事专员）制度。中台的每个同学要负责做15~20位讲师的

HRG。我们要求每个HRG，每个月至少与所负责的讲师有一次一对一的沟通，面聊或电话均可。要了解讲师店铺的经营情况，他个人的工作/生活动态，他擅长的领域，他关心的话题，他最近的可分配时间，他对淘宝生态赋能团队各个业务线的评价，等等。HRG要真正做到讲师与淘宝生态赋能团队链接的第一接口人。沟通频率非常必要，由此建立的信任关系，对于后续的各种讲师应用场景都会起到非常大的作用。

每位讲师的风格都不一样。有的人偏内敛，有的人更主动，有的人喜欢自己做事，有的人喜欢扎堆做事等，风格不一而足，这是在几百位讲师群体面前，我们必须正视的现实。如果平均分配所有的授课机会给所有的讲师，那么不但前面的那些变量不允许，实际上也很难落地。所以，我们要和讲师讲清楚，我们要什么，不要什么。

我曾经说过："淘宝生态赋能团队、支付宝生态赋能团队就是个生态。不同的业务线，不同的授课主题，就类似于不同的小生态，就像森林、草地、丘陵、湖泊、河流、大海一样。你要在里面找到你喜欢、擅长的小生态。然后，抓住一切机会，向阳而生，茁壮成长。与之相对地，如果你总是被动地等待，就一定会被这个生态所淘汰。"

我们自己的学员，也曾经有过不理解，说："安老师，这些被动的，但是有才华的讲师，如果他们最后被淘汰了，会不会很可惜？"我说："淘宝生态赋能团队的指导思想，叫作商家帮助商家。大家体会一下，这个帮助的动作，一定是主动的。这种主动分享精神，成就了淘宝生态赋能团队，也成就了淘宝的生态。如果反过来，商家等着被别人帮助，那么这个生态大概率就死了。所以，不要可惜，也不要留恋。要去找到味道对的讲师，并让他们吸引更多相同味道的人。"

这么说，并不意味着淘宝生态赋能团队要变成一个冷漠的、竞争残酷的地方。我们的HRG，要去熟悉每位讲师，要创造各种机会让讲师参与进来。双方之间的每一次沟通，其实都是一次激活的动作，都是讲师进一步参与淘宝生态赋能团队活动的催化器。我们也设立了"活跃度"机制，通过研发、投稿、授课、活动等，给讲师计积分，并设定了年度考核线。

多数淘宝生态赋能团队讲师都是热情参与的，但确实有少部分讲师因为工作原因、个性原因等很少参与淘宝生态赋能团队的日常。对于这些讲师，我们也只能遗憾地与他们分手。

（二）三个原则

在日常我们调用讲师的时候有三个原则，这基本奠定了淘宝生态赋能团队师资调用的主体框架。

第一原则，基于课程认证讲师。 淘宝生态赋能团队讲师各有所长，但是，不意味着讲师擅长某个话题，就可以直接去讲某个话题。对于不同的课程，我们会首先发起课程研发项目，讲师要先报名研发，然后在研发过程中通过授课评审，才有资格去讲授淘宝生态赋能团队的某门课程。这样，可以最大限度地保证淘宝生态赋能团队课程交付的统一性、标准化。当一个课程的轮换讲师出现不足时，我们会继续认证新讲师。这些新讲师，同样要参与这门课的迭代研发，了解这门课的设计逻辑，还要经过授课评审，得到认证，才能去交付这门课。如果大家对为什么这样做还不理解，不妨翻到前面"课程"一章，再体会我说的课程研发思想的问题。

第二原则，讲师排课天数封顶。 在我做淘宝生态赋能团队的中台时，定过一个"硬杠杠"，即不论多优秀的讲师，无论业务线有多迫切，每个讲师每个月排课天数的上限就是6天。想超限，必须走种种复杂的审批，说到底，就是不让讲师超排。

很多同学不理解，特别是业务同学：讲师明明自己也说有时间可以排课，客户指名就要听这个讲师的课，销售同学都已经承诺客户了……种种理由，统统都被我挡了回去。为什么我要做这个坏人？

我反复地、不厌其烦地和同学们讲，我们淘宝生态赋能团队，要做百年老店，所有的设计都要考虑长远。我们的讲师核心标签是商家，是泡在一线、接地气的商家。他一个月在我们这上6天课，加上路程时间，差不多就要12天，已经对他的主业有比较大的影响了。如果排课天数再多，他不就变成职业讲师了吗？这样的以讲课为主业的讲师，是淘宝生态赋能团队要的吗？是客户要的吗？

今天，我们看上去好像满足了当下的需求，客户需求满足了，业务团队的KPI（关键绩效指标）满足了，讲师好像赚了更多课酬。我说，如果我们这么干，我们就是涸泽而渔，透支了淘宝生态赋能团队的未来。

第三原则，讲师轮动排课。我前面提到过，淘宝生态赋能团队讲师授课，我们为讲师提供了很有竞争力的课酬，应该让讲师的辛苦付出得到公允的回报。但是，毕竟涉及经济利益，如果某些讲师授课多，有些讲师授课少，必然会引起讲师之间的猜忌，也容易引发小二和讲师间的腐败隐患。

所以，通过课程认证的所有讲师，原则上在时间可安排的情况下，轮流排课。当然，如果某位讲师的评分比较低，我们也会减少他的排课，让他去旁听其他讲师授课来进一步打磨自己的教学能力。

讲师调用真的是个很得罪人的工作。中台的同学必须守好原则，把一碗水端平，才能真正赢得讲师的尊重和信任。

（三）运营干预

有人的地方就有江湖。业务线喜欢用熟悉的老讲师，老讲师之间也相互抱团，这些都是无可厚非的人之常情。但是，作为中台体系的建设者和管理者，我们必须清楚这些情况，并做出必要的干预措施。

比如，我们在招募课程研发的讲师时，强制要求新讲师的占比至少达到1/3，当新讲师报名人数较少时，我们还会主动去挖掘新讲师。为什么？我们要为新讲师创造崭露头角的机会，让他们的声音有机会被听见，让他们的才华有机会被发现，让他们有机会走到讲台的中央。这对于老讲师，也是一种鞭策。

比如，我们每个月会盘点各条业务线的讲师使用情况，同时，拿出全部讲师名单，去盘点他们在当月的活跃度情况。我们会格外关注新讲师的情况。如果有人一个月都没和淘宝生态赋能团队有过一次互动，HRG就要及时去了解情况，看看究竟是什么原因，并在下个月为他多创造一些参与机会。

比如，讲师的调用、讲师的盘点，要和讲师的招募工作联动起来。与课程的产品线对应的，其实是淘宝生态赋能团队在每个话题方向的师资储备。当盘点发现供给缺口的时候，要及时联动招募端去做扩容，发展新讲师。如果发现课程需求下降，讲师排课饱和度过低，则要及时去分析原因。如果市场需求持续下降，要及早建议讲师调整课程方向，补给到其他的业务场景，这里必须有一定的前置性。所以，运营师资的同学，必须盯着市场，看着业务，同时还要对讲师的家底"门儿清"，才可能做好这个大后方的工作。

师资运营管理和企业管理其实是一模一样的，劳心劳力，完全按市场经济不行，完全按计划经济也不行。在坚持大原则的基础上，尽量做到公平，尽量做到问心无愧。

四、师资激励

阿里巴巴有句话，一直渗透到我们这个团队每个人的每根毛细血管："**一群有情有义的人，一起做一件有意义的事。**"对于讲师来说，志同道合，共同愿景，是凝聚这个群体很重要的内核。

对于讲师来说，课酬是对于他们辛苦付出的公允回报。但是，如果只是靠物质激励来吸引人、凝聚人，这就是一个"团伙"，而不是个"团队"。

我们曾经淘汰过一些师资运营的小二，因为他们简单地把讲师运营和讲师排课、讲师发钱画了等号。有这种思想的人，很难做好赋能的工作。他们理解不了"用商业化的手段做公益的事业"，他们脑子里的惯性是把问题做简单片面的归因，而不去思考人性，不去思考社会性。

我们也曾经淘汰过一些很优秀的讲师，他们把在淘宝生态赋能团队里上课当成了一种交易——"我付出时间，你付我课酬。"所以，我喜欢的课就上，我不喜欢的课就拒绝。容易出名的课就上，不容易出名的课就推掉。距离近的课就接，距离远的课就拒绝。对这类讲师，我们充分予以理解，因为这是真实的人性。但是我们这个集体，不欢迎这样的讲师，因为我们不是同路人。

理解了我上面讲到的"要什么，不要什么"，大家才会理解我们的很多师资运营动作背后的出发点。将其抽炼成一句话，就是本着"商家帮助商家"的精神，在成就他们的路上，同时成就自己。

在每年的教师节，我们都会安排一个环节，请老讲师讲讲自己和淘宝生态赋能团队的故事。你会发现，他们讲得最多的，往往都是和学员相处的故事。某个学员的店铺马上就要做不下去了，借了朋友的钱来报名淘宝生态赋能团队的课，当作给自己最后的一个机会。在听完讲师的课后，他又重新鼓起了再次出发的勇气。某个学员培训结束后回到家乡，立志用电商帮助父老乡亲卖出家乡的土特产。可理想每每碰壁，苦于无解，他来到淘宝生态赋能团队，听懂了，高兴了，不是为自己，而是为自己的乡里乡亲。某个学员，差点都快被忘记的时候，给讲师来了个电话，汇报自己学习之后店铺的变化。电话一边是欢呼雀跃，而电话另一边则是幸福的眼泪。

在淘宝生态赋能团队里，我常常和团队开玩笑，我们这群人做着最俗气的事儿，教人怎么赚钱，但是也在做着最高尚的事儿，因为只有赚到钱了，才能让千千万万个家庭过上好日子，未来有奔头。

在最早的淘宝生态赋能团队，讲师付出的纯粹是义务志愿劳动。除了路费给报销，讲师在零课酬的情况下，奔赴全国各地，上山下乡地给广大商家传递电商经验，一干就是好几年。很多老讲师回忆这段经历时，都会动情地说，因为我们是草根，所以我们特别理解草根的不容易，困难的时候，就是应该相互给予温暖。当他们成长起来时，我相信他们也会去帮助其他人。每每听到这些，我的内心都涌动着一股暖流，我为与这样一群高尚的人同行，感到无上自豪。

现在，当然不可能再让讲师无偿劳动了。但是，我认为凝聚淘宝生态赋能团队讲师的魂不能丢。

淘宝生态赋能团队有些很有意思的奖项，这些奖项也在表达着我们"要什么，不要什么"。

"5分俱乐部"。在淘宝生态赋能团队的评分体系里，常用5分制。一般来说，能拿到4.8分或4.9分就已经是很不错的成绩了。但是，有些讲师特别突出，居然可以拿到5分的成绩。这其实代表了学员的极大认可。对所有曾获得5分的讲师，我们都会给予他们一个荣誉，这就是"5分俱乐部"。这代表，他们已经是淘宝生态赋能团队在某个课程方向上最受欢迎的讲师。

"教学相长奖"。这个奖授予那些认真帮带新讲师成长的老讲师。帮带新人很辛苦，要花很多心血，而且相比自己授课还不赚钱。但是，就是有一批老讲师，愿意身体力行，把淘宝生态赋能团队讲师的专业度、精气神传递下去。对于这些具备奉献精神的老讲师，我们会致以崇高的荣誉。

"教学公益奖"。在淘宝生态赋能团队里，我们有非常多的公益教学场景。比如，给监狱即将刑满释放人员的培训，给戒毒所人员的培训，给边远地区魔豆妈妈（泛指身处逆境，但积极向上的母亲）的培训，给非物质文化遗产传承人的培训，给残障人士的培训，等等。在这些公益场景的培训中，淘宝生态赋能团队没有任何商业化收入，讲师也没有一分钱课酬。但是，还是有一批批讲师主动积极报名参与，并认真对待每个学员。这种公益精神和社会情怀，也是我们大力颂扬的。

"春蚕丝雨奖"。这是淘宝生态赋能团队讲师群体中的年度最高奖项。授予那些授课量、授课评分、研发贡献、活动参与、学员口碑皆佳的优秀讲师。每年仅授予5位讲师，他们代表了全部淘宝生态赋能团队讲师的最高水准。这些"春蚕丝雨奖"的获得者，也将被淘宝生态赋能团队纳入各种"校董会"，成为淘宝生态赋能团队发展的智囊团、参谋团。

激励，有正面激励，也要有负面激励。几百人的讲师队伍，难免有和我们气味不相投的人。以下这些情况，就是我们的高压线：

- 以淘宝生态赋能团队讲师的名义，在外面招摇撞骗的；
- 在店铺经营中，从事黑灰产业的，或者使用黑灰手法的；
- 对学员做不当引导，为自己谋利的。

淘宝生态赋能团队有专门的品控团队。我们对讲师报以最大的信任和最大的善意，但是也坚决地捍卫淘宝生态赋能团队讲师的品牌和荣誉。

五、师资汰换

对淘宝生态赋能团队的师资运营，我一直坚持"活水"的原则。流水不腐，户枢不蠹，要让讲师群体流动起来，不断引入新鲜血液来激发活力，也要不断地淘汰不适合的人。只进不出，只会让一个团队变得臃肿，效能越来越低下；而只出不进，也就丧失了面向未来储备厚度的能力。必须有进有出，才能达到一个比较好的平衡状态。

每个月我们都会做人才盘点，对于不太活跃的讲师进行定向激活。每个季度我们都会给全部讲师通晒当季的活跃度情况。每个年度我们都会基于年度活跃度的情况（包括授课、研发、活动、投稿等多个方面），对讲师进行分层。

第一层，年度免检。这是什么意思呢？淘宝生态赋能团队讲师实行"年审"制度，讲师持证的有效期是一年，到期必须重新年检。对于特别优秀的讲师，我们直接授予"绿色PASS卡"，可以直接续签下一年的讲师协议。这部分讲师可以占到全部现有讲师数量的15%~20%。

第二层，重新认证。对于满足一定年度活跃度的，但又达不到免检标准的讲师，我们会邀请他们进行年度的重新认证。但是，考虑到老讲师已经具备较好的能力，我们会简化流程，省略前面的资料关和线上关，直接进入线下的面试环节。这部分讲师通常占到讲师数量的50%左右。在复审过程中，他们大概有2/3通过复审。

第三层，直接淘汰。对于不满足重新认证条件的讲师，我们会直接予以淘汰。淘宝生态赋能团队本质上是一个生态，我们鼓励讲师充分发挥主动性，也会通过HRG等机制来给讲师创造各种参与机会。但是，对于参与不多、贡献较少的讲师，我们会果断做出淘汰的决定。这些被淘汰的讲师，一年之内不得再次申请成为淘宝生态赋能团队讲师。一年之后，如果讲师调整好了自己的心态、状态，我们也会欢迎他们回来。直接淘汰的讲师每年不得少于30%。

我们相信，要保持组织的活力，一定要坚决果敢地做出管理决定。虽有很多不舍，但还是要坚持做正确的事情。很多离开淘宝生态赋能团队的讲师，依然和我们保持着良好的关系。他们虽然离开了淘宝生态赋能团队，但依然呵护和珍爱淘宝生态赋能团队这个品牌，并以自己在淘宝生态赋能团队的这段经历为荣。

扫码即可阅读"我写给团队的邮件"

第七章
腿部三板斧之系统

一、讲师系统

2016年，我刚加入淘宝生态赋能团队。入职第一周，我随口问了一下我们团队的同学，现在淘宝生态赋能团队有多少个讲师，每个月开多少课。同学和我说："安老师，我整理下，争取下周给你。"

当时，我特别不理解。这些数据不应该是做中台管理的同学随时掌握的吗？是我初来乍到，同学欺负我不懂？后来，我看了同学实际整理数据的过程，发现是我理解错了，确实需要一周。为什么呢？

当时淘宝生态赋能团队刚经历从讲师市场化放开（几千人规模）到讲师认证管理（几百人规模）的转折期。过往十多年的讲师数据，沉淀在各类表格上，统计口径不一，标签不一，而且讲师协议到期或没到期的统计，也很混乱。所以统计到当月（甚至都不用说到当天），是很困难的。

开课量更是一团乱麻。淘宝生态赋能团队的业务线很多，比如县域、国际、自营、渠道、线下、线上，各个业务口子都在调用讲师。需求是一窝蜂提过来的，但是实际开没开课、到场多少人、授课评分怎么样，这些情况都分散在各个项目经理、开课班主任手中，只能靠每个月月底收集统计一下。

淘宝生态赋能团队讲师的抱怨声也很大，因为开课通知改来改去，课酬发放不及时、发错、不发等，令他们叫苦不迭。财务同学也有诸多怨言。

以淘宝生态赋能团队的业务体量，想要解决这个问题，靠敬业、责任心、靠同学的主观能动性，显然是以卵击石、不切实际。显然，最终的解决方法只能靠系统。这是我初入淘宝生态赋能团队遇到的几个挑战之一。

当时,淘宝生态赋能团队的产品技术团队刚刚成立,需要支持的业务线也很多。经过不懈的沟通,最终能够分到讲师系统上的人手,包括1/3个PD(产品设计)、1个半的产品开发。这就是当时可调用的家底。

对讲师系统的开发,凭着我在淘课做"培训宝"的经验,我深知:

第一,业务逻辑要清楚,系统逻辑才能清晰。

第二,功能不可能一步到位,要排出优先级。

第三,不求尽善尽美,力求MVP尽快上线,持续迭代。

当时淘宝生态赋能团队的师资运营团队,之前都没碰过系统,不会画也看不懂产品原型图,更不知道怎么和产品开发人员沟通。怎么办?用最笨的办法。

在讨论师资的业务逻辑时,我们在会议室的白板上画了一黑板又一黑板,直到团队都理解、认可这套逻辑。然后,把白板上的内容整理到Visio上,做成一张张图。我对师资运营的同学说:"不要说自己不懂系统,要尝试去学习,尝试把感性的经验用理性的方式呈现出来。另外,要跳出来,把自己置身不同角色中,比如师资管理者、学员、讲师等,去看流程顺不顺,有没有卡点。"在梳理这个业务逻辑的过程中,团队发现了非常多过往工作中的盲区,对团队能力的提升起到了非常大的作用。

接下来,更大的挑战来了,即怎么让PD人员理解。我们曾在西溪园区3号楼的夹层,以一周2~3次的会议频率,一遍遍地给PD人员讲淘宝生态赋能团队的业务、师资工作在淘宝生态赋能团队中的作用、师资工作的逻辑、师资工作常见的流程、目前没有系统有多么痛、讲师的"控诉"、财务的"批判"等。先让PD人员感同身受,再让他们理解师资工作,然后理解我们的工作逻辑。这些付出,最终都是有回报的。PD人员逐步理解了师资工作，并从过往的系统建设经验中反向给业务提供了很好的建议。我认为，这个磨合过程是团队一段非常宝贵的学习成长经历。

经过近半年的时间，讲师系统上线了。淘宝生态赋能团队在发展10多年之后，终于有了自己的讲师系统。最先上线的是讲师档案，然后是讲师招募模块、讲师排课模块、开课看板、讲师报备模块、讲师活跃度统计等。讲师系统是从一个点状的功能，到一个相对完善的讲师管理系统。

今天，当打开淘宝生态赋能团队和支付宝生态赋能团队的讲师管理系统时，首先跳入眼中的是一个开课看板，从中可以看到每一天在全国各地不同业务场景开出的课程。这种可视化的呈现，让我每一天都充满了干劲。

另外，在讲师系统研发之初，我们就树立了不只服务淘宝生态赋能团队的定位。也就是说，这个系统从研发之初，就是基于SaaS架构的，未来要服务于淘宝生态赋能团队之外的其他企业培训团队、教育培训机构。2020年，淘宝生态赋能团队的讲师系统已经应用到1688个培训场景，并开始向外做产品输出。

另一个很有意思的收获是在讲师系统运营时，我们发现了课程研发工作系统化运营的切入口。在实际工作场景中，师资运营和课程研发往往是交织在一起的。比如，一次课程研发涉及师资的招募、调用、评价，也涉及课程研发的立项、脑图、课件评审、教学材料线上沉淀等，如果两者分开，就很容易造成数据割裂。

再举个例子。淘宝生态赋能团队的课程研发迭代非常频繁，一门课程一年下来有将近100个迭代版本，由这门课程的几位甚至十几位讲师贡献。如果靠同学用人工的方式去管理，研发迭代的过程就很难监控，也不容易发现课程中的缺陷知识点是如何产生的，出现问题也很难追责。课程研发的精细化运营，也急需系统化。所以，2020年，我们做了一个决定，把讲师管理系统升级为赋能中台的运营管理系统，把师资运营、课程研发、学习运营等融合在一起，打造淘宝生态赋能团队的"数据大脑"。

很多企业的培训负责人和我说，他们没有开发资源，所以很羡慕淘宝生态赋能团队。其实，坦诚地讲，淘宝生态赋能团队的资源也很有限，我们也在不断地去争取资源，无论是有自己的研发团队，还是去找技术外包，还是找第三方供应商。我相信只要大家对业务想清楚了，就一定能找到解决的方法。

二、在线学习系统（云课堂）

如果讲师系统服务于淘宝生态赋能团队自身的业务管理，那么云课堂则是围绕服务商家，我们自己开脑洞的产物。

2016年，初入淘宝生态赋能团队的我去课堂旁听课程。我发现一个很有意思的现象：一个店铺的老板经常拉着店铺的运营一起来听课。为啥要花两份儿钱呢？一个人回去转训不就行了？显然，在实际工作场景中是行不通的。我们进一步思考后发现一个很大的问题：我们即便培训了几十万、上百万个学员，但是准确地说，还是几十万、上百万个人，而没法变成几十万、上百万个企业，以及这些企业背后的几千万个电商从业者。本质上，这是由培训的业务模式决定的。线下培训，以及线上To C的培训，结果一定如此。

那么，有没有可能解决这个问题，实现更广泛的覆盖呢？我们认为是有的。那就是基于组织学习的模式，做电商行业的人群覆盖。

接下来的问题是，如何做组织学习？有两个路径：

一个是**内容路径**，把大量电商的课程植入各个企业的学习平台。但问题是，第一，市面上企业学习平台众多，课程内容和众多平台对接，难度可想而知。第二，学习平台通常投入十万、几十万甚至上百万元，对于绝大多数电商企业、电商商家来说可望而不可即。

另一个是**系统路径**，自研一套线上学习系统，然后依托阿里巴巴的优势，触达广泛的电商商家。其中一个核心问题是，是否收费；另一个核心问题是，是自建App，还是依托商家服务平台（千牛），抑或是依托超级App（钉钉）。

最后讨论完后，我们决定走第三个路径：自研系统+自研内容+开放生态。

自研系统，是淘宝生态赋能团队基于钉钉平台，组织技术开发力量进行研发的系统。经过前几年的互联网洗礼，自建App已经被证明是很难突围的，推广成本太高。基于阿里巴巴的商家服务平台，这个选择也被我们否决了，因为我们希望不只服务于电商企业，未来也能够影响更多企业。而钉钉，已经成为用户数过亿的国民级App，而且在协同办公领域具备了显著的领先地位。基于钉钉，提供企业在线学习平台的能力，既丰富了钉钉的功能场景，也借助钉钉的庞大企业数，实现了双赢。至于收费还是免费，我们坚持系统功能免费的策略，先做量，把基础设施的管道铺出去。

自研内容，是由淘宝生态赋能团队课程研发团队主牵的，第一期提供几百门电商基础课程。淘宝生态赋能团队在电商领域耕耘多年，内容自然不成问题。但是，线上内容要和线下内容做出区隔，基础内容要和进阶内容做出区隔，这是对自研内容方面的考验。但是，是可以解决的。

开放生态，为什么？因为我们认为，对于企业来说，除了电商业务，还有非常多的非电商业务，还有各种管理、职能、模块，这些都需要被培训赋能。我们的专长是电商，但在其他领域，我们不专业。那么，就引入外部垂直领域的专业内容服务商，让他们来丰富这个企业学习体系。

现在事后诸葛亮来看，这套模式当然很好。但是之初，我们内部经历了激烈的讨论和各种博弈。

2016年，十周岁的淘宝生态赋能团队，在线下培训领域已经做得很成熟，外界给我们的标签也根深蒂固（学电子商务，上淘宝大学），我们团队自己的认知也很牢固，认为自己就是做课程、做培训的。做系统？太跨界了吧。做新的业务，而且这么跨界的业务，需要挪人手、挪资源出来，必然会影响到现有的业务。所以，大家可以想象，当时的讨论有多么艰难。

坦率地说，做对的事情，也需要对的人，也需要赌上一把。这里，很感谢我当时的老板——叶挺，他是技术出身，虽然后来主要做业务，但是对技术产品一直抱着开放支持的态度。而我自己，刚刚在淘课经历了一年多培训宝产品运营的洗礼，对于企业学习SaaS领域一直坚信不已。我们讨论了很多次。记得在2016年年底，我们在香港出差的时候，在维多利亚湾旁边的广场上，我们再一次聊得热血沸腾，发狠要把淘宝生态赋能团队自己的在线学习系统做出来。

2017年，"云课堂"项目组正式成立。当我们去调研市面上的主要产品时，受到了不小的打击。因为这个行业太成熟了，很多企业已经积累了超过十年的经验，产品功能也很丰富。但是，我们看到的机会是，每个玩家体量都不大，特别是靠系统收费的模式，导致最大的玩家付费企业用户数也不过万家，广大的中小型企业还是个蓝海。这也辅助验证了我们的初步决策，系统功能免费的策略，加上钉钉本身的用户量，是有可能杀出一条路的。

外面的人很容易认为，淘宝生态赋能团队加钉钉，又有阿里巴巴的品牌，你们怎么干都能成啊。其实真不是。

钉钉是我们的兄弟团队不假,但钉钉除了淘宝生态赋能团队的产品,也有竞争对手的各种学习平台产品。我们的产品必须符合钉钉的各种规则,和其他竞品没有区别,都在同一条起跑线上。

我们和钉钉的合作经历了很多磕磕绊绊。其中最具挑战的是,要证明我们的云课堂产品,也符合钉钉的"共创原则"。

在钉钉创始人无招看来,"共创"是打造产品能力的核心。共创要求深入共创伙伴的真实工作场景,挖掘痛点,再去场景验证解决方案,最终真正解决现实需求。无招说,共创就是要"少说多听,静下心来观察"。

我们在云课堂设计开发之初,走访了很多电商企业,看他们怎么做业务,怎么做日常的团队管理,观摩了很多的内部会议、内部培训。我们发现,"会议+培训"的模式在电商企业非常普遍。很多电商企业有让优秀员工在会议上做分享的习惯。同时,很多中小企业因为没有太多的培训资源,会在晚上组织员工一起看视频课程(通常是老板之前看过的),然后再讨论。

这些实地观察,给了我们很多启发。我们把云课堂的MVP版本的核心聚焦到组织学习的场景。不需要花哨的功能,满足直播的基本功能即可。但是,在课程内容上,要能够提出课后供讨论的话题,包括具体的行动项。直播页面下方要有留言功能,有地方让商家学员提问题。讲师要定期返场,集中答疑。

围绕这种学习场景,对于线上的课程内容,我们的课程研发团队也做了大量调整,一个是内容结构,另一个是教学设计,让课程适应线上的学习场景。很多讲师被我们折磨得"痛不欲生",包括课件设计、话术,甚至表情、手势,都被我们一轮轮打磨。对习惯讲线下课的讲师来说,这也是一个要自我突破的过程。

现在回看，我们的第一版云课堂产品（系统+内容），MVP就是这么"简陋"，但是很实用。如果没有和大量商家的实地共创，我们就不会有这样的勇气，端出这样的产品。实践证明，我们的付出都是值得的，第一批商家学员给了我们极大的肯定。

后来，根据商家的反馈，我们持续上线了问答社区、知识索引、考试系统、人才档案、学习地图等，做得越来越像个"正规的"学习系统。但是，在这个过程中，我们始终坚持实用的才是重要的，不被行业产品带着走，坚持每个功能上线都有坚实的需求基础和应用场景，并将其作为功能上线评审的核心原则。

借助淘宝生态赋能团队电销团队的力量，我们实现了"免费系统+付费内容"模式的初步跑通，在第一年至少实现了收支平衡。在这个过程中，我们也经历了很多挑战。因为电销团队现有的线下课程卖得不错，让他们转卖产品，他们的第一反应是抗拒的。没卖过，看不懂，不会讲，担心影响收入，这都是真实的反馈。我们几次动员电销团队的主管，并不断给他们讲未来的方向趋势，才一步步从两个电销团队，争取扩大到四个电销团队。这是业务问题，和本书关系不大，就不展开讲了。

在云课堂的用户发展上，除了电销的直接触达模式，我们也借助了很多其他方式：

- 在商家经营链路上的埋点透出；
- 在学员社群做分享裂变；
- 借助市场活动对外发声；
- 通过案例故事发挥市场传播的力量等。

在这个过程中，我们发现了一个很朴实的道理，那就是好的系统，一定要先自己用起来，身边人用起来，才可能在社会上流行起来，否则就真的是意淫的产物了。我看过市面上很多学习平台，他们连自己内部都没用起来，却在说服客户用，这个逻辑似乎很滑稽。所以，在云课堂上，我们一直坚持让客户用之前，一定要自己先用。

从云课堂业务一开始，我们就在淘宝生态赋能团队内部设立了一个角色，叫"首席学习官"，用云课堂来做淘宝生态赋能团队内部小二的学习发展，我们自己用，看体验顺不顺。然后，我们在阿里巴巴经济体推广云课堂，让他们用来做内部或外部的培训学习。先后一共有将近千个内部组织建立起来。大型的，类似淘宝联盟、淘宝直播的云课堂组织，规模是几百万的量级。小型的，可能就是一个部门、一个团队。这些经济体的兄弟单位，被我们吸纳为内部的种子用户。在服务他们的过程中，我们又得到了很多宝贵的建议和意见。

到了2019年，在云课堂跑了快两年之后，我们根据大型企业客户的个性化需求，推出了云课堂专属版，开始了系统功能收费。但是与此同时，我们始终坚持基础功能免费、基础课程免费，让中小企业始终能享受到好的学习赋能服务。

学习平台能否应用起来？人的运营是重中之重。为了解决这个问题，我们从2020年开始，推出了"数字化学习官"认证项目。我们总结提炼了服务各行业、不同类型企业线上学习的经验，形成了线上学习运营的培训课程。通过"线上+线下"的模式，我们分批组织云课堂的管理员（企业线上培训负责人）进行学习，并通过考核给予证书认证。目前，我们已经认证了超过1万名企业的数字化学习官，他们就像在线学习的种子，散播到各行各业、各个企业。数据证明，接受过"数字化学习官"培训认证的企业，平台活跃度、用户生产内容数量、平均在线时长等指标，明显优于行业均值。关于线上学习运营的一些经验，下节再和大家具体介绍。

2020年的新冠肺炎疫情，让在线学习彻底火了。云课堂的产品，加上淘宝生态赋能团队在春节后第一时间推出的"新动能——传统企业的数字化转型之路"等课程，让广大传统企业在疫情时代的线上业务转型中，获得了第一时间的助力。2020年，我们听到了非常多企业客户的良好反馈，与他们一起见证了很多企业的蜕变。能参与其中，我们特别有成就感。

在一次内部管理会议上，我们提出我们的系统、产品，要"不止于淘宝""不止于阿里"。我一直对这句话念念不忘，这就是生态赋能的社会责任、我们的社会担当。

三、学员管理系统——CRM系统

CRM系统，对于做销售的人来说一定不陌生。淘宝生态赋能团队也有自己的商业化业务，所以，一直以来我们的电销业务也有自己的CRM系统。不过，随着业务的深入，问题很快就暴露出来。

首先，对于商家客户的画像挖掘不够。客户属于什么行业类目，店铺层级怎样，主力的货品是什么，行业位置如何等，这些都是需要时时跟踪的。如果还是一些固定不变的标签，比如店铺名、掌柜名字、联系方式等，就很难和客户做有质量的沟通。如果靠销售同学一通电话一通电话地去了解，再人工录入并补全信息，效率就会非常低。所以，CRM系统要不断提升对于客户画像的精准度问题。

其次，销售端与学员教学端的分离。比如，这个客户什么时候第一次接触淘宝生态赋能团队，接触路径是什么（公众号、淘宝生态赋能团队活动、熟人介绍或其他），什么时候第一次购买淘宝生态赋能团队的产品，上了哪门课，上的这门课的讲师是谁，当时的班主任是谁，当时他给的课程反馈评价怎样，上课后他的店铺层级、销售额是否有变化，他是否有再次咨询行为，我们的销售同学和他后续的沟通纪要有哪些，他是否产生了复购行为等，这些都是很重要的数据。本质上，这些数据是一个整体。

但是，过去工作模块被分割，你搞销售，我搞教学，两者的边界很清楚，但也导致了割裂。后来，我们不断努力，不断去打通两端的数据。在这个过程中，需要解决内外部一系列问题，虽然很难，但是对于提升我们对商家学员的了解，提升我们产品、服务的精度，起到了很大的作用。

淘宝生态赋能团队的CRM系统，不局限于中小商户的培训领域。在我们的品牌赋能业务线，CRM系统也从零开始，发挥了很大作用。

品牌赋能业务针对的是品牌企业、大企业。最开始，我们想直接复用中小企业线的CRM系统，但发现二者的业务逻辑有很大不同，没法用。没办法，只能自己硬着头皮开发。

我们知道，一个内训的合作往往涉及企业里的很多角色，要进行很多轮沟通。可能第一轮是从培训经理开始的，然后是培训总监，再然后是HRD或HRVP。在这过程中，可能还要征询业务负责人的意见，甚至COO、CEO的意见，链路是很长的。从业务经营的角度，我们必须清楚接触了哪些人，哪些人是需求方，哪些人是出资方，哪些人能拍板。这些信息如果都停留在销售同学自己的脑袋里，那么很难客观把握业务的实际推进情况。

另外，因为淘宝生态赋能团队的品牌赋能业务相对比较新，只有3年左右的时间，很多同学在大客户销售方面的经验也在培养积累中，所以我们也要适时跟进销售同学的沟通情况、拜访情况、签约情况。如果没有客观的记录，精细化辅导也就无从谈起。

所以，尽管产品技术的开发资源非常紧张，我们也依然在持续推进大客户的CRM系统开发。淘宝生态赋能团队的品牌内训客户从2018年的几十家，到2020年的几百家的规模。如果没有这套CRM系统，我们就没有提出更高目标的底气。

品牌内训业务很考验行业打穿，客户间的转介绍，以及老客户的复购。比如，文具行业，我们先与得力进行了合作，然后与晨光进行了合作，再然后与国誉进行了合作等。比如，我们先做了Intel的项目，然后Intel帮我们转介绍了微软、联想、华硕等客户。Intel就是我们老客户复购的典型，几乎每年都会采购淘宝生态赋能团队的新课程，而且做轮训覆盖。过去，我们对这些都是经验化的感性认知。但是，基于CRM系统，我们发现这套路径是可量化验证的。过去几年，我们的客户复购率超过了70%，复购的营收贡献超过了一半。目前，我们的品牌赋能业务，把新客开拓和口碑运营（转介绍+复购）作为两大业务主线，这背后也是数据支持的结果。

四、在线学习运营

前面谈了淘宝生态赋能团队在发展中逐步搭建和形成的系统能力。接下来，我想聊聊更重要的事情，就是如何把系统运营起来，而不是让系统成为一个摆设。其中，在线学习运营被讨论得最多，我也结合我的实践观察，聊聊我的心得。

（一）全域运营观念

今天在线学习有个误区，很多企业培训团队认为在线学习，就是要把员工都集中到公司的在线学习平台上学习，把DAU（日活跃用户数量）、停留时长、完课率、上传课件数等指标看得很重。这种想法挺危险的，因为把楼阁建在了空中，建在了沙滩上。

为什么？大家想想自己作为一个正常的用户，每天如何获取各种信息。在公司内部，看邮件、看钉钉、看OA、看系统，或者看学习平台，对吧？在公司外部，你会刷今日头条、看抖音、看快手、看微博、看小红书、看淘宝、看知乎，等等，对吧？今天如果你是一个企业，你发狠说，你要让一件事儿全国14亿人都知道，然后你把宝压在一个媒体渠道上。你觉得靠谱吗？显然不靠谱。现今就是一个信息碎片化的时代，这就是时代趋势。

回过头，我们聊聊在线学习平台。让所有员工每天都上学习平台打卡，就有点像说我要求你每天7点打开电视看节目一样，其实非常难。统一平台、统一管理，这种思想本身就不太像互联网时代的玩法。

我们要问问自己：做在线学习为了什么，是为了给员工添负担吗？显然不是。是为了给员工赋能，提升工作效率，拿到更好的结果？是的。那么，为了拿到这个结果，是不是一定要靠把员工集中到在线学习平台学习这种方式呢？显然不是。

我一直有个理念，学习流要和工作流紧密结合在一起，要双流合一。让学习在不知不觉中发生。具体怎么做？从学员的日常场景出发，在必经之路上做适时触发。

比如，我们的商家学员，他每天要打开千牛（阿里巴巴的商家管理后台）看店铺的经营情况，那么千牛就是他的必经之路。在店铺经营业务，在他的店铺指标旁边，可以做微知识的植入。他在千牛头条刷电商新闻的时候，我们可以在信息流里做知识植入，比如直播、短视频、图文都不错。到了报平台活动的时候，我们在报名链路上也植入了微知识，让商家第一时间了解每一步，如果在某一步有问题，就可以跳转到更完整的课程产品里。关了千牛，他也许会看电商相关的公众号，比如淘宝生态赋能团队的公众号，而我们的知识变身成了一个个来自一线的电商学员故事。当他打开都应（淘宝生态赋能团队的抖音号）的时候，知识又变成了一段段观点鲜明、言语犀利，同时还有趣味的小短片。当他和业务小二交流时，在商家的旺旺群、钉钉群，淘宝生态赋能团队的知识也会时不时出现，作为业务小二赋能商家的抓手。类似的场景太多了，就不一一举例了。

大家能理解我们讲的"场景"二字吗？不要生造场景，要借场景，"借"字很重要。

所以，我常和企业的培训负责人说，要把我们的关注点从过去的机械的指标上挪开，去思考"全域运营"的问题。要做到一份知识多种形态、多端分发，这才是最切实际的解法。千万不要逆历史潮流而动。

在具体的在线学习项目或混合式学习项目设计中，我们也要有这种"全域"的意识。在线学习平台、业务管理系统、公众号、微博、抖音号等都是公域，而学员群、班级、校友会等就是典型的私域。要把两端串联起来，公私域联动。

（二）数据分析

为了让大家有个全新的认识，我们先不聊企业培训团队的事儿，先来个跨界，给大家看个NBA的数据分析案例。

被戏称为"老汉"的勒布朗·詹姆斯，如今依旧活跃在NBA联盟里，是公认的现役球员中最具实力和影响力的球员。

之所以能稳坐第一人宝座，除了自身出色的球技之外，更是因为他强悍的身体素质。为了保持自己的核心竞争力，他在身体打造方面下足了苦功。

詹姆斯有两名训练师，无论到哪，都至少有一名训练师跟着。詹姆斯还有专门的厨师，为他专门烹制食物。他对自己的睡眠时间也有严格要求，力求做到让身体肌肉保养得最好。

但如此专业的运动员，在一次深蹲训练时候被喷了……视频里，我们可以看到詹姆斯蹲的幅度非常小，这显然不符合网友对深蹲的理解。

于是，有网友开始了：

疯狂的赛车：这也能叫深蹲？！

肌肉灰：詹姆斯真的老了，这点重量就这么吃力！

格斗之师：NBA运动员也不怎么样，这么简单的动作都做不明白！

这条视频当时在健身圈引起了不小的争议，有支持，也有嘲讽，双方谁也不服谁，慢慢地这件事也就被淡忘了。

就在最近，终于有健身教练站出来解释了。杰夫，大家都很熟悉了吧，是一位非常专业的健身教练。针对詹姆斯的这条视频，杰夫特地查找很多研究资料，甚至追溯到几年前詹姆斯的一项研究实验。

当时的詹姆斯为了配合实验，先后做了16周的1/4蹲、半蹲和全蹲。结果出乎意料，全蹲对詹姆斯的弹跳帮助并不太大，相反1/4蹲对他在球场的起跳抢球效果颇为显著。

之所以会出现这样的情况，是因为篮球运动员在弹跳的时候，一般都是下蹲1/4就起跳，并不是蹲到底再起跳。所以1/4蹲才会被众多篮球运动员作为常用的训练方式，至此，一切都明朗了。

所以，并不是詹姆斯的训练方式不专业，而是他的训练目的跟我们不同，百万级别的训练师也不至于真的连深蹲都分不清。

看完这个案例，大家有什么感受？

拉回到企业培训团队的场景，我们接着聊聊数据分析的问题。

开了多少场培训，覆盖了多少人，平均评价是几分，这些可以笼统称为描述性数据分析。但是，能说明什么呢？好像可说明的东西也不是太多。要深入具体场景里，思考用什么数据，怎么获得这些数据，怎么分析这些数据。

比如，我们的课后评估，我们的训前调研，常常有很多文字性的内容。很多企业的培训同学，常常就是瞄几眼做个参考，也不做深入分析。其实，用词云分析工具，提炼高频关键词，常常能得到不少有价值的信息。我们对于数据的理解，一定要从0到9这种阿拉伯数字中跳出来，文字、图片、视频等也是数据，都有对应的分析工具，只是我们暂时不太熟悉罢了。

在线学习平台天然地会积累很多数据。比如，通过学员访问时点的分析，我们可以判断什么时候适合推直播、推新课；通过分析学员点击率的数据，我们可以判断什么课程是受欢迎的；在同类话题中，我们可以进一步分析，什么样的标题更容易引人注意；通过分析课程的平均停留时长、完课率等，我们可以为控制微课的长度提供参考；通过分析具体课程的跳失点分布，我们可以和课程研发讲师进一步一起分析如何调优内容、调优教学设计；通过分析课程的报名数据，比如报名时间分布、报名学员的部门分布、报名路径来源等（搜索、浏览、邮件或其他），为我们设计在线项目的招生方案提供参考；通过分析学员浏览课程产品的习惯，从学员点击课程的话题中，我们可以找到课程与课程之间的关联性，为我们做未来的课程产品组合提供参考；通过分析学员在一个课程介绍页面停留的位置和时间，以及最后的报名数据，我们可以进一步分析这个课程介绍文案是否有进一步改进优化的空间。

> 在这些数据中,有些是通常的学习平台都会有的统计项,有些则需要我们向开发人员提需求,给我们开个数据看板,或帮我们做个数据埋点并定期帮我们取下数据。还是那句话,多数时候不是取数有多难,而是我们想没想清楚要什么数据,怎么用数据。

(三) 产品形态升级

在线学习不算新鲜事物,如果从20世纪90年代的广播电视大学算起,那么已经有将近30年的时间了。我们可以大致划分一下其中几个大的发展阶段:

- **单项输出阶段**。广播电视大学、DVD、线上录播课,都属于这个范畴,包括以录播课为载体的翻转课堂。
- **直播+单向交互**。这个阶段的交互,本质上是非常弱的,学员通常只有文字一种提问方式,学员和讲师间做点对点交流,而学员间没有交流。
- **直播+班级**。叠加班级的概念,初步探索了学员间的交互可能性,模拟了线下的班级体验感。但是,这个阶段的班级,还是以作业、提问为主,实际的学员间互动非常少。
- **慕课模式**。通过课程学习加考试、认证的方式,实现较一般的录播课学习达到的更好的完课率。
- **直播+双师**。这也是现在K12领域很流行的方式,直播主讲讲师通常是名师,给很多学员讲课。然后,学员以几十人为一个班,分成若干个班,每个班派驻一个辅导员来解答学员的各类问题。目前看，这个模式可以相对较好地平衡效率和体验的问题。
- **特训营模式**。这种模式在企业培训领域比较流行。先建立班级群，配备班主任做学习过程把控。前置录播课自我学习，然后定期做直播总结、点评、答疑，最后配合考试、颁证等做收尾。反响也还可以。

在2020年的疫情之下，淘宝生态赋能团队、支付宝生态赋能团队也在在线学习方面做了很多尝试。

最开始，我们天天做直播，特别是通过群联播的模式，实现了广泛、高频的覆盖。不过，我们发现衰减很快。

接着，我们做特训营模式，把直播、社群、答疑、考试、颁证等做了结合，特别是定期做学员连麦分享，实现了不错的效果。但是，也存在衰减的问题。

再接着，我们升级了特训营产品，做了业务伴跑营。什么意思？就是所有学习内容都围绕具体的业务动作展开，每天推一个知识点，每天晚上商家学员群连麦分享当天实践应用的结果，业务小二做点评、互动。我们把培训的在线学习和商家的业务开展、行业小二的业务运营管理结合起来，让大家一起参与。伴跑营现在已经成为目前在线学习项目的标配，当然，它还在进化中（也许在本书出版的时候又升级迭代了），仅给大家做个参考。

除了特训营、伴跑营，我们在在线学习领域另一个重要的体会是，非正式教学产品很重要、很重要、很重要。

这真的是人性使然。没有人喜欢板起脸来、一本正经、正襟危坐地学习，因为这样太累了。生活、工作已经不易，再鼓起勇气学习，实在太考验人了。

所以，让学习变得不像学习，我认为才是未来。我们突破了这一关，才可能进化到在线学习的新天地。目前，我们的重点发力方向是故事。

我们发现，商家对于同行的故事有一种天然的好奇心。哪怕是这个故事讲得很烂，但是多数商家还是会耐着性子听完，原因一是同行的亲近感，二是可能的商机，三是比较心理。所以，我们在课程研发的时候，一直追着讲师挖故事。然后，把课程拆成多个故事，每次线上分享就10分钟，清清爽爽。

在这个过程中，我们对于如何打磨商家案例，也越来越有心得，比如场景、冲突、转折、口语化、视觉呈现等。很多商家学员成了我们的粉丝，还会和我们分享自己或身边人的故事，真可谓一个好故事激起了一堆好故事，这是共振的结果。

总结一下，我对在线学习产品迭代升级的看法就两点：

第一，学习要和学员互动、业务场景融合，让学员有参与感；

第二，学习要做得不像学习，要从一线汲取真实的故事，因为好故事自己会说话。

扫码即可阅读"我写给团队的邮件"

第八章
头部三板斧之拉通

到了第八章，我稍微停顿一下，对前面的内容做个小结。腿部三板斧（课程、师资、系统）聊的是企业培训团队在赋能方面的专业基本功问题；腰部三板斧（结网、造场、共振）聊的是企业培训团队如何与业务团队协作，用赋能推动业务发展的策略问题。到了头部三板斧（拉通、杠杆、闭环），我更多的是想和大家聊聊赋能之于一个组织的价值。赋能不应该只是一个职能模块，赋能应该在战略层面、组织层面发挥更大的价值。

为了让大家更有体感，在第八、九、十章我都会以讲案例为主，然后适当做一些总结。大家也可以边读边停下来思考，从这些案例中得到了哪些体会。

案例1：课程发布会

通常来说，发布会就是一个公司对客户、对媒体的活动。但是，在阿里巴巴园区，淘宝生态赋能团队经常会做一些内部的发布会。这里有什么玄机呢？

比如其中的一次，我们做的内部发布会主题叫作"微淘"。对微淘，可能有些人不太了解。如果有兴趣的话，可以打开手机淘宝App，其底部的像个心形雷达的按钮，就是微淘。微淘的本质是一个生活消费类的内容社区。对消费者来说，微淘是优质消费内容的聚集地，消费者可以用微淘，观看商家、达人的种草内容，从而发现想购买的商品，通过更为真实的内容分享体验来进行购买决策。对商家来说，微淘是商家面向消费者进行自营销的内容电商平台。通过微淘，商家可以进行粉丝关系管理、品牌传递、精准互动、内容导购等。

这场发布会议程有三部分。第一部分是微淘产品经理介绍微淘产品的推出背景、设计思路，在商家端、消费者端的产品使用方法，预计创造的流量价值和商业价值等。第二部分是由淘宝生态赋能团队讲师串讲淘宝生态赋能团队的新课"微淘"，这门课的内容萃取自首批微淘使用商家的实践，有具体实操落地的方法，并有实践跑下来的数据例证。第三部分是互动环节，围绕如何推动商家使用微淘进行问题交流和策略讨论。

这场发布会的受众是谁？有微淘团队的小二，但最主要的是各个纵向行业的运营小二。

为什么要针对这些人做发布？当微淘这个产品发布在手机淘宝App的时候，商家、消费者都会看到它。但是，大家会用它吗？这里就涉及市场教育的问题。尤其是商家，如果他们不理解这个产品功能，不应用起来，就没有丰富的社区内容，那么整个微淘的生态逻辑就不复存在。

微淘团队可以直接教育商家吗？当然可以。利用各种传播手段，比如推文、直播等，也可以广域覆盖。但是，核心问题是，这样做不够深入，也不够精准。谁离商家最近？当然是行业的运营小二，他们每天都和商家泡在一起，相互之间是强链接。行业的运营小二是否大力推动商家应用微淘来经营就成了关键。

行业的运营小二，他的工作重心是商家运营，是GMV（商品交易总额）。商家要做的工作也很繁杂，要操心的事更多。这个时候，微淘这件事，会对商家产生正面的商业效益吗？还是凭空给商家、给运营小二找事儿呢？如果小二不理解这件事，就不会主动去动。

内部发布会就是要回答这些疑点。商家为什么要做微淘（产品同学说清楚），具体怎么做（淘宝生态赋能团队给方法，有课程），有哪些预期收益（淘宝生态赋能团队有例证），可能有哪些实际问题（现场互动共创）。然后，联合产品小二、业务小二和淘宝生态赋能团队三方，一起给商家赋能，让商家行动起来。

第一次的发布会，坦率地说，我们是抱着试试看的心态在做。这件事和三方都有关，但好像又不是具体哪一方的分内事。每每遇到这种情况，淘宝生态赋能团队的同学都会拿出"此时此刻，非我莫属"的劲头，我们来当这个"组局者"。场子搭起来后，相互之间摊开各自的期待，可能一件看似很难的事就往前迈了一大步。

案例2：新零售研学社

2017年和2018年，"新零售"成为当之无愧的年度最热词。一个现实的问题是，做新零售，涉及的问题太多了，比如业务策略的问题，系统投入的问题，线上线下会员打通的问题，组织设计的问题，人员培训的问题，等等。这就意味着，新零售是一个系统性的变革。

为了帮助品牌企业实现新零售转型，阿里巴巴的各个团队都在发力：天猫行业的同学和客户沟通业务策略的问题；阿里云的同学和客户沟通数据中台的问题；天猫新零售中台的同学和客户谈智慧门店改造的问题；阿里数据团队的同学和客户谈数据银行如何实现精准投放的问题；等等。客户一方面感受到了阿里巴巴的满满诚意，另一方面产生了一个困扰：新零售这场硬仗，该从何做起，如何形成一股合力呢？

淘宝生态赋能团队的同学在和客户交流时，了解到了这个困扰。我们能做什么呢？好像这已经不是课程培训的问题了。我们就视而不见吗？

当然不能袖手旁观。有没有其他的助攻方式呢？来一次为品牌企业打造的专场研学社吧。一天一夜或两天一夜，拿出整块时间，和客户好好聊聊新零售的话题。

我们要求必须是企业的董事长带队，而且人数不能太多，核心班子成员就好。这不是一次学习，而是一次真刀真枪的业务共创会。

在淘宝生态赋能团队的安排下，我们邀请与新零售相关的各个部门来做业务输入。在输入之前，我们已经把企业的情况同步给各个业务口小二。在现场，我们要求阿里巴巴的小二只讲干货，只讲和这个企业、这个行业相关的案例、方案。所讲的部分不要超过45分钟，在剩下的时间要充分解答客户的各种问题。

全部输入结束后，由客户董事长亲自组织内部的业务讨论会。如果需要，淘宝生态赋能团队也会介入。如果不需要，淘宝生态赋能团队会把场子完全留给客户。

到了晚上，就进入真正的业务共创环节。基于白天的输入，以及客户企业对自己内容的讨论，客户往往有些初步的构想。我们会组织客户方、各个业务方在当晚一起来讨论这些构想。对一些我们认为不靠谱的，我们会当面指出，并给出同行业或不同行业的例证。对一些涉及业务合作范畴和业务合作策略的，我们能拍板的就当场拍板，否则就设定一个明确的时间节点。

晚上的共创，场面通常都是十分热烈的，很多次都持续到了凌晨两三点，企业的董事长一直兴致勃勃地参与每项决策的讨论。好几个国货品牌的创始人、董事长，都已经年近70岁，但依然保持旺盛的精力全程参与这项新业务的变革，让我们心生敬佩。

尽管常常搞到凌晨，但是第二天的议程依旧是九点准时开始。客户的方案基本定型，阿里巴巴的各个业务方的合作方案也基本定案。这一天,常常是一家企业新的征程的开始。

案例3:赋能夜校

每个季度,在阿里巴巴的生态中做商家培训的伙伴都会来一次秘密聚会。这是个什么神秘的活动呢?

阿里巴巴的业务生态包括很多业务单元,比如淘宝、天猫,面向的是零售端的商家;1688面向的是批发型、工厂型的商家;alibaba.com、速卖通面向的是跨境的商家。即便同一类商家,也会有阿里妈妈的团队在服务他们的营销产品,也有阿里数据团队的同学在服务他们的应用数据产品。在阿里巴巴的生态中,大家围绕各个业务战场,都在用自己的方式赋能着商家。

不过,除了淘宝生态赋能团队有相对比较完善的建制(40多人),其他的培训团队常常只有几个同学。就连淘宝生态赋能团队内部,如果细分到各个模块,也常常只有2~3人。和HR的培训不太相同,我们的商家赋能属性,决定了我们要贴着各自业务走,没有一个统一的方式方法,都要靠大家各自去摸索。

所以,在阿里巴巴做商家赋能,我们这群人需要抱团取暖,才能一直扛下去,才能打胜仗。

过去,因为分属不同的业务线,大家的交流非常少。作为时间最久的老大哥,淘宝生态赋能团队应该担起这个工作。于是,放在晚上的交流分享活动——"赋能夜校"诞生了。

在这个夜校里,没有讲师,因为每个人都是讲师。大家围成一个大圈,每个人分别代表不同业务战场的商家赋能小二,聊聊自己最近做的项目,聊聊自己最近的困惑。大家相互支着、相互打气。在这个过程中，我们有几个很重要的收获：

第一，我们不断在"商家赋能工作怎么干"这件事上取得共识，并积累了一些通用方法；

第二，商家赋能岗的招聘选人标准越来越明确了，我们也越来越清楚如何评价自己的团队、自己的KPI；

第三，作为各个业务BU的触手，我们通过与大家的互动，促成了非常多业务BU间的合作。

2020年，淘宝生态赋能团队联合钉钉、阿里妈妈、本地生活、阿里云、菜鸟、B2B等商家赋能团队，发起筹备阿里巴巴经济体培训教育专委会，讨论成立"商家赋能"这一正式的专业通道。从赋能夜校，到未来的专业通道，期待这个化学反应能给阿里巴巴经济体带来新的动力引擎。

案例4：教案大赛

2020年12月8日，淘宝生态赋能团队及支付宝生态赋能团队首届讲师教案大赛在阿里巴巴Z空间重磅举行。来自不同授课场景的12位讲师以教案为载体，现场切磋教学基本功，分享备课经验。而这次大赛PK的，不仅是课程本身，更是讲师帮助商家创造商业价值的一次能力考核。

淘宝生态赋能团队1号讲师岚姐姐，展示了她笔记本电脑中，从2006年开始到2020年这15年针对同一门课程的上百个版本的课件。孙鼎讲师给大家奉献了备课秘籍——根据不同授课场景、不同学员反应的授课百宝箱。小坤讲师则直接把他讲内容营销课程的家伙事儿，比如云台、直播灯等拿到了现场，并展示了他那包罗万象的行李箱。每个讲师都拿出了自己备课的压箱底的绝活，现场令人拍案叫好。

既然是教案大赛，就要把大赛的感觉做出来、做到位。我们特别邀请了杭州师范大学阿里巴巴商学院数字经济与管理系主任范志刚,作为我们这次比赛评审团的主席。同时,我们邀请了10个品牌企业的高管评委,对12位讲师的分享进行点评。

在讲师生动又各具特色的分享后,评审团的各位企业高管也分享了自己的思考,这些思考也进一步推动讲师优化教案,提升上课能力,更好地服务学员。

柴颖(葛兰素史克):六六讲师用短短20分钟展现了别具一格的讲师风格。讲师最重要的是从学员需要什么出发去考量。今天的讲师跟我以往接触的讲师不一样,他们更从学员的需求出发,因材施教。

石阳(索尼):分享体现了体系化的方法和思考,且带有自己的态度。我听完感觉仍有余震,可能晚上想起来还是会有延伸,这个很难得。淘宝生态赋能团队和支付宝生态赋能团队的讲师不仅是培训的专家,还是业务的专家。

赵新宇(大庄园集团):关鑫彤讲师所讲的关键词是交付,交付前端是学员的困惑和疑虑,后端是讲师备课中的责任感和思考,我看到了专业的方法和精彩的呈现。

阿里巴巴商学院数字经济与管理系主任范志刚特别点评了国际线讲师的教案:"小科讲师短短20分钟从四个方面分享了国际线的培训备课经验。让国内的知识走向海外,并让海外商家理解中国逻辑,这个领域还是一片蓝海,淘宝生态赋能团队在这方面做了有益的探索。"

到场的,还有好几类人。一类人是HR,他们来自淘宝生态赋能团队品牌内训业务的客户企业。这样的活动,一方面让他们增强了对商业世界的体感,学到了很多前沿的商业知识,另一方面淘宝生态赋能团队做教案、做课研的方法,也对他们自己的企业培训有实际的借鉴作用。

另一类人是淘宝生态赋能团队的新老商家学员。他们很多人一直很好奇淘宝生态赋能团队的商业课程是怎么生产出来的,也想亲自来"朝拜"一下自己心中的名师。

还有一类人是阿里巴巴各个业务团队的小二。他们过去只听说淘宝生态赋能团队、支付宝生态赋能团队在商家中名气很大，却不明白其中的运作逻辑。这场活动让他们近距离走进淘宝生态赋能团队，走进淘宝生态赋能团队的讲师，理解了我们所做的事情的价值。

活动结束后，业务小二拉上淘宝生态赋能团队的同学，探讨未来业务赋能的合作；品牌客户和淘宝生态赋能团队的同学已经在聊课程的采购意向；很多客户的电商负责人则和小二探讨其具体的业务方案和业务投入。这虽是一场教案大赛，但好像又不仅仅是。

案例5：培训杂志年会支付宝生态赋能团队分会场

2020年8月，中国培训行业最重磅的年度活动——培训杂志"中国企业培训与发展年会"在苏州举行。现场参会者超过3000余人，场面热烈。

其中，有一个分会场，从早上9点到中午12点，三小时的时间座无虚席，还有近百位参会者在门口站着听完了全部内容。这个分会场就是支付宝生态赋能团队的分会场。这么说好像有点"小傲娇"，但上面的描述却是事实。

当天的分会场由我亲自主持。虽然是培训年会，但是我们并没有就培训谈培训。我作为主持人，也是现场的主讲人，围绕着商业的脉络一层层和大家分享支付宝生态赋能团队的商业赋能逻辑。每讲到一处，我就会请一位支付宝生态赋能团队讲师登台，用18分钟的时间分享一个精彩的案例。我们聊到了红蜻蜓的抗疫转折战，聊到了吴晓波老师的直播带货，聊到了李子柒带火的螺蛳粉，聊到了三顿半的返航计划，还聊到了百万央企中石油的智慧加油。在这些案例背后，我们讲了我们对商业的分析方法，我们的赋能切入技巧，以及我们如何与客户、与业务共同成长。

作为一个商家赋能的企业培训团队，我们来给一群HR讲这些，为什么呢？

其实，在前一天的晚上，我们还做了一个别致的活动，叫作"赋能者之夜"。我们限额邀请了100位企业的培训负责人，用脱口秀的方式和大家聊我们做支付宝生态赋能团队的喜怒哀乐。很多同行说，从来没有参加过这么真实的活动。没错，我们就是一群这么真实的人，毫无保留，把自己的所有东西摊开来，赤诚相见。

年会过后，我们接待了一批又一批的企业客户。他们带着对阿里巴巴的好奇，带着对数字化转型的期待，带着和阿里巴巴进行业务合作的构想，来到杭州。于是，我们又忙活起来，组了一个又一个业务交流的场子，带着一个又一个业务团队和潜在客户进行沟通，帮助企业解决一个又一个具体的业务问题……

案例6："行业数字化演进史"课程开发项目

在淘宝生态赋能团队15年的历史中，我们从来不做宏观类的课程（会议不算），因为我们觉得这和我们的微观实践特色相违背。但是，2020年，在带支付宝生态赋能团队的时候，我发现靠微观实践包打天下的路子走不通了。因为当你和别人说怎么做数字化的时候，你首先要回答为什么要数字化，而且客户常常挑战你：我们一直在数字化啊。你说的数字化和我说的数字化有什么区别呢？

大家体会一下，这里的根本分歧在于我们对数字化没有统一的共识。

在支付宝内部，我们走访了很多团队。有业务团队、产品团队，我们发现，支付宝内部关于数字化的讲法也不统一。这个时候，怎么办呢？

一定要放宽视角,做行业的数字化演进研究。因为只有了解历史,才能更好地看待当下,也才能更好地展望未来。

我们围绕着支付宝的一些主要行业,召集这些行业的资深从业者,比如商家、服务商,一起来研究这些行业是怎么走到今天的。最开始很痛苦,因为我们这群人都不是研究宏观的专家。后来,我们讨论后,回到了我们擅长的方式,以小见大,以微观拼宏观。具体怎么做呢?

以30年为限,从今天倒推30年,这就是我们研究的时间周期,太久了没有意义。然后,我们一起讨论,这个行业在这30年中发生了哪些公认的大事件。开始头脑风暴的时候,大事件非常多。后来我们说,必须排出优先级,只能留10件。然后,围绕这10件大事,我们去讨论为什么这些事对行业有这么大的影响力,是商业模式的改变,还是技术底层的改变;是内部经营的改变,还是外部市场生态的改变。然后,基于这10件大事,提炼出这个行业数字化的演进脉络。

听上去很简单,对吧?其实一点不简单。因为从没有人做过,没有任何可资参考的东西。对每件大事,我们都要求细节、细节、细节,要在大事里呈现重要故事、重要情节。所以,对应这件事的新闻稿、采访、评论,当时公司的财报等,都被我们翻出来作为研究的对象。

当"行业数字化演进史"课程出来时,我们做了各种"内测"。内部小二听后,张大了嘴巴,原来我们这个行业,过往是这么走过来的,怪不得客户有这样那样的问题。外部的客户听了,惊叹原来我们每个人看到的都是冰山一角,原来这个行业有这么多已经走过的起起伏伏。

当我们把行业的历史,作为"样本"来解剖时,一些普遍的规律就跃然纸上了。我们对于未来的预判,一定是历史规律的延续,比如商业和技术的螺旋式推力、内外部能力的相互影响等。单独看当下的横截面,我们还有各种不确定。但是基于历史,我们对于当下,对于未来,好像格外笃定了。

现在,"行业数字化演进史"成了内部业务小二的必修课,也成了很多客户在数字化转型前指定采购的内训课程。

一个以实践案例著称的企业培训团队,居然做出了行业史的课程,真是有趣。

小结

前面和大家分享了来自淘宝生态赋能团队、支付宝生态赋能团队的六个案例,看似好像在说不同的事情,但是从我看来,这些案例都在做一个共同的事,叫作**"拉通"**。

案例1——课程发布会,在做业务团队横向和纵向之间的拉通;

案例2——新零售研学社,在做业务团队纵向和纵向之间的拉通;

案例3——赋能夜校,在做培训团队和其他培训团队之间的拉通;

案例4——教案大赛,在做课程、师资、业务团队和外部客户之间的拉通;

案例5——培训杂志支付宝生态赋能团队分会场,在做阿里巴巴与外部客户之间的拉通;

案例6——"行业数字化演进史"课程开发项目,在做阿里巴巴的内部拉通,也在做和外部客户之间的拉通。

为什么要"拉通"?因为组织必须面对一个现实,就是局部能力和整体能力之间的辩证关系。

很多企业的能人不少,单兵作战能力也很强,但就是业务做不起来。有的企业,某些人的业务能力很强,某些人的业务能力很弱,整体来说一般般。强强不强、强弱亦强、强弱反弱、弱弱反强的现象,在各行各业都不鲜见。

问题出在哪？即使不奢望1+1>2，总能做到1+1=2吧，可这也不一定能常常实现。是能力问题，还是意愿问题？我认为这些都可以往后放放，首先要解决信息互通、相互看见的问题。如果你不知道我在干什么，我不知道你有什么能力，相互都是盲区，怎么可能携手往前走呢？一个企业，最怕的就是只有CEO知道每个部门在干什么，而相互之间老死不相往来，这样的企业打小战斗还行，打大的战役一定不行。

组织合力真的是这个时代最宝贵的东西。还记得"造场"一章，我们提到的聚气的概念吗？聚气的背后，就是**组织合力**。

形成组织合力，需要很多因素的共同作用。比如CEO的领导力、组织机制的设计、人的素质、业务本身等。企业培训团队可以有所作为吗？一定可以。

既然企业大学的名字里有"大学"二字，我们就要把所有的问题，当作我们研究分析的对象，不但要研究分析，而且要借助"大学"这样一个通常没有直接利害冲突的定位，来创造机会，去制造各种链接。怎么做？造场，造各种场。只要是有助于构建链接、加深关系的，都要勇往直前地去做。

企业培训团队不能说，这个不是我的事，这是组织的问题。组织里所有的问题，都是我的问题。只有有这个格局和胸怀的企业培训团队，才能真正成为一家企业的大脑，一家企业的灵魂工程师。

> 当人和人聚在一起时，彼此了解了对方的想法，然后为了一个共同的目标去携手努力，还有什么困难是不能克服的呢？

第九章
头部三板斧之杠杆

阿基米德在《论平面图形的平衡》一书中最早提出了杠杆原理。阿基米德曾讲:"给我一个立足点和一根足够长的杠杆,我就可以撬动地球。"

在赋能工作中,有些工作就有类似的效果。类似的投入,但可以起到事半功倍的效果。下面先用一些发生在淘宝生态赋能团队、支付宝生态赋能团队的故事,和大家做些感性的铺陈。

案例1:生态案例集

2020年4月,我带着团队正式开始筹建支付宝生态赋能团队。我们对于支付宝的业务是陌生的,支付宝的业务团队对于支付宝生态赋能团队能带来什么也是陌生的。我们要去了解这个生态,包括商家、服务商,从陌生到熟悉。同样地,商家、服务商对于支付宝生态赋能团队的认知,也要经历从陌生到熟悉的过程。

内部、外部有太多的工作要做,千头万绪。那么,有没有一件事,是应该放在第一优先级去做的呢?最开始我们也没想明白,就是和各路人天南地北地海聊。在聊的时候,我们因为职业惯性,常常都会问对方一句:"有没有什么案例可以分享啊?"在淘宝、天猫,这是一个非常简单的问题,因为有太多的案例可讲,有血有肉、鲜活淋漓。可在支付宝,我们发现,大家也在讲案例,但明显不够丰富、不够生动,而且常常是说这个客户用了我们什么产品,开展了什么业务,干巴巴的。这种情况遇见得多了，我们就有一个强烈的直觉涌现出来，一定有什么地方出了问题。

经过我们对内外部的走访，我们发现原因有几个：

第一，有些业务是新业务，所以没有比较完整的长时间线的大案例；

第二，业务团队的同学也有很多新人，也在熟悉支付宝的业务；

第三，支付宝的业务在快速发展，业务案例常常零散在各个BD（业务开发）同学手上，但是没有人去把支付宝的数字化案例做整体串联。

分析到这里，直觉告诉我们，一个很好的赋能切入口来了。因为无论是内部还是外部，所有人对一个新事物的认知都是从案例开始的。案例是最容易启发共鸣的。从案例入手，才有可能切入理性的业务沟通中，这在淘宝生态赋能团队过往的多年实践中，已经被多次证明了。

所以，我们很快就锁定了支付宝生态赋能团队的第一场战役：案例之战。

我们的同学广泛地调研业务部门，和BD同学聊天，获得了大量的案例线索。我们也走出去，和服务商聊，和商家聊，把线索带回来。我们也会拉数据，看TOP，看增速，找出我们感兴趣的受访对象。

到底应该采写什么样的案例呢？团队和我有过好几次深入的交流。最后，我定下了一个调子，那就是用老百姓都能听懂的语言，讲一线鲜活的数字化案例。少讲支付宝的业务，多讲商家的业务场景、商家的业务问题，从商家的视角出发，讲商家的故事。随便找一篇，给大家看看我们案例的样子。

支付宝小程序助力灵隐寺智斗黄牛

讲述人：肖春萍

大家好，我是肖春萍，是支付宝生态赋能团队的认证讲师，也是支付宝的服务商。今天给大家分享的是支付宝小程序帮助灵隐寺减少黄牛倒票的故事。

灵隐寺是全国知名度比较高的寺庙，也是杭州的标杆景点。灵隐寺不想互联网化，他们只想低调地做一家好寺院，但作为标杆景点的另一个身份，迫使他们的服务必须升级。海量游客前来膜拜，聚集在寺庙狭窄的售票处，因此提升售票效率迫在眉睫。

我们和寺里工作人员聊天时，了解到他们的顾虑，于是向他们推荐了支付宝小程序的购票方案。我们把小程序的线上搜索功能关闭，进入小程序的方式仅支持线下扫码进入，这样就满足了灵隐寺不愿线上曝光的诉求。游客到了寺庙门口，扫物料上的二维码，即可进入小程序购票，解决了这个问题。

这样稳定运行了一段时间后，有一天，我接到寺里工作人员的电话，对方说："小程序得停止使用。"

"为什么？用得好好的。"我很纳闷。对方说："因为有了小程序这个购票入口，黄牛就拍了小程序的物料二维码，把票放到线上销售平台去卖了，影响了我们对门票的销售管理。"又是黄牛！得把这个漏洞堵上。于是我们技术人员连夜给小程序做了升级，将购票和LBS（基于位置服务）定位能力相结合，后台设定扫码购票的有效范围，必须在寺庙周围500米范围内才能显示购票页面，这样黄牛总没有办法远程售票了吧？

小程序继续运行。过了一周，居然又接到了投诉电话。

寺里工作人员说："黄牛还在继续卖票，他们在OTA（在线旅游业）平台上卖了灵隐寺和飞来峰的联票，售价200元，可这两个景点加起来的实际价格也才75元。购买了联票的游客到了现场，一看价格相差这么多，就向我们投诉。这是怎么回事？"我们也懵了，按理都设置了定位，要买票也得到现场。这样还能倒票？黄牛真是打不死的小强！他们是怎么做到的呢？我相当好奇。于是，我和同事在周末人流高峰时去蹲点，想找到问题的根源。

我们和售票处的保安聊天，向他请教除了工作人员外，最近有没有频繁在售票处小程序物料周围出现的人。还真的问对人了，保安指着远处一个戴鸭舌帽的小伙子说："那个人天天来，也不进寺庙，就在周围晃荡。"我们眼睛一亮，太好了，有线索了。我和同事做好分工，轮流盯住这个人。我们死死地盯了他一天后，终于发现了奥秘。原来他在寺庙侧门附近租了个小房间，在把产品上架到第三方平台，有游客下单后，他就跑来扫小程序物料码买票，然后把入园的核销二维码发给购买游客，游客得以入园。

黄牛也不容易，为了倒票居然把据点都设到售票处附近了。你说他有这精神干啥干不成！弄明白了症结所在，我们在后台又增加了每张身份证限买一张票的规则，并将500米的范围缩小到了100米，这才彻底解决了问题。

灵隐寺又愉快地继续使用小程序售票了。客户服务真的需要精细化，反之，客户反馈的问题也推动我们持续进行产品优化。

这个案例带给我们的启发是，小程序的开发只是第一步，业务的复杂性要求我们必须不断跟进客户需求，做真正的精细化运营，在精细化运营的过程中完善我们的业务能力，这也是提供我们提升产品能力、优化行业政策的机会。

我们的案例大致就是这类风格的。每次读这些案例，我都特别高兴。因为在这个过程中，我也学到了很多。支付宝这么多的产品功能，乍一看觉得干干的，觉得离我们好远，但如果还原到一个个具体的案例中，原来是这么生动有趣。我觉得支付宝做的事情好伟大，也觉得我们真的是在为中国商业的一线做着自己的贡献。

这样的接地气的案例，业务部门会喜欢吗？他们会不会觉得我们太不专业？我们找了两篇，尝试发给了业务部门的部分同学，他们的反馈特别热烈："哇，还有吗？还有吗？我要转发给我的服务商，转发给我的商家。"这么热烈的反馈，也让我们信心倍增。

最开始，我们的案例集相当原始、简陋，就是用普通的A4纸打印，然后用订书器装订一下，再放到业务部门同学的桌子上。开始每期只打印几十份，后来要的人越来越多，现在要打印几百份。再后来，很多业务Leader看不下去了，说："安老师，咱们也不用这么节省吧，搞个彩打也好啊。"好吧，"被逼无奈"之下，我只好追加了预算。

业务团队的新人，都会被要求把案例册好好读一下，案例册被当作了新人培训教材。很多案例，也被业务同学转发给了合作伙伴，甚至成为业务方案中的案例。这些真的都超出了我的预期。

2020年12月30日，在阿里巴巴的Z空间，我们做了一次别开生面的案例分享会。12个热门案例的主角，被我们请到了现场，和200多位支付宝小二，来了一次近距离互动。小二纷纷感慨，我们提供了各种产品功能，但是这些商家把这些产品功能真正用活了，数字化的未来简直太有想象力了。分享会同步线上举行，还有超过10万个商家在听案例。他们纷纷评价，这是他们听过支付宝生态赋能团队最不像培训的一次培训。好吧，这次真的不是培训，真的是讲案例啊。

进入2021年，我们的案例从每月一个小刊物，变成了每天线上的10分钟小故事会，并在支付宝内外部进行直播。每天下午4点，很多商家会停下来10分钟，听听今天的数字化小故事。很多商家还主动报名，希望我们去采访他们，听听他们的故事。

支付宝生态赋能团队居然成了案例的编辑部和广播台。好像不务正业？但我觉得挺好，真的挺好。

案例2：支付宝生态赋能团队开放日

来到支付宝后，我带着支付宝生态赋能团队团队做的第二件有意思的事情，就是举行支付宝生态赋能团队开放日活动。听过市长接待日、公司开放日，你听过企业培训团队开放日吗？好像不多。没事儿，你这不就看到支付宝生态赋能团队在干这件事吗？

在淘宝生态赋能团队里，我们要向商家讲清楚电商的问题、新零售的问题。在支付宝生态赋能团队，我们要向商家、服务商讲清楚数字化经营的问题。说实话，真心不容易。国内还没有人敢站出来给数字化下定义。但是，即便这样，我们还是可以通过支付宝生态赋能团队让大家近距离地了解数字化，走进数字化。

怎么做呢？支付宝生态赋能团队开放日来了。所有企业，如果对数字化感兴趣，都可以报名支付宝生态赋能团队开放日活动。这个活动，我们在2020年基本保持每月一期的频次。在这一天，你会看到、听到什么呢？

首先，是对阿里巴巴Z空间的参访，让你了解蚂蚁和支付宝的发展历程。接下来，你会听到一系列淘宝生态赋能团队、支付宝生态赋能团队讲师带给你的数字化案例分享，比如热门的直播带货、短视频营销、数字化会员、私域运营、IoT（物联网）等。然后，你还会听到支付宝生态赋能团队在各个行业的一线，如何看待商业变化、如何给组织赋能的话题。

怎么样？这样的一天，我们的诚意满满吧。2020年，其实挺对不住热心朋友的，实在是能力有限，无法满足大家的全部需求。2021年，我们再改进。

开始，我们是本着公益的心态去做这个项目的。可是，我们做着做着发现，它又在自然演化。

首先是参与过的企业，不少都表达了和支付宝业务建立链接的意愿，支付宝生态赋能团队在里面又承担起桥梁的作用。其次是所有体验过的内部业务团队纷纷提出，把这样的模式从杭州复制到更多的城市，并且从宽泛的数字化聚焦到某个行业的数字化。

于是，支付宝生态赋能团队开放日下面又长出了一系列子品牌，比如"支付宝生态赋能团队开放日——××行业专场""支付宝生态赋能团队开放日——××城市专场"。虽然名字变了，内容变了，但是魂不能变。它们必须还是多元视角、讲案例、说人话、接地气。

每做一个开放日活动，我都会让我们的同学在最后留下半小时的空档，让现场的人自由链接、自由互动，看看现场生长出什么新奇好玩的东西。现在，我们的开放日有闭门私董会的环节，有资源对接的环节，有业务洽谈的环节，甚至有项目路演的环节。真的是越来越"开放"。

从一粒种子出发，万物生长。这何尝不是一件令人感动、快乐、幸福的事儿呢？

案例3：认证项目

在新业务推进的过程中，业务方需要与合作伙伴、商家做大量的沟通。有时候讲了很多次，反复讲、反复答疑，效果依然不太好。问题出在哪儿呢？

新业务的推行落地，涉及一系列利益干系人，比如支持者、影响者、拍板者、执行者等。其中，有两个角色尤为重要：拍板者，要理解，要支持，要给政策；而执行者，首先要有专人，然后这个专人要知道怎么干。

我们做了多年的商业赋能知道，一项新业务成败的胜负手，还真不在拍板者，而是由执行者决定的。

比如内容电商。我们和电商老板讲，大家都觉得做内容很重要。但是，由谁来干呢？运营的同学，客服的同学，还是招聘新人？专职干，还是兼职干？要干什么？怎么评价？喊口号很容易，但是落地很难。

比如新零售。我们和零售企业老板说，大家都觉得一定要做新零售，一定要线上线下打通。可是，由谁来干呢？电商团队干，线下团队干，营销团队干，信息团队干，还是重新设计一个新的部门？新零售是个项目，还是个业务？新零售怎么干？怎么评价？喊口号很容易，但是落地很难。

这两个例子都是最近几年，我们在做商业赋能的时候，真真切切遇到的问题。经过反复踩坑，我们发现有个方法被证明是靠谱的。那就是围绕一个新业务，把做新业务的人的岗位，打造成一个行业炙手可热的新职业，这才能形成势能。

五年前，社会上压根没有"内容电商总监"这个岗位，现在遍地开花。五年前，社会上压根没有"新零售副总裁"这个岗位，现在屡见不鲜。五年前，社会上压根没有"数字化管理师"这个岗位，现在持证上岗的人越来越多。回望历史，我们可以得到很多宝贵的借鉴。

在支付宝，支付宝生态赋能团队要帮助支付宝的各项新业务落地。以小程序为例，这个业务在现阶段，需要通过服务商来帮助商家实现基于小程序的自运营。那么，如何赋能服务商在小程序这块的能力呢？除了宣教，我们能不能做到更深呢？

我们开始做的是小程序服务商的技术能力认证，模块共四部分，包括运维、架构、前段、质量，在完成培训后，进行考试认证。每家服务商可以选派2~6人参与，每门课都要求过及格线。及格线根据内测情况和前期考试情况动态调整，整体保持一定的高标准。30%左右的每期通过率，差不多也堪称业界"酷刑"了。

很多服务商，一次考不过再考，再考不过三考，直到考过为止。考核通过的服务商，会获得由支付宝生态赋能团队颁发的"支付宝交付生态合伙伙伴技术认证"证书。所有持证的服务商，将获得支付宝提供的优先合作、持续赋能、方案共建等诸多权益和技术扶持。技术认证跑起来之后，在业界的影响力越来越大，很多服务商甚至找到我们的小二，希望"插班"，能尽早通过认证。

这个项目的"妙处"不在于我们发了多少证书，而在于通过这样的过程，我们影响到每家服务商的2~6个技术人员。他们熟悉支付宝的技术环境和技术标准，也是支付宝业务落地的技术中坚力量。通过认证后的一个月、三个月跟踪，我们发现这些服务商在支付宝新业务上的投入有显著提升。这让业务方的同学对这个认证项目投入越来越大的支持力度，我们的认证项目也成为业务推进的重要抓手之一。

技术认证异军突起，经营认证的需求就显得越发迫切。毕竟，一个新业务的落地，光靠产品技术是不够的，还需要人来运营。

于是，"支付宝数字经营合伙伙伴认证"应运而生。这个认证要求每家服务商选派2~4人参加，不但需要学习、考试，还需要做实际的客户经营案例答辩，从更多维度来考核服务商的经营能力。

经过跟踪发现，绝大部分服务商在认证后的一个月之内成立了支付宝小程序业务的专职团队或专职人员，相关的业务数据也有了显著提升。

最近，我们在做第三类认证，称为"细分行业的数字化认证"。因为前面做的技术认证、经营认证，本质上都是一类通用能力认证，但是，在行业的细分业务场景里，如果要实现更有深度的落地性，就要去做认证本身的下沉。具体细节就不展开了，大家理解大致思路即可。

用一个认证撬动一个业务的生长，可以称得上一个经典战役。

案例4：业务伴跑营

天猫、淘宝有自己的大促，比如双十一、双十二、"618"、年货节、女王节等。支付宝也有自己的大促，比如双十二、"717"。这里，以2020年支付宝717大促为例，讲讲如何做业务赋能。

717大促的一个核心抓手，是商家的消费券设置和发放。一方面，要去广泛触达商家，让他们自己行动起来。另一方面，要通过赋能服务商，通过服务商的地推人员，去面对面地影响、发动商家。

这里和大家讲讲第二部分，也就是通过赋能服务商去影响商家这条链路。按照传统的套路，我们可以做线上或线下的培训课程，或者培训+考试，让学员知道、学会这些业务动作和业务方法。但是，学完后就一定学以致用吗？未必。

那么，有没有其他解法呢？我们做的业务伴跑营就是一种尝试。

业务伴跑营以100个服务商为一个班，做线上孵化。开班时，我们会做特别的开班仪式，不是某个领导/讲师直播讲话，而是用连麦的方式，让大家相互看见，模拟线下破冰的感觉。

每天一个小知识点，只需要20分钟就可以学完。每天晚上，我们会有一个复盘环节。通过随机连麦的方式，参训的服务商可以分享自己在当天作业时遇到的问题、心得体会。在复盘环节，业务小二也会参与其中，对于服务商提出的问题，能答疑的当场答疑，需要改进产品的立刻通知产品技术去完善。

每次连麦时，我们都可以看到服务商真实的工作场景，也许是在自己的办公室，也许是在商家那里，也许是在去往商家的路上。这种线上的

"面对面"方式,让服务商学员之间产生了深深共鸣,并通过线上的交流,缔结了深厚的同窗情谊。

我们在复盘第一期业务伴跑营的时候,业务部门评价:这是我们见过的最不像培训的一次培训。因为这个伴跑营,就是我们的业务运营,就是我们业务工作的一部分。

从第一期出发,我们的伴跑营一期期在滚动复制,同时,也复制到了越来越多的业务场景。在很多班,支付宝生态赋能团队的小二已经抽身出来,由业务线的小二承担起班主任的角色。让成熟的模式自我复制,而我们去奔赴新的战场。

案例5:新零售人才联盟

2016年,我初入淘宝生态赋能团队,把精力都花在了和企业的电商团队打交道上。后来,我发现有点儿不太对劲。

第一,电商业务在很多企业里的占比越来越大,企业对电商业务的重视程度也越来越高;第二,电商业务和非电商业务从井水不犯河水,越来越走向了相互协作,甚至相互融合;第三,电商团队的人员在不断扩充,非电商业务也越来越需要熟悉电商的人才;第四,电商团队的培训,基本上是团队自己在搞,HR很少介入,有点独立小王国的感觉。

我的这些感觉在和很多企业的交流中不断得到验证。令我印象特别深的是,有一次我去参加淘宝生态赋能团队和某个品牌共建的新零售学院的成立仪式。他们的电商副总裁感慨道:"HR好多年都不关注我们电商这块业务了,现在终于也投入培训资源支持我们了。"奇怪吗?一点儿不奇怪。绝大多数企业的培训预算都花在了领导力、通用能力培训上,业务培训基本上也投在了线下业务,电商分到的资源自然少得可怜。

我认为这个现象是暂时的，未来所有企业"无电不商、无商不电"，以后电商乃至数字化，一定是企业业务的主流。那么，我们能不能提前做点儿事情呢？

2017年，我们联合国内的几十家知名企业，成立了"新零售人才联盟"。参与其中的就是这些企业的HRVP（人力资源副总裁）或HRD（人力资源总监）。我们通过定期的交流活动，让他们不断走进电商、走进新零售、走进线上，通过他们的触角来推动这些企业的数字化业务发展。

给HR讲的不是HR的东西，这个点儿很有感召力。很快，这个联盟发展到了几百家企业的规模，而且这个看似偏门的"副业"，很快给我们带来了幸福的"小尾巴"。

首先，这些企业向淘宝生态赋能团队发出请求，询问有没有面向所有中高层的通用的电商课程，让大家理解电商这个业务。我们的团队研发了一门课，叫作"非电商团队的电商管理"（简称"非电"）。这门课一经推出，就广受好评。很多企业反馈，原来很多对电商的不理解、不支持，其实真的是源于对这个业务的不熟悉。比如，HR用传统的对营销团队的标准考核电商，财务用考核线下门店的指标考核电商，现在他们发现这完全是不同的业务逻辑。

接下来，很多HR说，公司要做业务转型升级，要提升中高层的数字化经营意识能不能做些合作。这些企业希望淘宝生态赋能团队能够提供上门的课程培训。在这之前，淘宝生态赋能团队是没有内训业务的，从2017年开始，从这些零星的需求开始，到2018年正式推出了面向品牌企业的内训业务。现在，这个业务已经成为淘宝生态赋能团队一块非常重要的业务。

通过这个联盟的一系列活动，很多HR开始向淘宝生态赋能团队取经，希望在企业的业务里发挥更大的价值,而不仅是做传统的职能工作。于是,淘宝生态赋能团队和很多企业的HR一起,联合策划了很多业务的场。类似于我前面提到的新零售研学社,把品牌企业的业务团队与阿里巴巴的业务团队,聚在一起研讨共创数字化转型的方案,幕后的推手就是我们这波人。

你们可能想不到,与我们合作的一些HR Leader,后来居然转型做了业务Leader,真的是既让人意外,又似乎没那么意外。

今天,阿里巴巴的很多业务团队还会时不时问我们:"你们的新零售人才联盟,下次活动什么时候举办?能不能给我半小时给HR讲讲我们的新业务?"这个场景放在几年前,怎么可能发生呢?

小结

看完这几个案例后,大家有什么体会呢?

有时候,我们做得很辛苦。一件事情做完了,又开始忙下一件,再下一件,一年忙忙碌碌的,好像永远看不到尽头。靠我们的人力来"打地鼠",看似勤勉,实则低效。

有时候,是否有些工作会让你有"无心插柳柳成荫"的感觉呢?是的,上面这些案例就让人产生这种感觉。接下来的问题是,这些"无心"能否变成一系列"有心"呢?通过"有心"的经营,去实现"柳成荫"的效果呢?

我将本章的关键词命名为"**杠杆**"。**杠杆**的本质,就是用有限的资源去撬动最大的效果。对于企业培训团队来说,人、时间、精力是资源。这些都是有限的,要多花心思去做能够串联起来,以点带线,甚至以点带面的工作。

杠杆型项目的设计逻辑,包括两部分:一个是"支点",另一个是

"杠杆"。

所谓的**支点**，就是那个有可能引爆后续的"原始项目"。什么样的"原始项目"有引爆潜质呢？我认为有以下几个要素：

- **目标客户群体的容量足够大**。比如，商家数量是1万，一个班是50人，理论上，你几乎可以复制200个班，这就是后续的想象空间。
- **推出的内容有某种程度上的"标准"属性**。比如，能力模型、认证都是这类。有了标准，就有落地标准的延展想象空间。
- **参与的人要有深度体感，能形成口碑端的传播效应**。开放日的爽，训练营连麦的真，认证考试的难，都是深度体感。

那么，"杠杆"是什么呢？我认为其核心是运营+复制。

企业培训团队的同学做好产品的能力通常不差，但是运营能力真的不乐观。**运营**，就是要把好产品的价值充分放大。比如，跟踪学员成功故事是运营，根据店铺数据变化是运营，曝光学员中的光荣事迹是运营，让学员口碑推荐、做社交裂变也是运营。好产品要走出去，让别人知道它的好。

接下来，是**复制**。为什么复制？因为你这个"1"足够好。怎么证明你这个"1"足够好？要靠你充分、彻底、反复地挖掘这个"原始项目"，把它的价值好好讲出来，而且最好用故事的方式讲出来。我们要有创业者做"路演"的精神，大胆地向所有可能的投资者（合作伙伴）去"推销"我们的"1"。当更多人知道了、相信了时，才可能有更多的续集产生。

从0到1，从1到N，这就是"杠杆"的魅力。

第十章
头部三板斧之闭环

第十章 头部三板斧之闭环

头部三板斧的最后一个关键词是"闭环",我还从几个案例开始。

案例1:产业带赋能

对于电商平台来说,丰富供给是非常重要的工作。除了我们所熟知的品牌企业,中国有非常多的工厂具备良好完备的产线能力,但是可能还在做着OEM(原始设备制造商,俗称代工)或ODM(原始设计制造商,俗称贴牌)的工作,不为社会所熟知。

对于这些工厂来说,做OEM或ODM可能是一种历史选择。但是,工厂做自有品牌,已经成为大势所趋。只有做自有品牌,才有更大的概率走向微笑曲线的顶端,获得更强的市场溢价能力。

电商平台其实给产业带的工厂提供了一个做自有品牌的好机会。相较于传统的媒体投放,电商平台离消费者更近,营销到销售的转化链路更短,更容易实现品效合一。而对于电商平台而言,引入产业带的工厂,就给消费者提供了更多产品选择、品类选择,包括更好的性价比。

产业带的招商是平台丰富供给中非常重要的一项工作。宣讲平台政策、入驻流程等,只是完成了万里长征的第一步。

很多工厂的长处是生产,而不是商业运营,所以入驻平台还容易一些,但是如何在线上做生意,并实实在在地赚到钱,这才是难点也是重点。

对于招商团队来说,这些商家入驻平台,招商的工作就基本结束了。

对于行业类目运营的小二来说，如果这些商家的体量不够大，也很难被小二一一关注到，并给予相应的指导。这里面，存在一个"断层"，就是这些产业带商家，从入驻到经营的"断层"。

从组织结构设计来说，好像每个业务团队都没问题，都很好地完成了各自的工作。但是，客户端的问题也是客观存在的。淘宝生态赋能团队能不能通过赋能的方式去补上这个"断层"呢？我们认为能且义不容辞。

我们开始的尝试是为新入驻的产业带商家，提供为期几天的课程。虽然反馈很好，但是问题依然很多。最典型的就是在培训这几天听懂了，但是实操的时候又会有各种各样的问题。这时候，问谁？业务小二一定没办法一一回答这么细碎的问题，而自助服务对于商家来说好像也远远不够。如果这些问题没得到解决，这些商家就会失去耐心，可能就流失了。

我们能不能更进一步呢？第一次做产业带新商家孵化营的时候，我们也很忐忑。因为我们承诺，在一个月的时间里，每天都有淘宝生态赋能团队讲师驻场，秒问秒答。会不会出现商家问题爆棚的情况？会不会出现问题超纲，讲师解答不了的情况？讲师会不会因为太累了，半路撂挑子？每天秒问秒答，会不会话说得太满了？我们做好了各种救火准备，以备最坏的情况。

实际上做完第一期后，我们舒了口气。商家的问题其实非常基础，难度都不大，但是需要很耐心细致的回答，要做到百问不烦。另外，商家密集的提问基本集中在前一周，从第二周开始问题量就会降下来。而且，经过一段时间的运营，商家间也开始相互帮忙解答。

第一批被我们孵化的新商家，绝大多数都存活了，这真的是个伟大的奇迹。

到了第二期，我们首先基于第一期的常见问题，汇总了一个FAQ，扔在群里作为自助参考资料。而且，我们引入了第一批的商家做志愿者，帮助回答新商家的问题。第二期做完后，我们发现这种新商家孵化模式完全可以做，而且代价不大。

接着，做了第三期、第四期、第五期。现在从所有产业带招商进来的新商家，都会进入淘宝生态赋能团队的孵化营，我们通过这种模式帮助他们走出线上经营的第一步。

线上开张后，商家赚到了第一笔钱。怎么能持续赚钱，赚更多的钱？淘宝生态赋能团队还有后续的一系列课程、项目。比如，针对中小商家的流量课程，针对腰部商家的内容课程、分行业的特训营等。通过前期建立的信任，这些商家慢慢成长起来，又会进入淘宝生态赋能团队的下一轮赋能孵化中，并共同见证彼此的成长。

在这个过程中，招商引入—商家成长—业务增长，实现了漂亮的三级跳。

案例2：青出于蓝

在"师资"一章，我们聊了很多讲师招募的途径。但是，如果让我去比较几个途径，我一定最看重学员这个途径。让优秀的学员成为讲师，这是一件多么令人兴奋的事情。

每一年的讲师招募，在面试环节，我都会听到不下几十遍这样的话："老师，我是淘宝生态赋能团队的老学员，几年前我曾经听过××讲师的××课程。"有时候，我们会"调皮"地去调侃学员："你觉得现在自己的功力和这个讲师相比如何？"很多候选人都会有点害羞地说："我觉得我今年差不多，可以来试试看。"

对一个讲师来说，最幸福的事，是被学员记住。学员学到了，受益了，除了感谢，还想成为你的样子，甚至比你更好的样子。这就是榜样的力量。

那么，这种有点"虚"的设想，如何深入我们日常教学的每个场景中呢？

令我印象很深的是，在一次教师节的交流会上，一个淘宝生态赋能团队讲师说，我们在课上，不但要讲怎么赚钱，也要讲怎么做人；不但要讲在顺风的时候怎么大干快上，也要讲面对挫折的时候怎么扛下去。当时，我听了特别感动。因为这才是真实的商业世界，由有血有肉的人构成的商业世界。当淘宝生态赋能团队讲师自身散发着这种能量时，他自然能够影响到现场的学员。学习知识真的是最重要的吗？我认为精气神才是最重要的。

在最近几年的讲师招募过程中，我格外强调"闻味道"。怎么闻？让这个讲师讲讲自己的创业故事。如果我们作为第一次相遇的人被打动了，那么我们相信他也一定能打动其他人。

这几年，我要求团队要特别关注新讲师中来自老学员的占比，这个指标特别有意义。这个指标好，说明我们的教学不错，学员对课程是满意的；也说明淘宝生态赋能团队讲师这个品牌不错，大家以加入这个群体为荣。

青出于蓝胜于蓝，长江后浪推前浪。唯有这样，我们才能看到更美好的未来。

案例3：拥抱数字化

从2020年开始，"数字化"就成为商业领域的高频词。淘宝生态赋能团队也好，支付宝生态赋能团队也好，要去赋能商家的数字化转型，首先就要把数字化讲清楚。而且，不仅要讲清楚，还要让商家理解。

开始，我们也做各种尝试，比如邀请各路大咖分享，讲得热闹，听得热闹，可是公说公的，婆说婆的，很多商家说，越听越糊涂。然后，我们让支付宝的同学、淘宝天猫的同学来讲数字化。不过很多商家说，你们这样做有推销产品的嫌疑，不够客观。再然后，我们让不同行业的商家分享自己的实践。可是，挑战又来了，行业和行业不一样，他们家的数字化和我们家的数字化不是一回事儿。一时间，好像一团乱麻。

后来，我带着团队做了好几次头脑风暴。慢慢地我们发现，一个新概念从被大家接受到流行，一定是渐次推进的，不能一股脑儿赌在一个方法上，也不能搞运动主义，要有持续推进的规划。就像推一个飞轮一样，最开始要咬牙，好难好难，使了吃奶的劲儿可能也就动了那么一点点。可是，只要你持续用力，渐渐地，飞轮自身的运动惯性就会带动飞轮本身，越转越快。

那么，数字化这个飞轮应该怎么推动呢？我们分成了几个接力赛。

第一棒：宽泛意义的数字化转型。用老百姓能理解的语言、故事，降低理解数字化的门槛。比如，我们会说，从手工记考勤，到考勤机打卡，到指纹打卡，到刷脸打卡，这就是一个数字化的过程。又如，在外面打出租车，过去要靠当街伸手拦，后来可以电话约，现在可以在手机上约；过去报销要贴打车票，现在打车票都有电子票了，这就是数字化。很多人一听，哦，原来数字化并不神秘。我们要的就是这种感觉，让人不会望而却步，才有机会去接下一棒。

第二棒：行业化的数字化转型。数字化如果离开具体行业，体感是不强的。比如餐饮行业，上个销售点，上个外卖程序，上个后厨的小票打印机，都是数字化。可是在制造企业，人家说的数字化，是数控设备、柔性生产、自动补货系统。语言完全不同。所以，我们搞了行业数字化的研究项目，至少要让这个行业的人理解这个行业的数字化是咋回事儿。

第三棒：**基于产品能力的数字化转型**。我们做数字化赋能，毕竟是在支付宝的业务土壤上，所以终归要靠具体的产品工具来落地。比如，我们说商业领域的数字化会员运营，这个理念其实不难理解，但是怎么落地呢？是靠CRM、会员系统，还是靠小程序？这些产品工具要放在大的数字化背景下去理解，才更容易被人接受。

第四棒：**基于经营提效的数字化转型**。数字化讲了一溜够，总要帮商家降本增效吧。要不然，说多了都是耍流氓。比如，小程序这个工具我了解了，数字化会员运营理念我也认可了，可是怎么做呢？我怎么把人引导到小程序？我怎么才能让会员活跃起来？我怎么才能让会员产生更多业务转化？对这些问题一定要去解决，商家才能在数字化方面动起来。

第五棒：**基于组织设计的数字化转型**。数字化要落地，终归靠人，人是最后一公里。但是人的问题，反而是最难的。团队要调整，组织汇报关系要调整，分工要调整，利益机制也要理顺，人员还要培训到位。业务的事儿明白了，组织的问题也要给出参考答案，这件事儿才能落地。

2020年，我们给支付宝生态赋能团队这个生态做的最大的贡献，是我们提出的数字化赋能的"风车模型"。我们把我们自己做数字化市场教育的这五棒总结成一个模型。这个模型（见图10-1）被很多企业引用，成为企业数字化的底层逻辑。

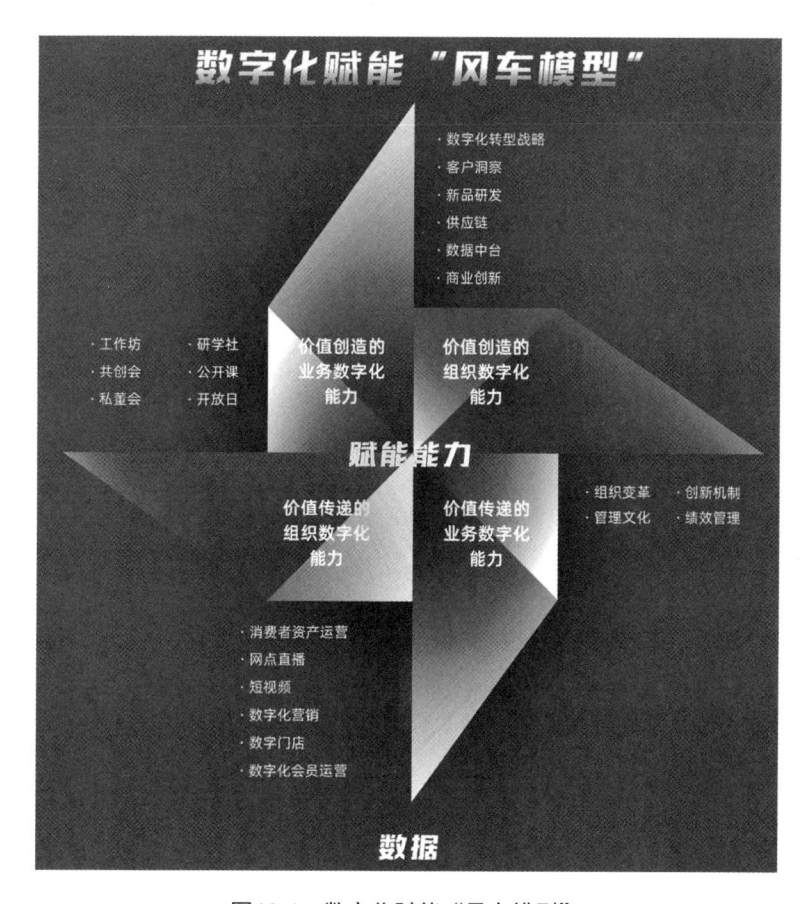

图10-1 数字化赋能"风车模型"

案例4：从公益的心态到商业的手法

我们被问得最多的问题就是：你们为什么要商业化运营淘宝生态赋能团队？做赋能，不应该是公益的心态吗？你们每年要赚多少钱？有多少利润？你们的KPI咋定的？

说实话，淘宝生态赋能团队应该怎么做，在阿里巴巴内外，也是个见仁见智的问题。

纯免费给商家做培训，甚至不限量，随到随学，好不好？当然好。现不现实？不现实。如果是这样，与淘宝生态赋能团队要服务千万量级的商家数量相比，我们要配备多少个小二呢？按照1∶10000的比例，也要1000个小二。可能吗？不可能。

那么，反过来，通过收费的方式，只给有付费能力的商家做培训，好不好？挺好的。个个精准，个个有强烈的付费学习意愿，不仅大幅减少了学员的基数，减少了我们的工作量，我们还有不错的营收数据。如果这样做，是否会出现两极分化——大商家越来越容易，中小商家越来越难？我估计很有可能。

做生态赋能，"生态"这两个字决定了我们很难简单粗暴地说，我们只做一件事，押宝式的决策。就像市场经济一样，不能只讲公开、不讲效率，也不能只讲效率、不讲公平。

所以，淘宝生态赋能团队要公益的心态、商业的手法。具体怎么做呢？

面向广大的新商家、中小商家，我们提供大量免费的基础在线课程、免费的线下公开课，包括给店铺提供免费的学习平台（云课堂），甚至在线上开设了免费的问答社区，至少在应知应会这个层面，帮助商家拉在一个水位线上。我们在最大限度上开放这个赋能的基础设施，并尽最大可能辐射到每个商家。但是商家学不学，我们很难强求，但至少他想学，他就能学。

但是针对腰部商家和头部商家，也通通免费吗？在商业世界里，价格是一道筛选器，筛出真正的有需求者，避免资源的过度浪费。当更高阶的课程也免费时，真正有需求的腰部商家和头部商家很可能被更大基数的非目标客户群体排挤在外，这是显而易见的事。结果是双输。

所以，做生态赋能，免费和付费根本不是问题的关键。针对不同的人，根据他们的实际需要，以及他们的付费能力和付费意愿，提供合适有效的产品和服务，这是关键。

我们如何让淘宝生态赋能团队、支付宝生态赋能团队的业务有效运转呢？

如果我们是个不做商业化的团队，这就意味着，每当有新的需求时，如果觉得应该做，但又不在培训年度计划内，我们就要开口向组织追加预算，说清楚为什么花、怎么花。一次、两次还好，如果次数多了呢？就到了挑战人性的时候，我们很可能嫌麻烦就放弃了。

如果在某些业务上赚了钱，当有新的需求时，哪怕是免费的，我们也有底气说，这笔费用我们出了，我们支持你。大家体会一下，这是什么样的感觉。有些业务还在孵化期，有些需求急迫而重要，有些人群就是需要扶持。如果没有营收的缓冲池，事事都要说清楚是谁的责任，费用谁出，好多事估计就不了了之了。徒有热情办不成事，有资源才有底气。

大家想象过这个画面吗？当我们教商家如何做经营、如何赚钱时，商家会问你，你们淘宝生态赋能团队赚钱吗？如果你自己不做经营、不赚钱，凭什么教我呢？你们淘宝生态赋能团队和那些象牙塔里不接地气的学校还有什么分别？

做业务，做管理，不能意气用事，要想想怎么做是对的，怎么做是能长久的。

在淘宝生态赋能团队的历史上，有过几次转折、反复。因为商业化也好，非商业化也好，无论支持哪一边，你都能找到足够多的理由。

但在今天这个时点，淘宝生态赋能团队证明了自己的营收能力，也证明了自己赋能业务、赋能生态、赋能社会的能力。我们用商业化的手法，实现了公益的初衷，这样的闭环，我认为很精彩。

小结

这三个案例的共通之处，我将之归纳为"闭环"两个字。我理解的**闭环**的本质就是两句话：以终为始，不忘初心。

很多人、很多团队、很多部门，他们将视角放在了自己的那一段，做好自己的事，却很少思考最终价值是什么。这么做没有错，但是，这不是我的"理想国"。企业的所有工作，要闭环到客户价值。企业培训团队做赋能，要闭环到学员价值，终归要闭环到客户价值，闭环到我们的愿景、使命、价值观。

在这个过程中，我们从输出课程，到输出培训项目，到输出赋能的能力；从培养学员，到改变学员，到推进业务，到达成结果；从影响商家，到孵化商家，到跟踪商家成长，到看见商家蜕变。只有实现了最后的价值，前面所做的所有的事情才有意义。

闭环并非真的闭环。很多时候，看似一个环路的结束，可能就是一个新的环路的开始。企业中很多事都是这样的，一轮轮螺旋式上升，周而往复，但拉长时间线去看，我们在不断挑战更高的海拔。

我特别喜欢"看十年，做一年"这句话。在我看来，这句话就是真正意义的大闭环。心中有远方，但是集中精力做好当下的每个小闭环。一步步扎实地去做，用看似慢的过程，最终收获快的结果。

第十一章
赋能团队的自我赋能

三板斧的内容讲完后，那么，关于如何做赋能工作的干货也讲得差不多了。但是，做赋能的人，我们自己，应该如何自我进化呢？这个问题，特别值得反思。

在服务企业客户时，不少集团型企业的培训负责人也经常和我抱怨，集团上上下下的培训团队人也不少，但始终捏不起来合力，有时甚至还会相互打架，让人感到有些无力。

我常常从这些问题出发，但也不纠结于这些问题。我会问他们的时间都花在了什么地方。很多人的回答都是在各种项目上。当然，项目很重要。但是，管理努力、管理心力更要花在赋能人员的身上，让他们具备赋能别人的能力。最佳实践萃取的能力、项目设计的能力、影响他人的能力、绩效改进的能力，这些都是最重要的"器"。工欲善其事必先利其器，赋能之器，就是赋能团队的能力。如果一个赋能团队不会自我赋能，就不要指望他能创造什么客户价值了。

一、思维决定行为

一个企业培训团队如何做才能和其他企业培训团队不一样，如何形成自己的风格和特色？我常说，思维决定行为，行为决定结果。企业的顶层设计如此，赋能团队也如此。我总结了十组不同的赋能思维模式，没有好坏高下之分，但是可以做个参照。

（一）事的视角vs人的视角

做组织赋能，视角应该放在"事"上，还是放在"人"上？这是一个核心问题。

人的视角，相信**因人成事**。所以，投资于人、人的能力，希望促成个人行为的改变，借此获得个人业绩的提升，进一步达成团队、公司的业绩提升。这个视角，是目标倒推逻辑。

事的视角，相信**借事修人**。着眼于问题的挖掘、分析，在解决问题的过程中提升团队和个人的战斗力。这个视角，是场域塑造逻辑。

这两个视角有没有对错、优劣呢？没有。因为视角问题和价值观类似，都是选择，选择你相信什么。

你如果问我："安老师，你的个人观点是什么？"我会诚实地告诉你，我是借事修人的观点。因为企业如战场，招人进来的目的就是打仗，而不是培训新的士兵，培训是辅助目标，不是主航道目标。因人成事，更像学校的逻辑，是长线的社会逻辑，也许是对的，但我不会选择它。

（二）运营视角vs产品视角

很多企业培训团队都有课程开发岗位，最近出现了学习项目设计师岗位，但是学习运营岗位比较少，这个很耐人寻味。

在计划式、福利式、强制式的培训主线下，运营确实不重要。反正，不管你需不需要、爱不爱听，你也得来。我办班，组织场地，组织讲师，就得了，你的体验好坏不影响我的KPI。这是典型的有产品没运营、有管理没运营的逻辑。

今天，这套逻辑会有不少问题。在越来越严峻的形势下，没有用的、形式主义的培训会越来越少。老板也不是"傻子"，员工的时间当然要用到刀刃上。所以，员工在学习上再次有了选择的自由，越是互联网化程度高的公司越是如此。

咋搞？运营学习，而不是管理学习。对AIPL这套商业理论，大家要去多体会。从深挖需求、设计培训价值点开始，在引发关注、激发兴趣、促成学习行动、达成学习忠诚度的每个环节，去思考"凭什么"。凭什么员工要跟你玩，凭什么员工信任你，凭什么员工支持你。

当你培训别人如何做粉丝运营时，你的培训运营就要是粉丝运营的玩法。当你培训别人如何做直播带货时，你的直播课程就要有料有趣而且带货力强。赋能也是业务，业务亦是赋能。

要把自己当一家创业公司，把员工当挑剔的顾客。当把自己逼到这个角落时，很多事情自然不言而喻。

（三）动态视角vs静态视角

很多公司的战略规划部被裁撤了，因为他们发现，规划这事儿好像很难，不按规划出牌的事儿越来越多。

但是职能部门好像还没受到这波冲击，还是按着计划—执行—复盘的路子在走，看似稳健，实有隐忧。

建议大家不妨把企业培训团队的工作计划做成半动态的。一些必须做的，比如新人训，按计划做即可。但是，一些和业务、领导力相关的，建议先思考明年业务的核心策略、组织能力的核心问题，保持一定的计划灵活性。因为很多时候，业务培训、领导力培训的需求是激发出来的，而不是设计出来的，这个越来越常见了。

所谓**动态视角**，就是把动态本身视作常态。永远考虑什么在变，什么可能变，不断在预设改变，不断在验证改变。看上去大家都很累，其实内心更笃定了。

（四）未来视角vs当下视角

很多企业培训团队的同学，都在讲VUCA。不过，讲归讲，做归做。VUCA的本质是未来视角，思考未来发生的问题，以及对未来问题的当下准备和未来应对。企业培训团队最舒服的状态，是就当下的问题，想当下的解法。这个很正常，因为没有人或组织喜欢变化。

在很多次分享时，我都会抛出几个问题。对于战略地图，今年的这张图和去年的这张图一样吗？肯定不一样，对吗？那么，明年的这张图和今年的这张图一样吗？五年后的这张图和今年的这张图一样吗？大概率来说，也一定不一样。

如果我们认同这一点，那么接下来的事情特别简单，为明年/五年后的改变提前做赋能准备。有些改变是方向性的，路径还在摸索，那么就去**赋能意识**、**赋能共鸣感**。有些改变是路径清晰的、决策坚定的，那么就去**赋能方法**、**赋能共识**。还有些改变，方向、路径都不清晰，那么**赋能就要去不断破壁**、**跨界**，引入更多的外部视角，激发内部讨论，促成内部改变。

> 就像医生一样，有些医生治已病，有些医生治未病。未病，就是典型的未来视角。最好的治疗是预防，于赋能，也如此。

（五）商业视角vs赋能视角

赋能是个支持性工作，还是赋能本身也能有自己的商业化闭环？这是进取型企业培训团队一定会思考的问题。

先和大家讲另一件事儿。不少企业的转型，一个有意思的路径，是从重资产的自营模式，变成轻资产的管理输出模式。特别是2021年的疫情，让很多企业，特别是在行业内有一定头部地位的企业转型。这个转型的背后，是头部企业具备了自身的经验沉淀能力、模块化输出能力，以及商业模式重构的能力。

回到正题。赋能视角，一般的企业培训团队都会做，难的是商业视角。挖掘需求，构建通路，提供产品，获得收入，形成闭环，这本身就是天经地义的事儿。无论是组织边界内，还是组织边界外，所有的付出都是有成本的，都是要核算价值的。这里要突破以下几个要点：

- 从免费到付费，这第一层窗户纸如何捅破；
- 从虚拟结算到真实结算；
- 从低客单价到市场化定价；
- 构建业务组合（引流产品—标品—增值产品），**构建定价组合**（免费—低客单—高客单）。

这四道关都通了，很多问题也就有解了。**赋能+商业**才能真正形成良性互动。

（六）整体视角vs局部视角

我看过很多培训团队的工作计划，往往是一个项目一个项目的，看上去很多，实则很散。我称之为点很多，但是连不成线，更别提面。

如果培训做到最后，像提线木偶一样，提一下动一下，效率太低了，那么企业的事儿真的就没法搞了。我们说的共振，我们说的"一石激起千层浪"，目的就是让培训自身复制起来，让一个场域的变化激起更多场域的变化。

前面，我们也提到了"杠杆"这个关键词，大家再去体会一下。什么样的事情是有杠杆效应的，能够带来10倍速改变，或10倍量复制。大家可以围绕两个方向去思考，一个叫横向复制，从1到10到100；一个叫纵向打穿，从脚到头全贯穿。能带来这种效果的项目，才是有"杠杆"的项目。

> 和局部视角的区别就在于，整体视角着眼于全局，着眼于什么事情能带来全局的变化。就像战争推演沙盘一样，不把视角拘泥于一城一池，而是更广阔的天地。

（七）多边视角vs单边视角

单边视角，是培训团队自己的视角。**多边视角**，则是多业务视角。这个在很多赋能场景中，都有泾渭分明的分界线。

单边视角最简单，整个决策执行都是培训团队自己做出的，所以路径最短。但是，往往效果也最一般，因为屁股坐在了培训上，没有坐在公司、业务上。多边视角往往比较复杂，参与的人多，意见也多，需要协调的事项也多，但是，好处是联动的资源多，起到的杠杆效应大。

对企业的事，大家应该都有体感，单点封闭的场景越来越少，很多问题都是系统问题、体系问题、机制问题。这个时候，靠一己之力去解问题是不现实的，也是低效的。卷入的团队越多，贡献的参与越多，往往就能撬动更大的事儿。

那么，凭什么撬动多边？这是策略问题。如何在一个项目中让几方都觉得有价值，有意愿参与，都愿意投资？这个局谁来攒？是借场，还是造场？谁是发起者？谁是一锤定音者？谁是支持者？谁是赞助者？对这些问题，我找时间再和大家聊。大家先去朝着"多边"的方向去思考，自己找找答案。

（八）闭环视角vs片段视角

前面我们讲了一个很重要的关键词——闭环，这是一个重要的商业思维,也是重要的管理思维,更应该成为培训赋能的指导思想。

与闭环对应的是片段化的工作,也就是我们常说的,有开头没结尾。比如,一个培训项目做完了,学员听得挺激动,就没有然后、没有行动、没有跟进、没有结果了。

PDCA是大家很熟悉的一个闭环。那么,培训赋能的闭环是什么呢?可以有不同颗粒度的闭环。比如,不信不会—相信—学习—学会—应用—结果,这是个闭环。又如,培训项目—业务动作—业务结果,这也是个闭环。再如,培训—案例—传播,这还是个闭环。

> 闭环在某种意义上,和杠杆是同类的概念。杠杆讲的是复制效应,**闭环讲的是连带效应**。切记,就一件事论一件事,是最坏的努力方式。举一反三,以一敌百,才是努力的方向。

(九)事业视角vs职业视角

这两个视角的问题,其实是个直白的问题:我们是职业经理人,还是公司内部的创业者?有区别吗?有!

不少培训团队的同学的专业度都不错,他们把课程开发、引导促动、师资运营、学习平台搞得都不错。如果问他们的职业规划是什么,他们通常会说,深耕培训或成为讲师……很少听到他们谈战略、商业、业务的想法。这些同学,其实是一群蛮可爱的人,有自己的热爱,也有自己的专业梦想。

我们做个换位思考。企业需要什么样的人?如果你是CEO,你需要前述的这些同学吗?我估计不太好说。因为从企业的视角,课程开发、引导促动、师资运营、学习平台,这些都是很微观的事儿,这些事儿的上一层是团队能力的问题，团队能力的上一层，是业务能力的问题。CEO通常会关注到这两层，很少会穿透到最底层。CEO要的是结果，是解决问题，至于课程、师资、平台，这些都是解决问题的手段、过程、路径、方法。

> CEO说，我要在这个地方打个洞。你告诉我，你有斧子、锄头、电钻、钉子、挖掘机，这些东西有多好多好。最后，终归要回到洞打没打出来。专业不等于能力，能力不等于解决问题，这是朴实的大白话。

（十）无边界视角vs边界视角

企业培训团队的定位决定了企业培训团队的边界。如果定位在员工能力培训上，那它的边界很清晰，也很简单。如果定位在公司发展的软性基础设施上，那它的边界几乎无限大。

所以，企业培训团队首先要明白的是公司、CEO对于企业培训团队的期待。先不要做预设，因为新员工培训、文化培训、领导力培训等都是细节问题。重要的问题是，公司、CEO对于企业培训团队在企业里发挥作用的价值性期待是什么。然后，围绕这些期待，去展开策略、路径、方法，然后去想做什么项目，做什么事儿。

企业培训团队一定要学会自我清零。对所有的事儿，如果明天换个团队来做，还会用一样的方式吗？一定要不断追问自己这个问题。

从我自己的实践经验来看，企业培训团队要不断围绕价值创造去突破培训边界。场就是对培训课堂的突破，组织干预就是对OD和LD（学习发展）边界的突破，业务干预就是对业务和赋能边界的突破。公司往往有很多所谓的边界，也有很多的三不管地带。最后，真正扛起公司往前走的，一定是屁股坐在公司整体、把公司发展作为边界的那群人。这群人，请让我们叫他们一声，中流砥柱。

二、复盘与知识管理

海豹突击队有句名言："保养好你的装备，你的装备就会照顾好你。"中国也有类似的话，叫作"平时多流汗，战时少流血"。大家品品，其实这两句特别有辩证法的味道。

企业培训团队自身的精进，也是一样的道理。我带团队，最抓团队自身的知识管理。每做完一个项目，就要把它从头到尾反复吃透，去梳理每个环节。只有这样，才能在下次有更好的表现。

很多人对此可能不以为然。别人做的项目，和我有啥关系。项目做过就过了，下次也不可能和这次一样……这些想法就像一个个慢性毒素，让一个人、一个团队失去了活力，失去了精神。

对于团队的年轻人，我常说一句话：把团队每个人做的事情，都当做自己的事情去做。问问自己，同样的任务，放在自己身上，能否高标准完成？如果不能，那么缺了什么，去补上它。

你对工作用心，工作也不会辜负你。

（一）我所理解的复盘

复盘的目的是向所有的收获学习，向所有的错误学习，向所有的遗憾学习。

有的遗憾来自项目分享者本人。他们对本来可以做得更好的地方，虽然事后马后炮，但是依然可以告诉自己以后更完善。有的遗憾来自听的人。在听的过程，反思自己做过的类似项目，从别人的项目中找到自己遗漏的闪光点。

有句话说得特别好，人很少为自己做了什么后悔，但往往为没做什么而懊恼。复盘就是这样一个过程，总有遗憾，总有更精彩的下一次。

接下来，聊聊复盘的基本思路。从目标回顾开始，总结highlights（亮点）、lowlights（不足），然后形成改进的行动项。这样做，大体不差，但可能离我期待的复盘相差较远。

复盘要让做项目的人有所提升，也要让没亲历项目的人有所收获，这是我对复盘的期待。

做项目的人说说做得好的、做得不好的，本质上，属于马后炮，没太大用。下一次，大概率该错的还会错。为什么？因为他没有认真反思，重做一遍，应该怎么做。这个重做一遍，一定是"像素"颗粒度的，一帧帧地重演项目的每个细节。怎么检验有没有做到像素级别的复盘？简单方法就是"扎三刀"，即问几个关键细节的问题。能讲清楚的，大概率就真想明白了。

在组织里，花时间做复盘，就一定要把个体经验变成组织经验。啥意思？你没做过这个项目，对吧？你来听做的人复盘，然后问问自己，能不能按80分水准重新操盘这个项目。如果能，就是好的复盘。如果不能，说明没复盘到位，因为没听懂、没掌握，复制不了。怎么检验80分水准？还是"扎三刀"，问几个细节。对有画面感的回答，说明他们真把别人的经验学会了。

所以，复盘不是方法会不会的问题，是花没花这个心力的问题。多数人知道，极少数人做到，这就是区别。

关于"**心力**"，听起来好像有点虚。我给大家讲个小故事，这个故事引自网上，暂且叫他保安老王的故事。

公司有个保安，人家都叫他老王，年纪四十岁出头，一副朴实憨厚的样子。老王受雇于一家物业公司，派驻到我们公司做保安工作。

老王有个最大的特点，就是见到所有员工都会热情地打招呼。最开始我们以为，老王只是偶尔听闻哪个员工的名字才跟他打招呼的，后来发现根本不是。路过保安室的时候，经常看到他跟员工打招呼："你帮你们办公室的谁带下快递吧。"这时候，我才知道，他不仅叫得出我们办公室大楼几百号人的名字，而且对谁和谁是一个办公室的都了如指掌。这样就能够快速地处理掉保安室的快递，而且跟员工建立了亲密的关系。

这些还不是最绝的，后来我发现他除了对员工名字、部门分布，对员工的车牌号也了如指掌。我无法确定他是不是对每辆车车牌号都背得滚瓜烂熟，但是确信他能够分辨出哪辆车是谁的。因为有很多次，员工没有规范停车，他都能够打电话直接联系到员工本人进行处理。是的，不是通过114通知！

这样，老王跟公司里的员工都建立了深厚的感情，任何他碰到的事情，都被他处理得井井有条，最关键的是，他的存在，极大地方便了大家。

直到后来，老王说要离开了，因为公司重新招投标外包公司，老王所在的公司没有竞标。这样一个人就要离开我们的视线了。临走的时候，很多员工跟他道别，拍照留念。

老王的故事讲完了。我相信我们很多人的周围也会有老王的身影。他们的记忆力超级好吗？他们超级有天赋吗？也许有，但我更愿意把这种做法归为用心。把简单的工作做到极致，就能成为一个细分领域的无可替代的人。

（二）赋能团队自身的知识管理

每当团队有新入职的员工，在头两个星期，我一般都是"放散羊"的模式。你自己去看，去听，去和人聊，用自己的方式去感知这个团队，感知这个团队正在做的事情。如果你不找我，我绝不主动找你。两个星期后，咱们聊聊，在这个团队，我们一起可以做点什么。当然，我还会给你个好地方去了解这个团队，那就是我们的线上学习平台。

我们自己的线上学习平台，基于淘宝生态赋能团队的云课堂系统搭建，上面有一百多个我们团队实际操盘的赋能项目的复盘。作为一个新人，你可以不受限制地浏览全部内容，快速吸收这个团队过程的经验心得。

很多新人在看过往项目复盘时，会有很多问题，于是，他可以借着了解所看过的项目，去和当时的操盘同学沟通，让对方解答自己的困惑。当然，更重要的目的是，让一个新来的同学，建立对这个团队的向往，让他看到自己未来的可能性。

这个做法，和我当年在咨询公司的经历有很大关系。我曾在一家世界排名前五的战略咨询公司实习，里面有一个内部网络，可以看到这家公司做过的各种项目，包括项目的各种重要里程碑、项目的内外部评价。如果有兴趣，你也可以直接联系当时的项目经理。公司这种需要强烈自驱精神的工作环境，深深地感染了我。公司也许培训做得不多，但是它提供了足够丰富的资源。只要你想，就能从中汲取源源不断的养分。

在企业培训领域，我们能否复用这个模式？我认为一定能。

我们团队有个同学，被我任命为团队的CKO（首席知识官）。他协助我，跟踪团队做过的各个重要项目，并和这些项目的项目经理一起，在项目结束后的一两周内，形成完整的项目复盘。他不仅要在团队内组织复盘学习会议，而且要第一时间沉淀在我们的线上学习平台上。

这个习惯，从我加入淘宝生态赋能团队就开始了，一直保持至今。我和我的团队都是受益者。

接下来，我想说说另一类知识管理，称为CSM（客户成功管理）。这是我们效仿软件公司的方式，构建的一个虚拟团队。

我们团队的同学会轮流跟踪不同行业、不同企业的真实案例，这些案例以我们的学员企业为主，这让我们比较容易获得真实有效的内容。这些案例需要包含企业背景、企业产品、竞争地位、决策话题、选择困境、关系人体系、行动决策、后续结果等。通过跟踪这些学员企业的案例，可以实现三重目的：

第一，帮助我的团队不断丰富商业感知，始终接地气；

第二，通过案例来不断丰富课程内容，保持鲜活；

第三，从案例企业中发掘有潜力的讲师苗子，丰富讲师池。

今天，我特别自豪的一点是我们与很多企业交流时，常常可以很快引用我们某个学员企业的情况作为参照。这就是看得多了，自然会形成自己的想法、判断。

这种基于学员企业案例的广泛涉猎，也是很多企业愿意和淘宝生态赋能团队、支付宝生态赋能团队结网的原因。毕竟，能够站在这么宽视野角度去做商业赋能的团队，也算异类吧。

三、跨界，让赋能团队持续升级

当我的团队在工作中遇到困惑时，我常常鼓励他们跳出来看问题。一个是站在更高的层面思考问题，另一个是站在不同的行当看问题。跨界，是非常重要的解题方式。接下来，和大家介绍一些我比较欣赏的跨界参考对象。

（一）NBA

NBA从1986年起就开始做"新秀过渡项目"，相当于企业对新入职员工的"新人培训"。只不过，这个"强制性"培训不仅教你如何融入NBA，重要的是教你如何正确对待各种诱惑。从1986年首次亮相后，"新秀过渡项目"课程一直根据球员的需求不断调整。但金钱、毒品、性始终是不变的话题。

"这些年轻的百万富翁，必须学会如何管理自己的财富，抵御美色诱惑。"NBA主管球员事务的副总裁格雷格·泰勒是这个项目的负责人，"当你和NBA签下合同时，你就是真正的高帅富，来自金钱和女人的诱惑自然更多。"

培训期间，尽管保密工作做得很好，但还是有一群女球迷在驻地附近出现。在培训的第一个晚上就可以从酒店酒吧和餐厅里认出她们，因为她们穿着惹眼。球员们对于受到关注很满意，到处都是调情搭讪的人，他们计划在培训的后期认识其中的几个姑娘。

第二天早晨，球员们和往常一样出席会议。他们很惊讶地发现那些女球迷守候在房间门口，她们再次一个接一个地介绍自己："你好，我是希拉，我有艾滋病。""你好，我是唐娜，我有艾滋病。"刹那间，有关艾滋病的讨论让球员们恍然大悟。他们明白人生如何开始失去控制，一个晚上的放纵如何造成一生的遗憾。

据ESPN报道，在这几年的培训课程中，球员们被要求大声背诵"我不想破产"的字句，避免大肆挥霍导致退役后生活无以为继的悲剧。

NBA会邀请不少理财方面的专家指导这些球员在未来如何管理自己的财务，避免那些"酒肉朋友"蚕食了自己通过努力赚来的年薪。

"这些内容很有帮助。你永远不知道未来会发生什么，但还是学到了很多东西。"2016年湖人队的新秀榜眼布兰登·英格拉姆就在完成了课程之后，选择让他哥哥到洛杉矶来监督他，"哥哥会监督我不要步入歧途，确保我不会辜负年华。"

相比于金钱和性，毒品是更致命的"杀手"。

曾经在掘金队、凯尔特人队以及中国CBA球队效力过的克里斯·赫伦也是"新秀过渡项目"讲师，他主要负责的内容，就是用自己的痛苦经历告诫新秀。赫伦在24岁时接触毒品，并且迅速堕落。因为吸毒，他被NBA球队放弃，家庭破碎，甚至一度想要自杀……

当然，这个每天上课12小时的项目并不是只有"耸人听闻"的故事。

NBA安排的内容信息量巨大，包括如何穿衣着装，如何安全驾驶新购置的跑车，如何在激烈的比赛后通过正确的方式提高睡眠质量，如何在各种特殊情况下自如地面对摄像机镜头……

对NBA的新秀培训，大家可以体会一下。讲授类的说教很少，也很难发挥作用，但是，他们通过形式多样的"造场"，给学员创设了很多别具一格的体感，直指人心。我常和团队的同学说："你们看看，其实好的培训，看上去都不太像培训，如果太像，反而要好好检讨一下。"

（二）德云社

过去德云社的规矩是，拜完师后，你要先在小园子里打扫卫生，干好几年后才有资格登台演出。这样做的目的就是让你耳濡目染，把你熏出来。短期培训之后也可以跟着老师上台演出，但是这样的人凤毛麟角，能成为幸运儿的恐怕屈指可数。德云社人才选拔都是万里挑一的，这样还要好几年才能上台演出。

如今的德云社，面向大众开始招生，招来的学员会到德云社的基地德云传习社中去学习。当系统学习一段时间并经过考核之后，他们就会去实习，实习之后再经过考核就会获得一些登台机会。只有在这一环接一环的流程中，经过不断的磨炼，才能让他们有更多能耐面对台下的观众。

德云社也因此成立了青年队，如今每个小剧场中的演员，几乎都是从青年队过来的，可以说每个人都身经百战……

德云社有自己的小剧场，通过这个舞台可以让学员得到充分锻炼，然后在更大的舞台上才会显得信心十足。想要在小剧场登台，不是一件容易的事情。按照德云社的标准，起码要会说50段相声，这个本身难度就很大。更有难度的是，这50段相声每次都要说出新内容，让观众每次听完感觉都不一样，这并不是一件容易的事，这是一个演员真正成熟的标志，那就是具备强大的临场反应能力，这是其他相声同行无法比拟的。

我的体会是，德云社的培养模式和教育行业的讲师培养模式特别像。首先找感觉，耳濡目染，形成下意识的条件反射，然后强化训练，规范技能动作，往专业路子上走。有些岗位的培训，需要"浸泡"其中，需要时间的沉淀，当然，也需要系统科学的设计。

（三）古代皇室

我国封建社会历代统治者都把对皇子的教育和培养，作为十分重要的一项工作来对待，逐渐积累了一系列行之有效的皇子教育培养制度。

皇子主要的学习内容基本分为两个方面：一类是以儒家经典、历史典籍为主的礼法和知识。以明代为例，朱元璋洪武年间，建大本堂，置古今图书于其中，并令四方名儒训导皇太子，选才俊之士作为伴读。其后逐渐发展，形成每日讲读之制。每天早朝过后，先由侍读官陪伴皇子读《四书》、史籍，而后由侍讲官讲解所读内容，其次再由侍书官指导练字。凡所读书，三日后要求背诵熟练，温书之日，不讲新书；练字则要求春夏秋日百字，冬日五十字。清代对皇子的培养更为严格和全面。一般皇子6岁开始进入上书房学习，每日大约清晨5点起读，下午4点放学，虽严寒酷暑而不辍。除了汉文典籍，满文和骑射也是清代皇子必学的内容，后来还要学习西学传入的一部分几何学等知识。清人赵翼在《檐曝杂记》中说:"本朝家法之严,即皇子读书一事,已迥绝千古。"

皇子学习的另一类内容是帝王治国理政经验。皇帝会以口头或者书面的方式将总结出的为帝之道传授给皇太子,令其阅读和学习。贞观二十二年正月,唐太宗将自己亲笔撰写的《帝范》十二篇赐给太子李治,即后来的唐高宗,命他学习。《帝范》分为君体、建亲、求贤、审官、纳谏、去谗、诫盈、崇俭、赏罚、务农、阅武、崇文十二篇,囊括了为君之道的各方面内容,以后各朝也经常将之作为教育皇太子的读本。清代皇子除了学习《四书》《五经》《资治通鉴》等,清朝帝王圣训、顺治所辑之《资政要览》、雍正所辑之《圣祖庭训格言》等祖宗家训亦是必读书。通过对这类书籍的学习,皇子们不仅增强了治国理政的理论基础,也对祖宗之法产生了敬畏心理,意识到了为君责任的重大。史载,每逢雍正忌日,乾隆都要盥手焚香,将写有"宝亲王弘历秉性仁慈,居心孝友,圣祖仁皇帝于诸子孙中最为钟爱,抚养宫中,恩逾常格"一段文字的皇父传位遗诏恭读一遍,以志思慕之诚,以凛继绳之重。这种家国责任感与身为皇子时期的学习是密不可分的。

建立完善的东宫官、王府官系统。皇太子所居之地一般称东宫,专门教育辅佐服务皇太子的官员便是东宫官。据《通典·东宫官》记载,秦汉以来延续了殷周制度,立有太傅、少傅、师、保。"太傅、少傅以养之,欲其知父子、君臣之道也……师者也,教之以事而喻诸德者也;保者也,慎其身以辅翼之而归诸道者也",均负有教习太子的责任。至晋代置六傅,后称三师三少,即太子太师、太子太傅、太子太保、太子少师、太子少傅、太子少保。以后历代相承,但人数多少不一。

加强对参政实践的培训。在注重皇子理论培养的同时,加强政事实习,即给他们一定的从政实践的机会,让他们熟悉国情,从实践中锻炼治国才能。培养的方式有很多种,历代也不完全相同,主要包括以下三种。

其一，皇储"监国"。《国语·晋语一》曰："君行，太子居，以监国也。"除了皇帝病危或者皇子夺权所产生的皇储"监国"现象外，正常情况下，皇帝在出巡、亲征、丧期等不能亲自理政的时期都会让皇太子代行君权，也就是监国。唐代太宗、高宗在出征或患病期间都曾令太子监国；明代永乐时成祖北行及嘉靖时南巡期间，也均由太子监国。皇太子留京监国，既全权处理朝中的一般事务，也预防紧急事变的发生，使太子在继位前就对政治情势有全面的了解。

其二，兼任官职，协理政务。皇太子兼任官职的现象历代均有，如宋代常以皇太子兼任京城开封府或临安府长官，元代以皇太子兼任中书令，虽然任官不同，但都是以皇太子佐理国政的典型做法。清代皇帝往往令皇子到六部或其他部门协办，虽无具体职务，但可以过问部内事务；或者皇帝指派具体任务令其负责，比如乾隆就曾命皇六子永瑢总管《四库全书》的编纂事宜。目的都在于锻炼他们的实践能力。

其三，皇储出巡或让皇储随皇帝出巡。洪武二十四年八月，皇太子朱标在朱元璋的授意下出巡关洛，探访民情；而康熙在几次出巡时也曾带当时还为太子的胤礽和其他皇子一同前往。出巡可以使皇子了解民情，同时锻炼其独立处理事务的能力。

这一篇，特别有价值，我建议做领导力发展的同学好好研读一下。如何培养好的继任者？通用的管理技能当然要好好培养，但除此之外呢？来自自己企业的经验总结、历史得失，亦是重要的输入。光有思想准备还不够，还要创造机会让他们去历练，让他们承担责任，甚至为他们模拟未来的岗位工作。这样才可能培养出好的后备梯队。

（四）巴西足球

前巴西国家队主教练佩雷拉说过："世界杯结束，在欧洲，人们重新开始考虑生活和生意；而在巴西，人们一天24小时都呼吸着足球。"

孙贤禄，前辽宁足球队主力前锋（1985—1997年），现任大连阿尔滨足球队主教练。孙贤禄曾旅居巴西10多年，他的儿子孙云鹏也曾在巴西受训、踢职业联赛，对巴西足球非常熟悉。

孙贤禄说，没有一个巴西人不喜欢、不懂、不会踢上几脚足球，他们总喜欢从"专业角度"评论教练的战术安排、球员的表现，有时争辩得焦头烂额甚至大打出手。在巴西，只要小男孩出生，父母送上的第一份礼物必定是一个小足球；如果听到鞭炮声，立即打开电视，你多半能看到球赛进球或某队获胜。

孙贤禄说，巴西培训青少年踢球，不像荷兰阿贾克斯模式那样教案化、体系化，因为会踢球的巴西人太多了。

那些十二三岁的巴西小球员，进俱乐部接受正规训练前，就已打好基础、技术娴熟。受训时，教练主要教他们如何在比赛中运用那些技术。

每周，巴西各俱乐部都提供一两次挑选外来试训小球员的机会，只要是比赛，教练就会站在旁边观察、挑人。不过，巴西足球人才实在太多了，俱乐部常通过反复比赛和选拔，确保最优秀最有前途的小球员能留下来。试训时未被某家俱乐部相中的小球员，会不断到其他俱乐部试训。这种"吹尽黄沙始见金"的选拔模式，让留下来的小球员都是万里挑一的人才。最后进入俱乐部、成为后备梯队的小球员，学费生活费全免，最多是每年缴纳几美元的保险费。各俱乐部还有一些"走读生"名额，他们每月花费数千美元接受训练。很多小球员基础好，进入巴西各俱乐部后，短时间内就会被欧洲球探相中，花高价买到欧洲的巴塞罗那、阿森纳等俱乐部踢球。

曾培养罗马里奥等球星的巴西达伽马俱乐部青少年训练部主管西蒙尼曾直言不讳："俱乐部很早就注重培养球星，而贝利当上巴西体育部部长后大力推行足球学校计划，为鼓励俱乐部培养自己的球员，财政上也给了很多照顾。"西蒙尼说，实践表明，从后备梯队中培养选拔球员，经济上比从外面买球星更划算，而且球迷更喜欢"自家球星"。另外，俱乐部通过卖球星到欧洲俱乐部的收益，很容易养活自己。这些钱除了应付生存，更多地投入了俱乐部再建设。

在俱乐部，这些小球员练颠球，是从小小的网球开始练的。教练认为，这能练出控球准确性。教练重视球员的位置训练，一旦确定某个小球员适合的踢球位置，便不再轻易变动。比如巴西前国脚卡洛斯，只踢左后卫位置。不过，在正式受训前，小球员是绝对自由的，没人会说"你必须踢右后卫""你要这样踢"。训练并不枯燥，因为有很多比赛，巴西教练非常善于让球员的技、战术在实战中获得运用和提高。教练还非常注重鼓励球员的创造性和技巧性，不像中国小球员一练就是5~6小时，他们每次只练1小时左右；球员到了16岁，每周训练可能会超过20小时。巴西教练认为，青少年不能承受太大的训练压力，必须保护他们的成长和发育。

这些教练需要通过教练员考试、巴西足协的认可，才能拿上岗证。在孙贤禄眼里，巴西足球教练讲求科学性、灵活性和协调性。而教练的命运，跟小球员参赛成绩息息相关。据统计，巴西足球最发达的圣保罗州，2005年有四个级别的职业联赛，参与20岁以下青年赛的队伍有88支，所涉球员多达2200个，小队员参赛机会很多。孙贤禄说："教练带队比赛的成绩很重要，如果成绩不好，他们就得下岗。"

由于基础好、比赛多，巴西很多小球员已闪现球星光芒。孙贤禄在圣保罗俱乐部见过一个14岁的小球员，长得像罗马里奥："他的过顶、传球绝不像青少年在踢球，完全是'成人化'的。"

巴西足球的选人、育人模式，类比一下，不是和我们的企业人才战略高度相似吗？首先，我们需要创造什么样的土壤，让员工身在其中，就能呼吸到我们的用人文化。其次，我们如何看待培养人和引进人的区别，我们是不是发自内心地相信培养的力量。最后，我们如何真的形成一套"人才生产线"，让人才辈出，良将如潮？巴西足球，给我们上了一堂精彩的人才课程。

四、头脑风暴与自我创新

一个团队必须时不时挑战现状，挑战舒适圈，否则，熵增会毁掉一个团队的创造性和战斗力。我在带团队的时候，时不时就会拉上团队，一起来个头脑风暴会。每次都会让我和团队有很多惊喜。

比如有一次，我们是这么做的。

我先和大家分享了一个商业创新模型——**奥斯本的检核表法**（见图11-1），再用学员企业的商业创新案例，和大家阐述了这个创新模型的具体应用。

输入和预热做完后，就是开脑洞了。

先指定一个同学负责记录，再让其他同学畅所欲言。每个人的发言可长可短，过程中不能被打断、不能被反驳，但是可以被追问、被澄清。特别鼓励每个人基于其他人的脑洞，开脑洞之上的脑洞。

能否他用	能否借用	能够改变
能否扩大	能否缩小	能否代用
能否调整	能否颠倒	能否组合

图11-1 奥斯本的检核表法

一般这样聊下来，一下午的时间至少可以得到上百个好玩有趣的想法。接下来，就要做收敛的动作。

我带着大家明确我们做创新的原则，比如客户价值、业务价值、培训价值，比如小切口、大纵深、可复制，比如小投入、快启动，比如谁提出谁落地等。

然后，大家一起逐个做创意排序，挑出有尝试价值的好点子，并落实。

我认为，这个过程是非常好的一种团建方式，也是一种团队间相互学习的方式。同事间的想法要相互看见，才思也要相互链接，创意更要相互激发。那些循规蹈矩的同事也会被团队感染，那些不善表达的同事也会被带动着说出更多。这何尝不是工作的乐趣呢？

五、帮助团队成员不断能力晋级

2014年，我写过一篇文章，当时被非常多的微信公众号转载，文章标题叫"从培训专员到企业的培训负责人的五重修炼"。虽然六年多过去了，我依然认为里面的内容对于企业培训团队的同学，是有借鉴意义的。我在带、教自己团队同学的时候，大致也按着这个思路在做，下面分享给大家。

最近常被问到的一个问题是，如何从一线的培训专员成长为一个优秀的企业的培训负责人？细细想来，竟觉有些难以回答。

培训管理者的成长路径，一般从培训专员开始，往上是培训主管、培训经理、培训总监，最后是企业的培训负责人。我认为，要深刻理解每一层级岗位的工作重点，以及进阶过程中的核心能力锤炼，并踏踏实实，持续精进。这一重重修炼，无疑是培训管理者的一次次蜕变。

第一重：培训专员

培训专员是从事培训工作的开始。绝大多数做培训的伙伴，都是从专员做起的。这个阶段的工作主要围绕培训的实施进行。工作可能会比较琐碎，如通知、会务、摄像、订餐、问卷整理等，可谓事无巨细。

在这个阶段，最重要的是培养自己的执行力和职业化。上级交代的工作能按时保质地完成，工作进展按计划及时反馈。如果能做到这两点，那么恭喜你，你已经是一个非常不错的培训专员了。大家千万不要小看这些，这是培训管理者整个职业生涯的基础。

从职业发展的角度，培训专员要开始通过实践工作来积累对培训工作的感性认识。观察是最好的学习，包括观察培训经理对于培训项目设计的思路，观察讲师的课程设计思路和课程讲授技巧，观察学员在培训中常见的问题和困惑，观察组织细节上还有哪些值得优化的地方。观察后要总结，不一定系统、全面，但尽量要记录下来，逐步建立自己对培训的理解。对一些不明白的地方，要及时向上级和同事请教，虚心好问。当然，也可以花些时间阅读培训相关的书籍或专业期刊，这也是很好地打基础的方式。

第二重：培训主管

胜任关键词：项目管理能力　发展关键词：产品思维、工具意识

通常，培训主管开始独立地带一个培训项目了。在这个阶段，培训主管一定要培养自己良好的项目管理能力。从项目的需求调研，到项目的内容设计，再到项目的实施、评价、总结，对每个项目里程碑节点，培训主管一定要做到心中有数。培训主管未必在培训的专业知识上有多精深，但能从项目落地的角度完整运营一个项目。

优秀的培训主管，通常具备良好的沟通能力，能和讲师、学员保持良好的关系，也能组织一些简单的学员活动，如团建、拓展等，这些都有利于培训主管建立自己的自信心。

从职业发展的角度，培训主管要开始储备自己对于培训管理的专业知识和技能。如果时间等条件允许，可以参加一些类似于TTM（培训培训经理）的培训，建立对培训管理总体性的认识。从工作的角度，培训主管要从"项目运营"向"产品运营"发展，从产品的角度思考培训产品的优化。培训主管要开始逐步进入资源整合者的角色，从传递产品价值的角度，思考如何选择最优的培训要素（学员、讲师、课程、设计等），并对最终的培训效果负责。

从具体的职业技能角度，建议培训主管主动涉猎并学习各种工具，思考如何不断提升工作的效率。比如，培训调研问卷和课程评估问卷通过线上的免费工具即可以实现高效信息收集，这比传统的纸质问卷要高效很多。又如，项目团队的沟通协作通过云协作这类软件或服务，能实现更及时有效的信息沟通和知识共享。工具的范围可以很宽泛，比如软件、制度、流程、方法等，重在提升事务性工作的效率，把工作重心放到项目设计上。

第三重：培训经理

胜任关键词：专业能力　　发展关键词：人才理念、同行学习

在多数情况下，培训经理都是带团队的，这要求培训经理能够在团队管理和专业知识两方面给团队成员做出表率。

从专业知识的角度，培训经理尤其要关注几项内容：①培训需求调研的方法、工具，这是培训工作的起点和核心。②适合企业实际的课程开发方法论、流程、制度。因为不同企业内部的学习文化不同，所以要因地制宜。③培训项目的设计能力，除了课程培训，还能综合运用体验式学习、跨界学习、行动学习等学习方式。④培训评估的方法，包括对学习效果的评估、讲师的评估、课程的评估等。总体来说，培训经理专业能力必须有较大幅度的提升，要塑造自己培训模块专家的形象，并能够指导团队的具体工作。

从职业发展的角度，培训经理要开始关注培训体系的建设问题，特别是内训师体系、课程体系，也要关注培训领域的知识管理问题，通过制度、流程等不断沉淀培训管理的Know-how。在有条件的企业，培训经理要开始关注学习地图与岗位胜任力、领导力模型等相关问题。这些工作既与专业能力相关，也与企业的人才理念和发展阶段有关。培训经理要逐步提高自己的判断力，要能够从企业的人才结构和业务发展要求中判断培训资源分配的优先次序，还要做好培训后的学员发展情况跟踪，发掘学员的递进性学习需求，建立服务人才全程发展的观念。

在培训经理岗位磨炼时，很多伙伴容易陷入一个瓶颈，似乎觉得很多工作已经顺理成章，很难有大的突破。个人建议，培训经理要经常到外面参加一些沙龙、会议，多和不同行业、不同企业的培训经理聊天，交流各自的做法，这样往往能相互启发出不错的想法。现在线上也有很多的QQ群、微信群，这些都为我们提供了很便利的学习条件。向外看，向标杆企业看，培训经理的提升会非常迅速。

第四重：培训总监

胜任关键词：全局观　发展关键词：业务思维

很多大型企业对于培训总监的定位，已经不仅是培训工作本身，往往会涉及与人力资源开发有关的其他模块，如人才盘点、人才评价、学习地图规划、组织学习机制的建立等，更强调"育"这个模块与"选"、

"用"和"留"的结合。

从多数企业的实践来看，培训总监要与组织发展总监一起，从人才评价和人才发展相结合的视角，打通人才从评价到培养到任用的链条。另外，体系规划能力往往是区分培训总监和培训经理的一个重要指标。目前很多集团型企业都建立了三级，甚至四级、五级的组织结构，如何规划集团、事业部和分、子公司之间的培训分工问题，如何整合全集团的培训资源问题，都是培训总监要考虑的重要问题。为了解决培训落地的问题，也为了建立公司内的培训人才梯队，培训总监要能够通过会议、学习等形式，有效地组织全公司内与培训相关的岗位和人员，建立培训模块的人才池。

从职业发展的角度，培训总监非常有必要去思考培训对于业务发展的价值贡献。这就要求培训总监了解业务，深入业务，洞悉业务的痛点，提出有建设性的解决方案。这就需要培训总监花足够的时间和业务部门在一起，不是被动地响应需求，而是主动地挖掘需求。

一个很好的方法是培训总监和业务干部一起开发一门或若干门重要的业务课程，一起完成从需求调研、课程结构设计、课程内容提炼、教学教法设计到试讲磨课的全过程。这样的经历将建立培训总监与业务干部间对于各自专业的理解和信任，也为培训部门在业务部门找到了最重要的支持者。有时候我们开玩笑，当业务部门试图挖培训部门的人去做业务时，说明我们的工作就真正做到位了。毫无疑问，这样的培训总监在公司里会有相当的话语权。

第五重：企业的培训负责人

胜任关键词：经营意识

首先，企业的培训负责人要深刻理解公司所处的行业，公司的各项基本业务。在企业的培训负责人这个层面，他的价值产出一定要体现在对公司业务的影响上。公司的重要业务会议，企业的培训负责人一定要列席，甚至要参与业务的讨论。

其次，企业的培训负责人要有经营意识，无论培训是对内的还是对外的。道理很简单，既然企业培训团队是与人力资源部并行的一个内部组织，就要有对应的产品和服务来体现它的价值。企业的培训负责人要能挖掘出各个产品的价值并使其显性化（甚至货币化），并科学管理各类产品的生命周期。

最后，企业的培训负责人一定要在企业知识管理和企业内部学习方面倾注精力，推动企业从简单基础的课程培训，走向一个具有主动适应性的学习型生态组织。从某种意义上说，企业的培训负责人要成为CHO（人力资源总监）和CLO（首席学习官）的结合体（至少是部分程度上的）。唯有如此，企业的培训负责人才可能在自己职业生涯的一个顶峰实现真正的自我实现。

六、走向数字化企业培训团队

在这一两年，不少企业要转型成数字化企业。有不少企业培训团队，也把目标从传统企业培训团队升级为数字化企业培训团队。如何思考这个命题？下面我们谈谈在实践中的一些思考。

（一）数字化和经验化的区别

"数字化"这三个字很火。要理解数字化、数字化转型、数字化升级，核心是要理解数字化的反面是什么。我的理解是，数字化要和经验化做个参照，才可能真正理解什么是数字化。

在过去的企业组织中，管理者往往是年长的人。为什么？因为他看得多，经历得多，所以对很多事情有判断，遇到问题大体知道怎么搞有戏，怎么搞没戏。这就是经验的价值。

但是，今天的商业环境变化太快，很多稳定态的判断也很可能出错。特别是对于新的机会、新的赛道、新的风口，单纯靠经验的判断，是很难的。

还有一个问题，我们必须重视。经验化的一个重要特点，叫作滞后性。而现代商业的核心问题，更多是预判性的问题。这一前一后，其实是两个世界的商业观。

数字化的好处是用数据告诉我们值得关注的领域。比如，异常值，在数字化领域是个核心研究点。通过数据化监控，可以在异常值出现的第一时间就给我们预警，提醒我们它是问题的苗头，还是机会的开始。而如果靠经验，可能时间窗口已经过去太久。

经验很重要，数字化也很重要。今天，不是要让大家做选择题，而是要让大家同时具备两种能力。对数字化我们缺的功课太多，所以今天要多讲一些。有时候矫枉要过正，也是这个道理。

（二）数字化赋能从数字化业务开始

用数据刻画业务，用数据指导业务，这两句话概括了企业数字化转型的核心。通俗的讲法是，业务数字化，数字业务化。

很多企业培训团队的培训赋能，从业务的需求访谈开始，以定性的业务输入为主。这样做其实有个很大的问题，就是对业务的刻画不深刻。业务的核心由市场份额、业务体量、业务漏斗、业务增速、人均产能等几个方面构成，我们需要对它们认真地做数据分析和数据挖掘，才可能得出有价值的赋能切口。

数字化赋能从数字化业务开始。如果企业培训团队作为企业内部的一个单元，都不能用数据的方式来描绘一个业务的发展情况，那么企业培训团队是不可能设计出精细化支撑业务的赋能项目的。

我对团队的要求是，培训赋能项目要有业务结果。这个结果可以是直接的业务结果，也可以是间接的业务过程指标，但必须是可用业务价值衡量的。从定量开始，到定量结束，这才是数字化企业培训团队的应有之意。

（三）数字化业务能力的两个象限

企业所在的行业不一样，业务不一样，有的卖实物，有的卖服务，有的卖给B，有的卖给C。但是大家发现没有，所有企业的业务本质就是两端：一端叫作价值创造，另一端叫作价值传递。

接下来的问题就是如何看待业务的数字化能力。

价值创造端，通常包括的环节有客户群体洞察、趋势分析、产品研发、生产制造、供应链等。而**价值传递端**，通常包括的环节有渠道管理、市场营销、门店网点、粉丝会员、客服体系等。

我们要通过数字化的方式来弄清楚几件事情：

第一，是否能用数字化的方式来刻画目前这些业务环节的健康度和竞争力；

第二，这些业务是否已经在用数据而非经验的方式进行经营管理；

第三，对于我们公司的业务，数字化是否已经构成了一种数据竞争力。

这些都是极有价值的问题。企业培训团队要站在客观的角度上去评估这些问题，然后去选择赋能切口。企业培训团队作为支持者，永远不可能看到这些问题。只有作为战略合作伙伴，才可能平视这些问题，并真正找到解法。

（四）数字化组织能力

什么是组织能力？不同流派有不同的解释。在我看来，组织能力其实没有那么复杂，就是与生产力（业务）相伴相随的生产关系。

两者适配，则相得益彰；两者不适配，则相互掣肘。组织发展本质上在说什么事儿？其实说的就是组织干预的事儿，让组织把生产力和生产关系调校到合适的程度。

什么叫**数字化组织能力**？其实就是两个构面。一个构面是用数字来刻画组织能力；另一个构面是使用数字来提升组织能力。

举个例子，一个团队的战斗力是可以客观衡量的，比如总产出、人均单产。与之相关的组织要素是什么，是人数、学历、加班时长、出差次数、客户拜访量，还是CRM跟踪记录颗粒度？用相关分析的方法、回归分析的方法，是否可以做到某些因素的归因呢？

组织能力提升后，组织最容易犯的毛病，就是凭感觉想当然地做事。关于未来数字化的组织，不妨多些畅想，比如让人才的勾勒数字化，让人才的贡献数字化，让组织的设计数字化，让组织的战斗力也数字化。数字化创造公平，数字化创造新竞争力，我深以为然。

（五）浅层数字化——用数字化描述赋能

这几年讲培训效果评估的人不少，很多人都很热衷于用数据来量化培训赋能的价值。不过这些数据，通常经不起推敲，比如：

培训场次、培训覆盖面。这些是证明苦劳的，说明你没闲着，然后能说明什么？影响了多少人？这个也许有价值，也许没价值，但是说不清。

授课平均分。这一个是可操纵的数据。别的不说，我问大家一个简单的问题。一堂课上完后，当天评一次分，一周后评一次分，一个月之后评一次分，会不会有分数差异？答案不言而喻。那么，现场评分的意义何在？

行动改变。怎么度量？有人用量表来测，按程度打分。这东西你信吗？我不信。

业绩改变。如果你硬说业绩增加了，那是你的功劳，也说明不了什么。不知道有多少人是这么想的，特别是老板。

说到这里，很多人会问："安老师，是不是数字化度量不重要？"

不是的。不是不对，是不够。大家发现没有，这些都是常规意义上的培训赋能度量数据，更多的是描述性分析。一直在描述，一直在总结，但就是一直没有行动的可指导性。

更重要的，其实是数据拆解的颗粒度、预测性数据、归因性数据。

（六）深层数字化——用数字化指导赋能

我经常说，培训赋能和业务的关系要靠拆解。培训赋能绝大多数时候不能代替业务团队做业务，我们要做的是业务加速的动作。

举个大家都熟悉的业务漏斗：广域客户—潜在客户—可触达客户—已触达客户—多次触达客户—成交客户—复购客户—忠诚客户。业务团队关心的是业务结果，但是我们可以帮助业务团队在业务结果前面的多个流程，做干预，做加速。

比如从可触达客户到已触达客户，假设过去的方式是地推、品宣，我们现在有没有可能通过各种培训形态，让这个触达效率提升呢？显然是有办法的。比如从成交客户到复购客户，也是一个赋能的好切口，培训当然可以发挥作用。

大家发现没有，其实生意没有简单粗糙的模型，从A直接到B。但是，生意又并不神秘，只要你去拆解，一定能找到一个业务漏斗。这个漏斗的每一个转化环节，都是我们数字化赋能的战场。

接下来，讲讲培训赋能本身的数字化。

大家是否关注过企业内部的培训项目招生问题？大家是否观察过一个火爆的培训项目招生数据（时间、人数、报名途径）和一个冷清的培训项目之间的区别？在数据曲线的伊始，我们是否在做干预动作呢？

一个项目最好的证明是被推荐、被复购。那么是哪些学员在推荐、复购我们的课程呢？是哪些点打动了他们？他们平均推荐、复购的数量是多少？常见的途径是什么？

再多的例子就不举了。这本质上是培训经营的问题。

我们说了很多年，做培训要像经营公司一样。其实，真正这么想、这么做的人很少。这就是问题。

（七）数字化企业培训团队的核心——知识管理体系

我一直有个比较"偏激"的观点，那就是对组织来说，比培训更重要的是一个企业的知识管理。

培训的本质是个瀑布流，没有沉淀。而组织能力，一定是沉淀出来的，是一代又一代人经过多年的摸爬滚打总结出来的。

所以，对新人的培训，最好的不是一堂堂课，而是让他们去回顾这个企业曾经经历过的战斗，为什么曾经辉煌，为什么曾经落败，用自己企业的故事培训自己企业的人。

知识管理的价值是什么？新人不会做事，但是可以基于前人的摸索，不走同样的弯路。每做一个项目，你至少要比知识管理中做过的项目更漂亮，这就是基准线。

企业培训团队千万别忙忙碌碌地搞一堆培训，否则长期来看，对企业没啥用。企业培训团队要踏踏实实地把企业的知识管理体系搞起来，特别是重点业务、重点部门的知识管理搞起来。当一个关键词可以引出一堆组织沉淀时，这个企业想不伟大都难。

（八）数字化企业培训团队的担当——趋势与洞察

有职能型组织结构设计的企业培训团队（教学、教务、在线等），有主题型组织结构设计的企业培训团队（营销学院、通用力学院、领导力学院等），有事业部型组织结构设计的企业培训团队（A事业部学院、B事业部学院、C事业部学院等），但是，美中不足的，鲜有设置研究型团队的。

我们一直冠以"大学"这个名头，但只学到了大学"教学"的一面，没学会大学"研究"的一面。

很多人问我："安老师，企业培训团队要有自己的研究能力吗？"当然，必需的！如果没有研究能力，你就看不深、看不透，你就只能就着调研结果的冷饭不停炒，炒着炒着你自己也不知道真实世界是怎样的了。

我建议所有企业培训团队要做两件事儿：①要研究行业的数字化趋势，要结合宏观看微观的培训赋能问题；②要广泛走访调研，必须在走访调研上狠花力气。因为扎得深，才能跳得远。

（九）数字化企业培训团队的难题——新的头脑、旧的身体

很多企业培训团队也在谈数字化，但是坦率地说，说的和做的，想的和干的，有点两层皮的感觉。

比如，数字化企业培训团队，首先要有数字化的运营系统，如教学系统、教研系统、教务系统、讲师系统等，这些都是基础设施。但是，有多少企业培训团队有自己的IT研发团队呢？靠外采，你认为靠谱吗？

没有数字化的系统，你说，你靠数字化的思维、数字化的运营。好了，就像我前面讲到的问题，你是浅层的数字化，还是深层的数字化。

浅层的本质和过去没数字化几乎差不多，那么涉及深层的数字化，就一定要基于业务漏斗、业务数据展开。你看，还是离不开系统、数据。

有个细节，也挺有意思，业务数据和培训数据的连通问题。多数企业还是两个数据孤岛吧？基于孤岛做量化培训效果分析，怎么可能？

我说的"新的头脑、旧的身体"就是这个意思。大家要从长周期去看，要咬定青山不放松，推进企业的数字化，就要先从企业培训团队的数字化开始。

（十）数字化企业培训团队的人才观

在今天数字化时代大背景下，我们需要什么样的企业培训团队人才？说得具体些，就是我们在找人的时候，JD（职位描述）应该怎么写？我觉得这是个特别好的问题，因为它就是我们日常要面对、要解决的问题。以下是我的几个观点。

第一，**专业能力是基础**，是入门条件。课程研发、授课、经验萃取、师资运营、案例开发、绩效改进、引导促动、项目管理等，这些是必须应知应会的。如果这些都不懂，你还搞企业培训团队？

第二，**数字化工具的全面应用能力**。你赋能别人要数字化，而你自己还天天用Excel，这个肯定说不通。

第三，**解决问题的能力**。我看过太多能力很强，但就是搞不定问题的人。搞定问题，需要分析问题的方法，需要处理人际关系，需要拿结果的执着劲儿。这是个复合能力。

第四，**持续改进的能力**。说穿了，就是基于各种数据，能够持续挑战过往最佳水平的能力。企业培训团队别天天喊给别人绩效改进，首先要把自己的绩效改进弄好。怎么弄？数据最靠谱。

第五，**市场和商业的感觉**。今天，你不理解业务，就没办法做好赋能。靠领导力、文化、通用能力培训搞企业培训团队，只能越搞越没感觉。我们必须敢于直面正面的业务战场，在核心战役上贡献力量。企业培训团队也要成为一项业务，对这项业务我们必须搞好，必须做成，才可能给其他人带来说服力。

这样的人才，你想要吗？我想要，而且越多越好！

扫码即可阅读"我写给团队的邮件"

后记
赋能的未来使命（未来三板斧）

真没想过，居然能搞出一本20多万字的书。看了一下Word的计数统计，还有点不敢相信。2020年，曾经给自己立了一个flag，要写本书。在真正开始动笔后，有几次想要放弃，但没想到最后还是咬牙写完了，长舒了一口气。

从培训到学习，从学习到赋能，我们做的这件事，用什么样的字眼来形容，我觉得并不是太重要。重要的是，我们是不是打心眼里认同自己做的事，并以此为乐。

我的脑海中，还深深刻着我第一次走上讲台的画面。100多个学员坐在阶梯教室里面，看着讲台上的我。我走到哪里，学员的眼睛就跟到哪里。眼睛里面有光、有热，光和热照在我身上，让我暗自说，我一定要对得起这份期待。

我曾经听过不少好的课程，也遇到不少好的讲师。时间久了，很多都令我印象模糊了。但是，之所以还记得他们的好，是因为我的人生轨迹因与这些人的交集，变成了今天这个样子。所以，我铭刻在心。

对赋能这个工作，我们要去换位思考。我们的听众、我们的学员，到底改变了什么？

我想到了三个词，也许是我心中的理想主义情节在作祟，但我还是要勇敢地把这三个词列出来，若干年后，看看实现没有。

"**底层**"。赋能真的不应该成为一个专门的工作，赋能应该融入企业的骨子里。每个管理者都要掌握赋能团队、赋能业务的能力，每个团队都要会自我赋能。就像时间管理、目标管理、沟通技巧等，赋能应该成为一个通用能力。工作的过程就是学习，学习的过程就是工作。我特别期待看到一家真正意义上赋能驱动的伟大企业。

"**长期**"。我固执地认为，企业大学既然称为大学，就要考虑长期的事情，不能被短期的事情迷糊了双眼。如果头痛医头，脚痛医脚，企业大学就会在一个个疲于应付中迷失自己的航道。企业大学要多关注长期的话题，站在未来看当下，要有研究的底蕴，要把这种长期思想带到短期的管理场景中。中国一定会有伟大的百年企业，一定会有伟大的百年企业大学。

"**社会**"。伟大的企业终归都会走向社会，它为社会创造价值，为人类福祉努力。伟大的企业培训团队，也应该是社会型的，它不拘泥于企业本身，而是放眼社会，为社会的进步发展贡献自己的力量。从合作伙伴开始，从企业所在的社区开始，从我们服务的客户、消费者开始，从我们合作的高校开始，从我们的上下游企业开始，我们一步步去为其他人创造价值，其他人终归会反过来成就我们。在未来，为什么不能有两套教育体系呢？一类是象牙塔里的学术型人才培养机构；另一类就是有烟火气的来自企业的实践型人才培养团队。我们从不同维度出发，一起为社会进步贡献力量。

我常说，做培训的人多多少少都有点儿理想主义情节。我也常常自诩是一个书生意气很浓的人。可是，谁不是在为自己心中的那个"理想国"而活呢？生活如此，工作也如此。每天早上醒来，都为新的一天感到兴奋。我觉得，这就是幸福的人生。

反侵权盗版声明

电子工业出版社依法对本作品享有专有出版权。任何未经权利人书面许可，复制、销售或通过信息网络传播本作品的行为；歪曲、篡改、剽窃本作品的行为，均违反《中华人民共和国著作权法》，其行为人应承担相应的民事责任和行政责任，构成犯罪的，将被依法追究刑事责任。

为了维护市场秩序，保护权利人的合法权益，我社将依法查处和打击侵权盗版的单位和个人。欢迎社会各界人士积极举报侵权盗版行为，本社将奖励举报有功人员，并保证举报人的信息不被泄露。

举报电话：（010）88254396；（010）88258888

传　　真：（010）88254397

E-mail：　dbqq@phei.com.cn

通信地址：北京市万寿路 173 信箱

　　　　　电子工业出版社总编办公室

邮　　编：100036